독자의 1초를
아껴주는 정성을
만나보세요!

세상이 아무리 바쁘게 돌아가더라도 책까지 아무렇게나 빨리 만들 수는 없습니다.
인스턴트 식품 같은 책보다 오래 익힌 술이나 장맛이 밴 책을 만들고 싶습니다.
땀 흘리며 일하는 당신을 위해 한 권 한 권 마음을 다해 만들겠습니다.
마지막 페이지에서 만날 새로운 당신을 위해 더 나은 길을 준비하겠습니다.

KB108974

모두의 인공지능 기초 수학

Basic Mathematics for Artificial Intelligence

초판 발행 · 2020년 8월 6일
초판 7쇄 발행 · 2024년 1월 31일

지은이 · 서지영
발행인 · 이종원
발행처 · (주)도서출판 길벗
출판사 등록일 · 1990년 12월 24일
주소 · 서울시 마포구 월드컵로 10길 56(서교동)
대표전화 · 02)332-0931 | **팩스** · 02)323-0586
홈페이지 · www.gilbut.co.kr | **이메일** · gilbut@gilbut.co.kr

기획 및 책임편집 · 안윤경(yk78@gilbut.co.kr) | **디자인** · 여동일 | **제작** · 이준호, 손일순, 이진혁
마케팅 · 임태호, 전선하, 차명환, 박민영, 지운집, 박성용 | **영업관리** · 김명자 | **독자지원** · 윤정아

교정교열 · 김윤지 | **전산편집** · 여동일 | **출력 및 인쇄** · 북토리 | **제본** · 신정문화사

ISBN 979-11-6521-235-3 93000   (길벗 도서번호 080246)

정가 25,000원

....

독자의 1초를 아껴주는 정성 길벗출판사

길벗 | IT단행본, IT교육서, 교양&실용서, 경제경영서
길벗스쿨 | 어린이학습, 어린이어학

페이스북 · www.facebook.com/gbitbook
예제 소스 · https://github.com/gilbutITbook/080246

즐거운
프로그래밍
경험

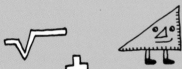

모두의
인공지능
기초 수학

누구나 쉽게 시작하는 인공지능 수학

서지영 지음

$1+2=3$

길벗

머신 러닝, 딥러닝 학습에 도전할 때마다 번번이 수학에 발목을 잡히곤 했습니다. 이 책은 저처럼 수학적 배경지식이 필요한 입문자에게 인공지능 학습에 필요한 기초 체력을 길러 주고, 기반을 다져 줍니다. 또 주제마다 파이썬 라이브러리로 직접 코드를 작성하여 실습할 수 있기에 책을 읽고 나면 전체 내용이 머릿속에 그대로 남아 있습니다. 인공지능을 학습하기에 앞서 수학이 걸림돌이 되고 있다면 꼭 이 책으로 사전 학습하기를 추천합니다.

김재훈 | 한양대학교 ERICA캠퍼스 정보사회학과 학부생

학창 시절 수포자인 제 발목을 잡았던 것은 요즘 화제가 되고 있는 머신 러닝과 딥러닝 관련 코드였습니다. 단순히 예제만 따라 한다고 될 일이 아닌 것 같아서 고등학교 수학 교과서를 들추어 보았지만, 너무 방대한 양에 질려 포기하곤 했습니다. 이 책은 "이것은 꼭 알아야 한다." 싶은 내용만 골라 정리해서 자세하게 설명해 주어 좋았습니다. 파이썬 코드로 된 예제를 제공하여 파이썬을 잘 모르면 보기 힘들지 않을까 하고 걱정이 되겠지만, 따라 하다 보면 크게 어렵지 않습니다.

이아름 | 웹 백엔드 개발자

4차 산업혁명 시대에 인공지능 전문가, 빅데이터 전문가 등이 유망 직종이 되었습니다. 저 또한 대세를 따라 인공지능을 공부하려고 했지만 어디서부터 시작해야 할지 막막했는데, 베타 리딩을 하면서 무작정 코딩하는 것보다는 인공지능의 원리인 수학을 이해하는 것이 더 중요함을 깨닫게 되었습니다. 미분, 선형대수학 등 어려운 부분도 있지만, 용어와 공식 등을 최대한 쉽게 풀어서 설명하기에 이해하기 어렵지 않았습니다. 기초가 가장 중요하다는 것을 다시금 느끼며, 인공지능을 공부하고자 하는 사람들에게 유용한 도서라고 생각합니다.

이주석 | 셀트리온

인공지능의 기초는 수학입니다. 하지만 어떤 수학이 왜 필요한지 모르는 경우가 많습니다. 이러한 정보를 알려 주는 곳 역시 찾기 힘듭니다. 이 책은 인공지능을 공부하기 위해 기본적으로 알아야 할 수학을 설명하면서 어떻게 시작해야 할지 가이드해 줍니다. 또 파이썬 언어로 구현하는 예시도 함께 보여 주기 때문에 유용합니다. 책 내용은 방대하지만 중·고등학교 때 공부했던 수준입니다. 인공지능에 관심이 있지만 무엇부터 해야 할지 잘 모르겠거나 인공지능 학습을 시작했지만 수학 때문에 좌절한 사람에게 이 책을 추천합니다.

정윤재 | IT블로거(정윤재의 정리노트), 한화시스템ICT

저는 중·고등학교 시절에 영어를 못했고, 그러다 보니 영어 수업 시간이 가장 싫었습니다. 그렇게 영어와 관계없는 삶을 살고 있던 20대 중반 즈음에 지인에게서 영어 회화를 공부해 보라는 권유를 받았습니다. 영어가 얼마나 재미있는지 알려 주고 싶다며 속는 셈 치고 영어 회화 공부를 해 보라고 권하더군요. 결국 저는 영어 회화 학원을 등록했습니다. 알고 있는 단어도 별로 없었고 문법 구조는 전혀 이해하지 못했습니다. 하지만 지금 저는 영어가 가장 재미있고 제법 합니다. 왜냐고요? 문법으로 영어를 공부하지 않았기 때문입니다. 제가 말하는 영어를 외국인들이 이해하고 계속 대화가 이어지는 상황이 신기했으며, 저 자신이 자랑스러웠기 때문에 재미있었습니다.

수학도 마찬가지라고 생각합니다. 인공지능에서 수학은 이해할 학문이지 풀어야 하거나 정복해야 할 대상이 아닙니다. 수학 문제를 푸는 것은 컴퓨터가 알아서 합니다. 우리가 할 일은 컴퓨터가 수학 문제를 잘 풀 수 있도록 그 원리를 이해하고 가이드해 주는 것입니다. 가이드 역할을 훌륭하게 해내기 위해 수학을 이해하는 것이라고 생각한다면 수학이 좀 가볍게 느껴지나요?

많은 예제를 이용하여 수학의 원리를 쉽게 설명하려고 노력했지만, 수학이다 보니 가끔 어렵게 느낄 수도 있을 것입니다. 이해하면 이해하는 대로, 이해할 수 없으면 이해할 수 없는 대로 여러 번 읽는다면 책 한 권이 내 자산이 될 것입니다. 그리고 최종적으로 제가 영어에서 느꼈던 '재미'를 여러분도 수학에서 느낄 수 있을 것입니다.

이 책이 인공지능을 시작하는 여러분에게 조금이라도 도움이 되면 좋겠습니다.

2020년 서지영

이 책의
구성과
활용법

이 책은 크게 다음과 같이 총 네 파트로 구성됩니다.

1 기초 수학 방정식과 부등식, 함수, 직선과 기울기 등 앞으로 배울 미분, 선형대수학, 확률과 통계를 이해하는 데 필요한 가장 기초적인 수학을 배웁니다.

2 미분 미분은 인공지능의 실체이자 핵심이라고 할 수 있는 오차역전파에서 가중치를 수정해서 오차를 최소화하는 데 사용합니다. 함수의 극한, 다항함수의 미분 등 미분을 배웁니다.

3 선형대수학 인공지능은 본질적으로 컴퓨터가 이해할 수 있는 대량의 데이터, 즉 숫자를 이용하여 복잡한 계산을 수행하는 것입니다. 이러한 복잡한 계산을 효율적으로 풀 수 있도록 도와주는 것이 선형대수학입니다. 즉, 선형대수학을 이해할 수 있어야 컴퓨터가 인공지능을 처리하는 과정을 이해할 수 있습니다. 벡터와 공간, 행렬 변환 등 선형대수학을 배웁니다.

4 확률과 통계 인공지능의 궁극적 목적은 어떤 데이터를 분류하거나 값을 예측하는 것입니다. 이때 분류나 값의 예측은 확률과 통계를 토대로 합니다. 순열과 조합부터 확률, 통계까지 배웁니다.

**예제 소스
내려받기&
활용법**

이 책에 실린 소스 코드는 길벗출판사 웹 사이트에서 도서 이름으로 검색해서 내려받거나 깃허브에서 내려받을 수 있습니다.

길벗출판사 웹 사이트 http://www.gilbut.co.kr

길벗출판사 깃허브 https://github.com/gilbutITbook/080246

❶ 내려받은 예제 파일을 원하는 폴더에 압축을 풉니다.

❷ 아나콘다를 설치한 후 주피터 노트북을 실행하여 실습합니다. 자세한 내용은 부록을 참고하세요.

* 파이썬 구현을 보여 주고자 참고용으로 예제 파일을 제공하지만, 건너뛰고 수학만 학습해도 무방합니다.

목차

5장   다항식과 기하학

6장   지수함수와 로그함수

셋째마당 **선형대수학** 153

10장 **벡터와 공간**

기초
수학

인공지능(머신 러닝, 딥러닝)을 사용하는 데 왜 수학을 알아야 할까요? 인공지능에 관심이 있다면 서점에서 한 번쯤은 인공지능 관련 도서를 뒤적여 보았을 것입니다. 또 이해하기 어려운 수학 공식들로 채운 도서 때문에 지레 겁먹고 포기하곤 했을 것입니다. 하지만 기초부터 차근차근 다진다면 생각만큼 어렵지 않습니다. 첫째마당에서는 인공지능과 관련한 수학을 이해하는 데 필요한 가장 기초적인 부분을 살펴보겠습니다.

1장

방정식과
부등식

방정식은 부등식과 함수 등 모든 식에서 기
본이 됩니다. 1장에서는 방정식을 이해할 수
있는 기본 용어들을 알아보고, 일차방정식
과 이차방정식, 연립방정식, 부등식의 개념
을 다양한 예시로 살펴보겠습니다.

UNIT 01 변수와 수식

1 변수

변수와 상수

변수(變數)의 변(變)은 '변하다'는 의미입니다. 이처럼 '변하는 수'를 변수라고 합니다. 예를 들어 다음과 같이 $y = 2x + 3$이라는 함수가 있을 때 2와 3은 변하지 않는 상수이지만, x와 y는 지정하는 값에 따라 달라지는 변수입니다.

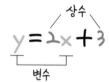

그림 1-1

변수와 상수

표 1-1은 $y = 2x + 3$에서 x가 1, 2, 3일 때 y는 각각 5, 7, 9 값을 갖는 변수의 예시입니다.

표 1-1

x 값에 따른 y 값 변화

x 값	1	2	3
y 값	5	7	9

그렇다면 파이썬에서는 변수를 어떻게 사용할까요? 다음과 같이 $X = 5$라고 입력하면, 5라는 값이 있는 X 변수가 만들어집니다. 즉, '변수이름 = 값'의 형태로 변수를 만들며, 동시에 값도 할당(저장)됩니다.

그림 1-2

파이썬에서 변수 형태

x = 5

변수 이름 값

변수 이름을 만들 때는 다음 규칙을 지켜야 합니다.

- 문자와 숫자, _(밑줄 문자)를 사용할 수 있습니다.
- 공백은 사용할 수 없습니다.
- 대·소문자를 구분합니다.
- 문자와 숫자를 혼용하여 사용할 수 있으나, 문자부터 시작해야 합니다.
- 특수 문자(+, −, @, % 등)는 사용할 수 없습니다.

파이썬에서는 다음과 같이 변수를 선언합니다.

```
In [1]:
# x 변수에 5 값을 저장합니다
x = 5
print(x)

5
```

```
In [2]:
# x, y, z 변수에 1, 2, 3 값을 각각 저장합니다
x, y, z = 1, 2, 3
print(x, y, z)

1, 2, 3
```

항, 상수항, 계수

항은 숫자 또는 문자의 곱으로 구성된 식을 의미합니다. 즉, 숫자와 문자를 곱한 것이나 문자와 문자를 곱한 것이 항이 됩니다. 수식 1.1처럼 숫자와 문자를 곱한 결과는 숫자이기 때문에 항이 되며, 문자만 있는 수식 1.2는 문자와 1을 곱했기 때문에 이것 역시 항이라고 할 수 있습니다.

$$3a, \ 2a^2$$

수식 1.1

$$a, \ a^2$$

수식 1.2

상수항은 항 중에서 숫자만 있는 항을 의미합니다. 예를 들어 $2x + y + 1$이라는 식이 있을 때, 여기에서 1이 상수항입니다.

단항식

항이 한 개인 식을 의미하며, 이어지는 '단항식과 다항식'에서 설명합니다

계수는 상수와 변수로 구성된 **단항식**에서 변수와 곱해진 상수를 의미합니다.

지금까지 언급한 항, 상수항, 계수를 그림 1–3으로 자세히 확인해 봅시다.

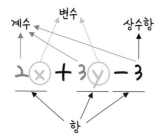

그림 1–3

항, 상수항, 계수

그림 1–3과 같은 수식 $2x + 3y - 3$에서 항은 숫자와 문자의 곱으로 구성된 $2x$와 $3y$가 됩니다. 또 -3도 하나의 항이 되는데, 숫자만 있기 때문에 항이면서 상수항입니다. 계수는 문자 앞에 곱해진 수이므로 $2x$의 2와 $3y$의 3이 됩니다. -3 상수는 x^0(x의 0 제곱)과 -3의 곱으로 볼 수 있기 때문에 상수항인 -3도 계수에 포함됩니다.

단항식과 다항식

다항식에서 '다(多)'는 '많다'는 뜻입니다. 항이 하나로 된 식은 단항식, 항이 두 개 이상인 항의 합으로 된 식은 다항식입니다.

그림 1–3의 수식으로 다시 설명하면, $2x + 3y - 3$은 세 개의 항으로 구성되었기 때문에 다항식입니다. 그리고 $2x$, $3y$, -3 각각은 단항식입니다.

차수

차수는 문자를 곱한 횟수를 의미합니다. 그림 1-4의 수식에서 $2x^2$은 x를 두 번 곱했기 때문에 차수가 2고, $3y^1$은 y를 한 번 곱했기 때문에 차수가 1이 됩니다. 또 상수항인 -3은 x^0(혹은 y^0)이므로 차수가 0이 됩니다.

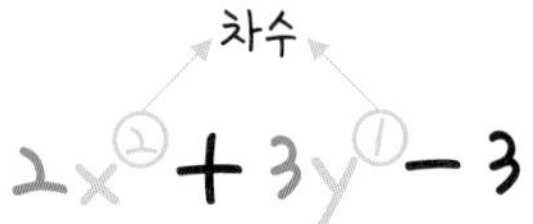

그림 1-4

차수

차수

$$2x^{②} + 3y^{①} - 3$$

각각의 항에서 차수를 구해 보았는데, 다항식 $2x^2 + 3y - 3$ 전체의 차수는 어떻게 구할까요? x와 y 변수의 기준에 따라 답이 다를 수 있습니다. x를 기준으로 차수를 구하면 'x에 대한 이차식'이 되며, y를 기준으로 차수를 구하면 'y에 대한 일차식'이 됩니다.

이때 차수가 1인 다항식을 일차식이라고 하며, 차수가 2인 다항식을 이차식이라고 합니다. 예를 들어 다항식 $5x^2 + 3x - 6y + 4$는 다음과 같습니다.

- $5x^2$, $3x$, $-6y$, 4처럼 네 개의 항으로 구성되어 있기 때문에 다항식입니다.
- 4는 상수항입니다.
- 각 항의 차수를 보면 $5x^2$은 2, $3x$는 1, $-6y$는 1, 4는 0입니다. 차수는 x를 기준으로 하면 'x에 대한 차수는 2'이며, y를 기준으로 하면 'y에 대한 차수는 1'입니다.

2 수식

수식이란 변수와 상수를 연산자를 이용하여 표현한 식입니다. 예를 들어 x, y 변수와 a, b 상수를 이용하여 수식 1.3처럼 표현할 수 있습니다.

$$y = ax + b$$

수식 1.3

파이썬으로 간단한 연산 실습을 해 봅시다.[1] 먼저 a, b, c 변수를 선언하고, 각각 3, 7, 2 상수를 저장하겠습니다.

In [3]:

```
a, b, c = 3, 7, 2
```

$a = 3$, $b = 7$, $c = 2$일 때 연산자를 이용한 결과를 확인해 보세요. 표 1-2에 실행 결과를 정리해 두었습니다.

연산자	의미	예시	설명	실행 결과
+	더하기	a + b	3 + 7	10
−	빼기	a − b	3 − 7	−4
*	곱하기	a * b	3 * 7	21
/	나누기	b / a	7 / 3	2.3
%	나머지	b % a	7 % 3	1
**	제곱	a ** c	3의 제곱	9
//	몫	a // c	3을 2로 나눈 몫	1

표 1-2

파이썬 연산자

수식 종류에는 등식(방정식, 항등식)과 부등식이 있습니다. 이것은 바로 이어서 자세히 다룹니다.

---

[1] 필자는 이 책의 독자가 파이썬을 어느 정도 안다고 가정했습니다. 파이썬 구현은 간단히 살펴보고, 이 책의 목적인 수학을 익히는 데 집중할 것입니다. 책에 실린 파이썬 코드는 〈모두의 파이썬 개정2판〉(길벗, 2018) 같은 입문서를 익혔다면 이해하기에 무리 없는 수준입니다.

UNIT 02 방정식과 부등식

BASIC MATHEMATICS FOR ARTIFICIAL INTELLIGENCE

1 방정식

등식

방정식을 이해하려면 먼저 '등식'을 이해해야 합니다. 등식은 등호(=)를 기준으로 양쪽에 숫자와 문자로 구성된 식이 '서로 같음'을 의미하는 관계식입니다. 예를 들어 2 + 2 = 4를 계산할 때 = 기호를 '등호'라고 하며, 이 기호(=)는 '좌변과 우변이 서로 같다'는 것을 의미합니다.

> **NOTE 좌변과 우변**
>
> 등호의 왼쪽을 좌변, 오른쪽을 우변이라고 하며, 좌변과 우변을 통틀어 양변이라고 합니다.
>
> 그림 1-5 좌변과 우변
>
> $$ \underset{\text{좌변}}{2} + 1 = \underset{\text{우변}}{3} $$
>
> 양변

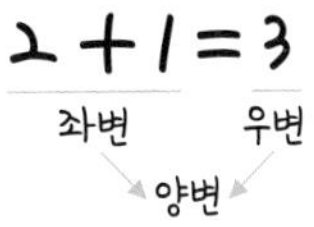

다음은 모두 등식의 예시입니다.

- $2 + 5 = 3 + 4$
- $6 - 2 = 2 + 2$
- $6 - 3 = 3$

이때 식이 맞든 틀리든 모두 등식입니다. 식이 맞으면 참인 등식이라고 하며, 틀리면 거짓인 등식이라고 합니다.

- 참인 등식: $9 = 6 + 3$
- 거짓인 등식: $7 + 2 = 6 - 4$

방정식

방정식은 x 같은 미지수에 따라 참이 되기도 하고 거짓이 되기도 하는 식을 의미합니다. 따라서 방정식은 반드시 등호와 미지수가 함께 있어야 합니다.

예를 들어 $x + 2 = 6$이 있다고 합시다.

- x가 4일 때 좌변과 우변은 모두 6이 되어 참인 식이 됩니다.
- x가 3일 때 좌변은 5, 우변은 6이 되어 거짓인 식이 됩니다.

이와 같이 미지수 x에 따라 참이 되기도 하고 거짓이 되기도 하기 때문에 $x + 2 = 6$은 방정식입니다.

방정식이 참일 때 미지수를 방정식의 해(또는 방정식의 근)라고 하며, 앞의 예를 다시 사용한다면 $x + 2 = 6$에서 x가 4일 때 식이 참이었기 때문에 방정식의 해는 4입니다.

일차방정식과 이차방정식

일차방정식은 차수가 1인 방정식입니다. 식 자체로 일차방정식을 판별하기 어렵기 때문에 모든 항을 좌변으로 이항해서 계산해 보아야 합니다. 즉, (일차방정식) = 0 형태를 만들고 계산해야 합니다.

예를 들어 $x + 1 = 3$ 식을 좌변으로 이항하면 $x + 1 - 3 = 0$ 형태로 (일차방정식) = 0이 되기 때문에 일차방정식입니다.

이항

(1) $x + 1 = 3$

(2) $x + 1 - 3 = 0$
이항하면 기호가 바뀜

(3) $x - 2 = 0$
(일차방정식) = 0 형태이므로 일차방정식임

$2(x + 1) = 3 + 2x$의 경우, 좌변으로 이항하면 $2x + 2 - 3 - 2x = 0$이 되지만 계산 결과 x가 없어져 차수를 나타내는 변수가 없으므로 일차방정식이 아닙니다.

이항

(1) $2(x + 1) = \boxed{3 + 2x}$

(2) $2(x + 1) \,\boxed{-3 \; -2x} = 0$

　　　　　　　이항하면 기호가 바뀜

(3) $2x + 2 - 3 - 2x = 0$

(4) $-1 = 0$

　　x가 사라지므로 일차방정식이 아님

일차방정식으로 판별한 후에는 다음 순서로 해를 구합니다.

(1) 변수(x, y 등)는 모두 좌변으로, 상수는 모두 우변으로 이항합니다.

(2) 각 변을 정리합니다.

(3) x의 계수로 양변을 나눕니다.

예를 들어 $2x + 2 = 3 + 3x$가 있다고 합시다.

(1) 변수를 좌변, 상수를 우변으로 이항하면 $2x - 3x = 3 - 2$가 됩니다.

(2) 각 변을 정리하면 $-x = 1$이 됩니다.

(3) x의 계수인 -1로 양변을 나누면 $x = -1$이 됩니다.

일차방정식을 이해했다면 이차방정식도 알아볼게요. 일차방정식에서 x의 차수가 1이었다면, 이차방정식은 x의 차수가 2인 방정식입니다. 따라서 다음 수식 1.4처럼 표현할 수 있습니다.

$$ax^2 + bx + c = 0$$

수식 1.4

이때 $a = 0$일 경우 최고차항의 차수가 1이 되기 때문에 이차방정식이 될 수 없으므로 $a \neq 0$이어야 한다는 점에 주의하세요(이차방정식 풀이는 인수분해나 제곱근을 이용하는데, 자세한 내용은 둘째마당을 참고하세요).

파이썬에서도 방정식의 해를 구할 수 있습니다. 파이썬에서는 방정식의 해를 구하려면 SymPy 라이브러리와 solve() 함수를 사용합니다.

잠깐만요

SymPy란

SymPy는 파이썬에서 기호 수학(symbolic math)을 위한 라이브러리입니다. 모두 파이썬으로 작성했으며, 속도와 시각화 등에 필요한 확장 기능도 포함되어 있습니다. SymPy를 이용하면 대수(algebra) 문제를 기호 수학으로 풀 수 있습니다.
SymPy에서 기호변수는 symbol() 함수를 사용하는데, from sympy import Symbol, solve처럼 기호변수를 사용하기 전에 미리 정의해야 합니다.

파이썬의 SymPy 라이브러리는 다음 수학적 풀이에 사용합니다.

- 방정식의 해 구하기
- 미분과 적분

특히 방정식을 풀 때는 solve() 함수가 필요합니다. solve() 함수를 사용하려면 아나콘다 프롬프트(Anaconda Prompt) 창에서 다음 명령으로 NumPy와 SymPy 라이브러리를 설치해야 합니다.

```
> pip install numpy    또는   conda install numpy
> pip install sympy    또는   conda install sympy
```

파이썬에서는 다음과 같이 구현합니다.

In [4]:
```
# SymPy 라이브러리를 불러오고, 사용할 기호변수 x를 선언합니다
from sympy import Symbol, solve
x = Symbol('x')

# 방정식을 풀려면 "(일차방정식) = 0"으로 만들어 주어야 합니다
# 이를 위해 모든 식을 좌변으로 이항한 후 equation으로 변수화합니다
equation = 2 * x - 6
```

```
# 방정식을 풀려면 SymPy에 내장된 solve() 함수를 사용합니다
# solve() 함수 안에 equation을 입력하면
# 방정식을 풀어서 결과를 반환합니다
solve(equation)
```

[3]

다음 방정식의 해를 구하세요.

(1) $4 = k - 2$

(2) $10 = 2k$

(3) $\dfrac{k}{2} = 8$

(1) $4 = k - 2$

$k = 4 + 2 = 6$

In [5]:
```
from sympy import Symbol, solve
k = Symbol('k')
equation = k - 2 - 4
solve(equation)
```

[6]

(2) $10 = 2k$

$k = \dfrac{10}{2} = 5$

In [6]:
```
from sympy import Symbol, solve
k = Symbol('k')
```

```
equation = 2 * k - 10
solve(equation)
```

[5]

(3) $\dfrac{k}{2} = 8$

   $k = 2 \times 8 = 16$

In [7]:
```
from sympy import Symbol, solve
k = Symbol('k')
equation = k / 2 - 8
solve(equation)
```

[16]

항등식

항등식은 미지수에 어떤 수를 대입하더라도 항상 참이 되는 식을 의미합니다. 예를 들어 $2x + 1 = 1 + 2x$일 경우, 우변의 $1 + 2x$를 교환 법칙에 따라 자리를 바꾸면 $2x + 1$이 되어 좌변과 같은 식이 되므로 항등식입니다.

교환 법칙

연산 기호 양쪽의 수(또는 변수)끼리 자리를 바꾸어도 계산 결과가 같은 성질을 의미합니다

표 1-3은 방정식과 항등식을 비교한 것입니다. 표 내용을 살펴보면서 둘 간에 어떤 차이가 있는지 정확히 알고 넘어갑시다.

구분	방정식	항등식
참인 수식일 조건	미지수가 특정한 값을 가질 때만 참인 수식	미지수가 어떤 값을 가져도 참인 수식
좌변과 우변의 조건	좌변 ≠ 우변	좌변 = 우변

표 1-3

방정식과 항등식 비교

다음 중 방정식과 항등식을 모두 고르세요.

(1) $x + x = 2x$

(2) $2x + 1 < 6$

(3) $2x - x = x$

(4) $2 + 5 = 7$

(1) 좌변의 $x + x = 2x$가 되므로 우변 $2x$와 같아 항등식입니다.

(2) 등호가 없기 때문에 등식이 아닙니다.

(3) 좌변의 $2x - x = x$가 되므로 우변 x와 같아 항등식입니다.

(4) $2 + 5 = 7$에서 미지수가 없기 때문에 방정식도 아니고 항등식도 아닙니다.

연립방정식

연립방정식이란 미지수가 여러 개 포함된 방정식을 묶어 놓은 것을 의미합니다. 예를 들어 수식 1.5는 연립방정식입니다.

$$\begin{cases} 3x + y = 2 & \text{------ (1)} \\ x - 2y = 3 & \text{------ (2)} \end{cases}$$

수식 1.5

수식 1.5는 미지수 x와 y를 포함하기 때문에 연립방정식이라고 할 수 있습니다. 이때 미지수가 두 개라면 식도 최소 두 개이어야 하며, 미지수가 세 개라면 수식 1.6처럼 식도 최소 세 개가 주어져야 합니다.

$$\begin{cases} x + y = 2 \\ y + z = 5 \\ z - x = 3 \end{cases}$$

수식 1.6

수식 1.5의 문제를 풀어 봅시다.

수식 1.5의 (1)과 (2)에서 x 및 y의 계수가 다르기 때문에 (1), (2) 식 간의 덧셈이나 뺄셈만으로는 미지수를 줄일 수 없습니다. 따라서 (1), (2) 식에 적절한 수를 곱해서 x 혹은 y의 계수를 맞추어야 합니다.

수식 1.5의 (2) 식에 3을 곱해서 다음과 같이 x의 계수를 맞추면 $x = 1$, $y = -1$이 됩니다.

$$
\begin{array}{r}
3x + y = 2 \\
-\,)\,\underline{3x - 6y = 9} \\
7y = -7
\end{array}
$$

×3 취함

y가 -1이므로 (1) 식에 y를 대입해도 x를 구할 수 있습니다. 즉, (1) 식인 $3x + y = 2$에 $y = -1$을 대입하면 $3x - 1 = 2$이므로 $x = 1$입니다. (2) 식에서 구한 x 값과 같네요.

파이썬에서는 다음과 같이 연립방정식을 구합니다.

In [8]:
```python
# SymPy 라이브러리를 불러오고, 사용할 기호변수 x, y를 선언합니다
from sympy import Symbol, solve
x = Symbol('x')
y = Symbol('y')


# 방정식을 풀려면 "(일차방정식) = 0"으로 만들어 주어야 합니다
# 이를 위해 모든 식을 좌변으로 이항한 후 equation1과 equation2로 변수화합니다
equation1 = 3 * x + y - 2
equation2 = x - 2 * y - 3


# 방정식을 풀려면 SymPy에 내장된 solve() 함수를 사용합니다
# solve() 함수 안에 equation을 차례로 입력하면
# 방정식을 풀어서 결과를 반환합니다
solve((equation1, equation2), dict=True) # dict 옵션은 해를 딕셔너리
형태로 반환합니다
```

[{x: 1, y: -1}]

2 부등식

등호(=)와 미지수가 포함된 식에서 미지수에 따라 참이 되기도 하고 거짓이 되기도 하는 것이 방정식이라면, 부등호($<$, $\leq$, $>$, $\geq$)를 사용하여 나타낸 식을 부등식이라고 합니다.

부등식은 조건에 따라 두 가지 유형이 있습니다.

- 절대부등식: 모든 실수 값에 대해 항상 성립하는 부등식
- 조건부등식: 어떤 실수 값에 대해서만 성립하는 부등식

즉, 절대부등식은 항등식 개념과 같고, 조건부등식은 방정식 개념과 같다고 생각하면 됩니다.

다음 예시로 절대부등식과 조건부등식을 살펴봅시다.

(1) $x + 2 \leq 7$

(2) $x^2 + 5 \geq 0$

(1) 식을 풀면 $x \leq 5$가 됩니다. 따라서 x 값이 5보다 작거나 같으면 참이고, 5보다 크면 거짓이 되는 조건부등식입니다.

(2) 식을 풀면 x에 어떤 값을 넣더라도 항상 0보다 크므로 모든 실수에 대해 항상 성립하는 절대부등식이 됩니다.

부등식의 성질은 다음과 같습니다.

- 부등식의 양변에 같은 수를 더하면 부등호 방향은 바뀌지 않습니다.

  예시 $5 > 4$ 부등식에서 양변에 5를 더하면

  $5 + 5 > 4 + 5$가 되어 부등호 방향은 바뀌지 않습니다.

- 부등식의 양변에 같은 수를 빼면 부등호 방향은 바뀌지 않습니다.

  예시 $5 > 4$ 부등식에서 양변에 2를 빼면

  $5 - 2 > 4 - 2$가 되어 부등호 방향은 바뀌지 않습니다.

- 부등식의 양변에 같은 수를 곱할 때 양수를 곱하면 그대로, 음수를 곱하면 부등호 방향이 바뀝니다.

  예시 ① $5 > 4$ 부등식에서 양변에 2를 곱하면

  $5 \times 2 > 4 \times 2$가 되어 부등호 방향은 바뀌지 않습니다.

  ② $5 > 4$ 부등식에서 양변에 -2를 곱하면

  $5 \times (-2) < 4 \times (-2)$가 되어 부등호 방향이 바뀝니다.

- 부등식의 양변에 같은 수를 나눌 때 양수로 나누면 그대로, 음수로 나누면 부등호 방향이 바뀝니다.

  예시 ① $5 > 4$ 부등식에서 양변에 2를 나누면

  $\dfrac{5}{2} > \dfrac{4}{2}$ 가 되어 부등호 방향은 바뀌지 않습니다.

  ② $5 > 4$ 부등식에서 양변에 -2를 나누면

  $\dfrac{5}{(-2)} < \dfrac{4}{(-2)}$ 가 되어 부등호 방향이 바뀝니다.

마지막으로 다음 표로 부등호 유형을 살펴봅시다.

부등호	부등식 예시	설명	그림으로 표현
$>$	$x > a$	x는 a보다 큽니다.	
$<$	$x < a$	x는 a보다 작습니다.	
$\geq$	$x \geq a$	x는 a보다 크거나 같습니다.	
$\leq$	$x \leq a$	x는 a보다 작거나 같습니다.	

표 1-4
부등호 유형

## 2장

함수

수학에서 함수(function)란 변수 하나와 다른 변수 간 관계를 정의하는 표현 또는 규칙입니다. 이 장에서는 변수 간 관계를 정의하는 방법과 수식으로 표현하는 방법을 알아보겠습니다. 또 수식을 좌표상에 그래프로 표현하는 방법도 살펴보겠습니다.

UNIT 03 기초 함수

1 함수

함수란

함수는 첫 번째 집합의 임의의 한 원소를 두 번째 집합의 원소 하나에 대응시키는 관계입니다. 여기에서 '대응'과 '관계'가 함수를 가장 잘 설명하는 단어인데요. 예를 들어 다음과 같이 음료수 수량에 따라 금액에 변화가 있다고 가정합시다.

표 2-1

음료수 수량과 금액

음료수 수량	1	2	3	4	5
음료수 금액	1,000	2,000	3,000	4,000	5,000

한 개에 1,000원인 음료수를 X개 샀을 때 지불해야 할 금액을 Y라고 한다면 $Y = 1000X$라는 식이 성립합니다. 즉, X와 Y 변수에 대해 X 값이 정해지면 Y 값이 결정될 때, Y를 X의 함수라고 하며 다음과 같이 표현할 수 있습니다.

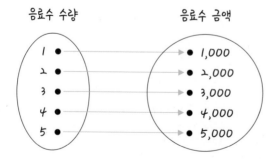

그림 2-1

음료수 수량과
금액의 대응 관계

그림 2-1의 대응 관계를 $Y = 1000X$라는 식으로 표현할 수 있다고 했습니다. 이 때 X와 Y의 관계식을 함수식이라고 하며, 수식 2.1처럼 표현합니다.

$$Y = 1000X$$

수식 2.1

또 $1000X$를 함수로는 수식 2.2처럼 $f(X)$로 표현할 수 있습니다.

$$Y = f(X)$$

수식 2.2

따라서 표 2-1을 식으로 표현할 때는 함수 $Y = 1000X$ 또는 $f(X) = 1000X$로 표현할 수 있습니다.

함수 값

앞서 '함수는 X 값에 따라 Y 값 하나에만 대응한다'고 정의했습니다. 여기에서 X 값에 따라 결정되는 Y 값을 함수 값이라고 합니다. 예를 들어 수식 2.1의 $Y = 1000X$(혹은 $f(X) = 1000X$)에서 $X = 1$일 때 $Y = 1000$이 되므로 함수 값은 1000입니다. 이를 식으로 표현하면 다음과 같습니다.

$$f(1) = 1000$$

연습 문제

$f(X) = aX + 2$일 때, $f(3) = 8$입니다. 다음을 구하세요.

(1) a 값은?

(2) $f(6) - f(2)$ 값은?

문제 풀이

(1) $f(3) = 8$이라는 것은 $X = 3$일 때 함수 값이 8이라는 의미입니다. 따라서 $f(X) = aX + 2$에서 X에 3를 대입하면 8이 됩니다.

$8 = 3 \times a + 2$

$6 = 3a$

$a = 2$가 되므로 $f(X) = 2X + 2$입니다.

(2) $f(X) = 2X + 2$ 식에서 X에 6과 2의 값을 대입하면 다음과 같이 8이 됩니다.

$$f(6) - f(2) = ((2 \times 6) + 2) - ((2 \times 2) + 2) = 14 - 6 = 8$$

 ## 2 함수와 방정식

1장에서는 방정식을 배웠고, 2장에서는 함수를 배우고 있습니다. 그렇다면 이 둘에는 어떤 차이가 있을까요?

수식 2.3과 수식 2.4로 이 둘의 차이를 확인해 봅시다.

$$y = 2x + 3$$

수식 2.3

$$y - 2x - 3 = 0$$

수식 2.4

두 식이 같아 보일 수도 있지만, 실제로 수식 2.3은 함수고, 수식 2.4는 방정식입니다.

x와 y 변수가 있을 때 x 값에 따라 y 값이 결정된다면 함수라고 정의했습니다. 수식 2.3에서 x가 1일 때 y는 5가 되고, x가 2일 때 y는 7이 되기에 x 값에 따라 y 값이 결정되므로 이는 함수입니다.

방정식은 변수를 포함하는 등식에서 변수 값에 따라 참 또는 거짓이 성립하는 식이라고 정의했습니다. 수식 2.4에서 x와 y의 값이 각각 1과 2일 때 이 식은 거짓이 되며, x와 y 값이 각각 1과 5일 때는 참이 됩니다. 따라서 수식 2.4는 방정식입니다.

함수와 방정식의 관계는 다음과 같습니다.

- 실수 범위 안에서 함수와 방정식 모두 좌표 평면에 표현할 수 있습니다.
- 방정식은 함수를 포괄하는 개념입니다.
- 모든 함수는 방정식으로 바꾸어서 표현할 수 있습니다.

UNIT 04 고급 함수

BASIC MATHEMATICS FOR ARTIFICIAL INTELLIGENCE

1 일차함수와 그래프

일차함수

일차함수는 최고차항의 차수가 1인 함수입니다. 예를 들어 $y = ax + b$처럼 x의 차수가 1인 함수가 일차함수입니다. 다음은 일차함수와 일차함수가 아닌 예를 보여 줍니다.

일차함수 예		$y = ax + b,\ f(x) = ax + b$
일차함수가 아닌 예	분수함수	$y = \dfrac{1}{x} + 1$
	상수함수	$y = 2$
	일차방정식	$ax + b = 1$
	일차부등식	$ax + b > 0,\ ax + b \geq 0$

표 2-2

일차함수와
일차함수가 아닌 예

연습 문제

다음 중 일차함수를 모두 고르세요.

(1) $y = 0x + 1$

(2) $y = 2x + 8$

(3) $y = 6$

(4) $xy = 2$

(1)과 (3)은 x에 계수가 없으므로 상수함수입니다.

(2)는 x의 계수가 1이므로 일차함수입니다.

(4)는 $y = \dfrac{2}{x}$가 되므로 분수함수입니다.

일차함수 그래프

일차함수 y = ax 그래프

일차함수 $y = ax$ 그래프를 살펴봅시다. 이 그래프는 $x = 0$이면 $y = 0$이 되므로 원점 $(0, 0)$을 지납니다. a 상수 값에 따라 x와 y가 어떻게 변하는지 알아볼게요.

(1) a가 양수일 때 변화는 다음과 같습니다.

표 2-3

a가 양수일 때 변화

a 값	1	2	3
y 값	1x	2x	3x

즉, 그림 2-2의 ①과 같이 a 숫자가 커질수록 그래프는 y축에 가까워집니다.

(2) a가 음수일 때 변화는 다음과 같습니다.

표 2-4

a가 음수일 때 변화

a 값	-1	-2	-3
y 값	-1x	-2x	-3x

즉, 그림 2-2의 ②와 같이 a 숫자가 작아질수록 그래프는 y축에 가까워집니다.

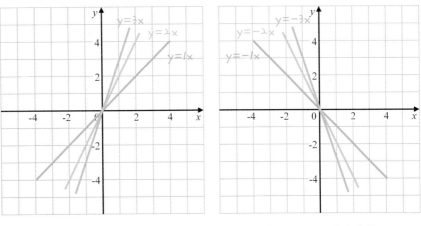

그림 2-2

일차함수
y = ax 그래프

① y=ax 그래프(a가 양수)　　② y=ax 그래프(a가 음수)

정리하면 $a > 0$일 때는 a 값이 클수록 y축에 가까워지고, $a < 0$일 때는 a 값이 작을수록 y축에 가까워집니다. 따라서 $a > 0$일 때는 x 값이 증가할수록 y 값도 증가하고, 그래프 모양은 오른쪽 위로 향하는 직선이 됩니다. 반면에 $a < 0$일 때는 x가 증가하면 y는 감소하고, 그래프 모양은 오른쪽 아래로 향하는 직선이 됩니다.

일차함수 y = ax + b 그래프

$y = ax + b$ 그래프는 $y = ax$ 그래프를 b만큼 평행 이동한 것입니다. 그림 2-3과 같이 $y = ax$ 그래프를 b만큼 y축 방향으로 평행 이동합시다.

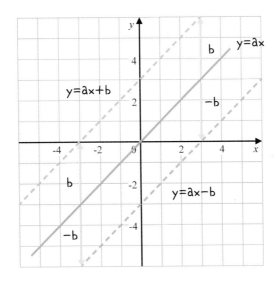

그림 2-3

y = ax + b 그래프

절편

함수의 그래프가 x축
이나 y축과 만나는
점의 좌표를 의미
합니다. x축과
만나면 x 절편이라고
하며, y축과 만나면
y 절편이라고
합니다. UNIT 05에서
자세히 설명합니다

즉, b가 양수이면 $y = ax$ 그래프를 y축 양의 방향(위쪽)으로 평행 이동하고, b가 음수이면 $y = ax$ 그래프를 y축 음의 방향(아래쪽)으로 평행 이동합니다.

직선의 방정식

좌표 평면에서 일차함수 그래프 모양이 직선이기 때문에 **직선의 방정식**이라고 합니다. 직선의 방정식은 일차함수와 모양이 같은 $y = ax + b$ 형태입니다. 이때 a를 직선의 기울기라고 하며, b는 절편이라고 합니다.

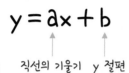

그림 2-4

직선의 기울기와 y 절편

직선의 기울기를 구해 봅시다.

(1) 기울기와 y 절편이 주어졌을 때 직선의 방정식 구하기

기울기가 t고, y 절편이 c라면 직선의 방정식은 그림 2-5의 ①과 같이 $y = tx + c$ 입니다.

(2) 기울기와 한 점의 좌표가 주어졌을 때 직선의 방정식 구하기

그림 2-5의 ②와 같이 기울기가 t고, 한 점의 좌표가 $P(x_1, y_1)$인 직선이 될 것입니다.

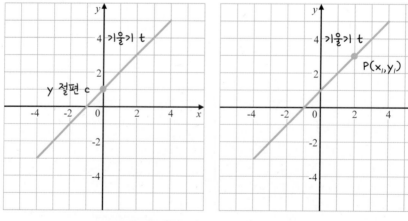

그림 2-5

직선의 기울기

① 기울기와 y 절편이 주어졌을 때   ② 기울기와 한 점의 좌표가 주어졌을 때

그러면 $y = ax + b$ 식에 대입하여 다음과 같이 도출할 수 있습니다.

$y_1 = tx_1 + b$ ∵ 기울기 t와 점의 좌표(x_1, y_1) 대입

$b = y_1 - tx_1$

또다시 t와 b 값을 $y = ax + b$에 대입하면 다음과 같습니다.

$y = tx + (y_1 - tx_1)$ ∵ 기울기 t와 $b = y_1 - tx_1$ 대입

$y - y_1 = t(x - x_1)$

따라서 기울기가 t고 한 점 (x_1, y_1)을 지나는 직선의 방정식은 $y - y_1 = t(x - x_1)$입니다.

연습 문제

(1) 기울기가 2고 y 절편이 5인 직선의 방정식을 구하세요.

(2) 기울기가 2고 점 $(2, 5)$를 지나는 직선의 방정식을 구하세요.

문제 풀이

(1) $y = ax + b$에서 기울기와 y 절편을 대입하면 $y = 2x + 5$입니다.

(2) $y - y_1 = t(x - x_1)$에서 기울기와 좌표를 대입하면 $y - 5 = 2(x - 2)$로 $y = 2(x - 2) + 5$가 되고, 풀이하면 $y = 2x + 1$입니다.

2 이차함수와 그래프

이차함수

함수 $y = f(x)$에서 $f(x)$가 x에 관해 이차식일 때 이를 이차함수라고 합니다. 즉, 수식 2.5와 형태가 같습니다.

$$y = f(x) = ax^2 + bx + c$$

수식 2.5

이때 x 절편은 $ax^2 + bx + c$의 해고, y 절편은 c가 됩니다.

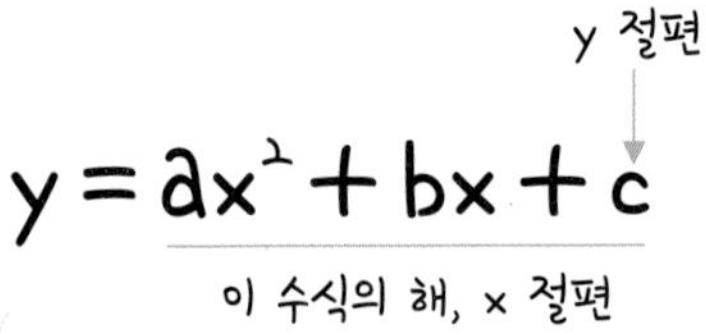

그림 2-6
수식의 해와 절편

$$y = ax^2 + bx + c$$

y 절편

이 수식의 해, x 절편

연습 문제

다음 중 이차함수를 모두 고르세요.

(1) $y = x + 1$

(2) $y = 4x^2 + 2x + 1$

(3) $x^2 + 4x - 1 = 0$

문제 풀이

(1) 우변 x의 최고차항이 1이므로 일차함수입니다.

(2) 우변 x의 최고차항이 2이므로 이차함수입니다.

(3) 이차식이기는 하지만, 함수가 아닌 방정식이기에 이차함수가 아닙니다.

이차함수 그래프

이차함수 $y = ax^2$ 그래프

일차함수에서 $y = ax$의 a를 기울기라고 했는데, 이차함수에서는 이를 이차항의 계수라고 표현합니다. 이차항의 계수 a가 0보다 크면($a > 0$) 아래로 볼록한 그래프가 되고, a가 0보다 작으면($a < 0$) 위로 볼록한 그래프가 됩니다. 또 원점(0, 0)을 기준으로 양쪽이 서로 대칭입니다.

일차함수와 마찬가지로 이차함수에서는 a 상수 값에 따라 그래프가 어떻게 변하는지 알아봅시다.

(1) a가 양수일 때 변화는 다음과 같습니다.

표 2-5

a가 양수일 때 변화

a 값	1	2	3
y 값	$1x^2$	$2x^2$	$3x^2$

따라서 그림 2-7의 ①과 같이 a 숫자가 커질수록 그래프 폭은 좁아집니다.

(2) a가 음수일 때 변화는 다음과 같습니다.

표 2-6

a가 음수일 때 변화

a 값	−1	−2	−3
y 값	$-1x^2$	$-2x^2$	$-3x^2$

따라서 그림 2-7의 ②와 같이 a 숫자가 작아질수록 그래프 폭은 좁아집니다

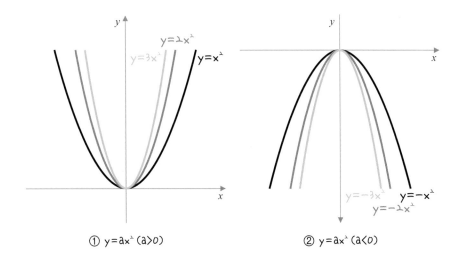

그림 2-7

이차함수 $y = ax^2$
그래프

① $y = ax^2$ (a > 0)　　　　② $y = ax^2$ (a < 0)

이차함수 $y = ax^2 + b$ 그래프

$y = ax^2 + b$ 그래프는 $y = ax^2$ 그래프를 b만큼 평행 이동한 것입니다. 즉, b가 양수이면 그림 2-8의 ①과 같이 $y = ax^2$ 그래프를 b만큼 y축 양의 방향(위쪽)으로 평행 이동합니다. 또 a와 b가 모두 음수이면 ②와 같이 $y = ax^2$ 그래프를 뒤집어 놓은 형태인 위로 볼록한 그래프에서 b만큼 y축 음의 방향(아래쪽)으로 평행 이동합니다.

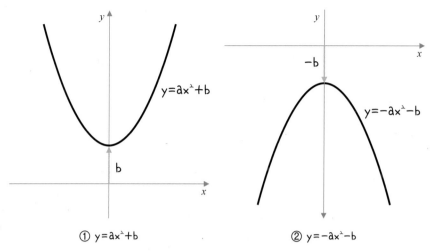

① $y = ax^2 + b$ ② $y = -ax^2 - b$

예를 들어 이차함수 $y = 2(x - 3)^2 + 5$ 그래프를 그려 봅시다.

(1) $y = 2x^2$에서 계수가 양수이므로 아래로 볼록한 그래프가 됩니다.

(2) $y = 2x^2$에서 x축 양의 방향(오른쪽)으로 3, y축 양의 방향(위쪽)으로 5만큼 평행 이동하면 $y - 5 = 2(x - 3)^2$이 됩니다.

(3) 따라서 $y = 2(x - 3)^2 + 5$ 그래프는 다음과 같습니다.

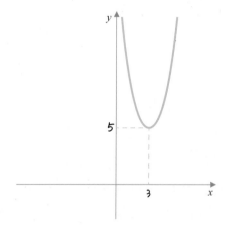

직선과 기울기

점과 직선을 좌표상에 표현하려면 먼저 좌 표 평면을 이해해야 합니다. 직선의 기울기 가 의미하는 내용을 알아보고, 좌표 평면에 서 직선의 기울기를 표현하는 방법을 살펴 보겠습니다.

UNIT 05 좌표 평면

BASIC MATHEMATICS FOR ARTIFICIAL INTELLIGENCE

1 좌표 평면과 사분면

좌표 평면

좌표 평면이란 x축과 y축 두 개로 구성된 평면을 의미하며, 이때 x축과 y축을 통틀어 좌표축이라고 합니다. 그림 3-1에서 가로 형태의 수직선을 x축이라고 하며, 세로 형태의 수직선을 y축이라고 합니다. 또 x축과 y축의 교차점을 원점(0, 0)이라고 하며, 기호로는 O로 나타냅니다.

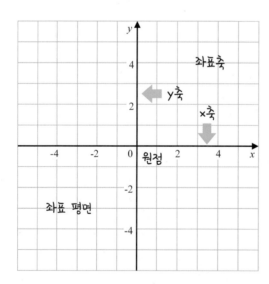

그림 3-1

좌표 평면

사분면

x축과 y축으로 분할되는 영역 네 개를 사분면이라고 합니다. 사분면은 반시계 방향으로 다음과 같이 제1사분면, 제2사분면, 제3사분면, 제4사분면이라고 합니다.

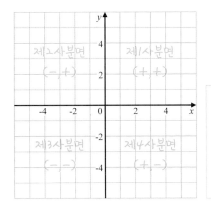

- 제1사분면: $x > 0, y > 0$을 만족하는 영역
- 제2사분면: $x < 0, y > 0$을 만족하는 영역
- 제3사분면: $x < 0, y < 0$을 만족하는 영역
- 제4사분면: $x > 0, y < 0$을 만족하는 영역

그림 3-2

사분면

2 좌표 평면 위의 점

좌표 평면에서는 원점$(0, 0)$을 기준으로 x축은 오른쪽이 양수, 왼쪽이 음수입니다. y축은 원점보다 위에 있으면 양수, 아래에 있으면 음수입니다. 수직선에서는 점의 방향이 오른쪽, 왼쪽뿐이었는데, 좌표 평면에서는 위아래가 추가되어 총 네 개가 됩니다. 따라서 점 위치를 표현할 때는 x축과 y축을 사용합니다.

좌표 평면에서는 수직선 x축, y축에 따라 점 위치가 결정되기에 위치를 (a, b)처럼 기호로 나타냅니다. 점 위치를 (a, b)로 나타낼 때 a, b는 실수입니다. a는 점이 x축에서 어떤 위치에 있는지를, b는 점이 y축에서 어떤 위치에 있는지를 알려줍니다.

좌표 평면에서 위치를 표현할 때는 원점$(0, 0)$을 기준으로 그림 3-3과 같이 실수 a, b에 대해 점 $P(a, b)$로 표현합니다.

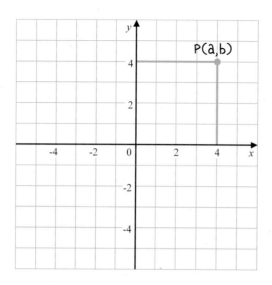

$P(a, b)$는 점 P의 위치가 (a, b)라는 것을 나타내는 기호입니다. 이때 점 P의 위치에 해당하는 (a, b)를 점 P의 좌표라고 합니다. a는 점 P의 x 좌표고, b는 점 P의 y 좌표입니다.

좌표 평면 위의 점 대칭

좌표 평면 위의 점에 대해 x축과 y축을 대칭시키면 어떤 변화가 있을지 알아봅시다. 다음과 같이 점 P의 x 좌표는 4고 y 좌표는 3인 $P(4, 3)$이 있다고 가정합니다.

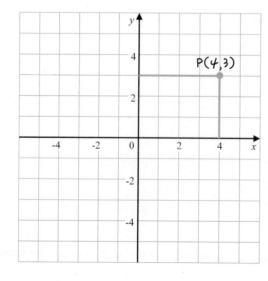

$P(4, 3)$을 x축, y축 및 원점을 기준으로 대칭시키면 각각 다음과 같습니다. $P(4,$ $3)$을 x축에 대칭시키면 y 좌표의 부호만 바뀌며, y축에 대칭시키면 x 좌표의 부호만 반대가 됩니다. 또 원점에 대응시켰을 때는 x 좌표의 부호와 y 좌표의 부호가 모두 반대가 됩니다.

그림 3-5

좌표 평면 위에서
점의 대칭

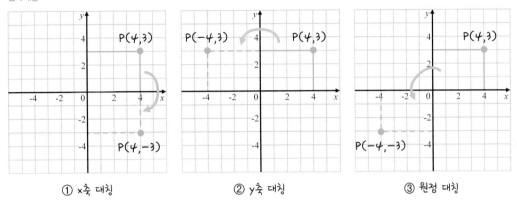

① x축 대칭   ② y축 대칭   ③ 원점 대칭

3 x 절편과 y 절편

절편은 좌표 평면 위의 직선이 x축과 만나는 점(x 좌표)과 y축과 만나는 점(y 좌표)을 통틀어 이르는 말입니다. x 절편은 x축과 만나는 점의 x 좌표고, $y = 0$일 때 x 값을 의미합니다. y 절편은 y축과 만나는 점의 y 좌표고, $x = 0$일 때 y 값을 의미합니다.

예를 들어 다음과 같이 $y = 3x + 3$이 있다고 가정합니다. 즉, 일차함수 $y = 3x + 3$에서 x 절편과 y 절편을 구해 봅시다.

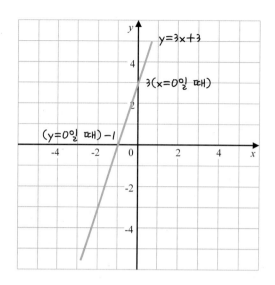

그림 3-6

x 절편, y 절편

(1) x 절편 구하기

x 절편은 주어진 일차함수에서 $y = 0$일 때 x 값을 구하면 됩니다.

따라서 $y = 3x + 3$에서 $y = 0$을 대입하면 $0 = 3x + 3$이므로 $3x = -3$, 즉 $x = -1$이 됩니다.

(2) y 절편 구하기

y 절편은 주어진 일차함수에서 $x = 0$일 때 y 값을 구하면 됩니다.

따라서 $y = 3x + 3$에서 $x = 0$을 대입하면 $y = 3 \times 0 + 3$이므로 $y = 3$이 됩니다.

기울기

기울기

기울기는 그래프가 기울어진 정도를 나타냅니다. 이때 기울기의 정도는 각도가 아닌 숫자로 표현합니다. 기울기를 구하는 공식은 다음과 같습니다.

$$기울기 = \frac{y의\ 증가량}{x의\ 증가량} = \frac{y_2 - y_1}{x_2 - x_1}$$

다음과 같이 그래프에서 임의의 두 점 $P(x_1, y_1)$, $Q(x_2, y_2)$가 있다고 가정합니다. 두 점에서 x의 증가량은 '(점 Q의 x 좌표) − (점 P의 x 좌표)'가 되고, y의 증가량은 '(점 Q의 y 좌표) − (점 P의 y 좌표)'가 됩니다.

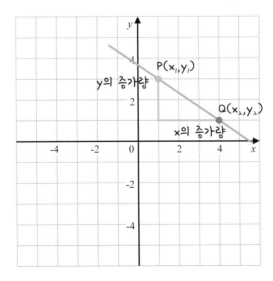

그림 3-7

기울기

예를 들어 다음 그래프가 있을 때, 기울기를 구해 봅시다.

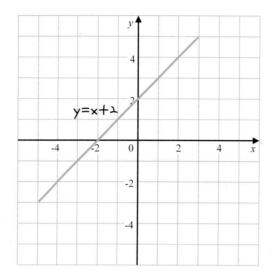

그림 3-8

y = x + 2 그래프

(1) x축과 만나는 점의 좌표와 y축과 만나는 점의 좌표를 구하면 $(-2, 0)$, $(0, 2)$ 가 됩니다.

(2) 기울기 $= \dfrac{y_2 - y_1}{x_2 - x_1}$ 공식을 적용하면 $\dfrac{2 - 0}{0 - (-2)} = 1$이 됩니다.

따라서 기울기는 1입니다. 그림 3-8의 $y = x + 2$ 그래프의 기울기인 1과도 일치합니다.

 2 양의 기울기와 음의 기울기

기울기는 다음과 같이 x축과 평행하면 0이고, 직선의 오른쪽 끝이 x축보다 위로 올라가면 양의 기울기를 가집니다. 그리고 직선의 오른쪽 끝이 x축보다 아래로 내려가면 음의 기울기를 가집니다.

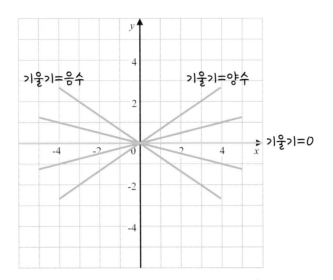

그림 3-9

양의 기울기와
음의 기울기

즉, x 값이 증가할 때 y 값도 증가한다면 양의 기울기를 가지며, x 값이 증가할 때 y 값이 감소하면 음의 기울기를 가집니다. 그리고 x 값이 증가할 때 y 값에 변화가 없다면 기울기는 0입니다.

4장

지수와
제곱근

이 장에서는 용어부터 혼란스러운 지수, 거듭제곱, 거듭제곱근의 의미와 성질을 알아봅니다. 또 다항식을 인수분해해서 두 개 이상인 다항식의 거듭제곱으로 표현하는 방법도 살펴보겠습니다.

지수

1 지수란

지수는 어떤 수나 문자의 오른쪽 위에 덧붙여 써서 거듭제곱의 횟수를 나타내는 문자나 숫자를 의미합니다. 그림 4-1에서 a의 오른쪽 위에 있는 글씨는 지수고, a는 밑[1]입니다.

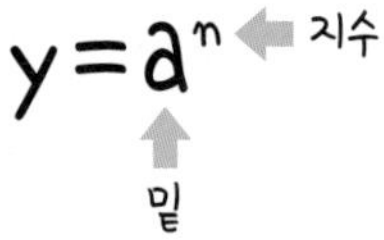

$$y = a^n \quad \leftarrow \text{지수}$$
$$\uparrow$$
$$\text{밑}$$

그림 4-1
지수

2 지수의 법칙

지수의 법칙에는 합의 법칙, 차의 법칙, 곱의 법칙이 있습니다.

(1) 지수의 합: $a^m \times a^n = a^{m+n}$

$m = 3$, $n = 4$일 때, 다음과 같습니다.

$a^3 \times a^4$

$= (a \times a \times a) \times (a \times a \times a \times a)$

$= a^7 = a^{3+4}$

---

1 지금은 a가 밑이라는 것만 알면 됩니다. 자세한 밑의 내용은 UNIT 12를 참고하세요.

예시 $2^3 \times 2^5 = 2^{3+5} = 2^8$

(2) 지수의 차

① $a^m \div a^n = a^{m-n}$ ($m \geq n$일 때)

예시 $2^5 \div 2^3 = 2^{5-3} = 2^2$

② $a^m \div a^n = \dfrac{1}{a^{n-m}}$ ($m < n$일 때)

예시 $2^3 \div 2^5 = \dfrac{1}{2^{5-3}} = \dfrac{1}{2^2}$

(3) 지수의 곱: $(a^m)^n = a^{mn}$ (m, n은 양의 정수)

$(a^2)^3$

$= a^2 \times a^2 \times a^2$

$= a \times a \times a \times a \times a \times a$

$= a^6 = a^{2 \times 3}$

예시 $(2^4)^6 = 2^{4 \times 6} = 2^{24}$

UNIT 08 거듭제곱과 거듭제곱근

BASIC MATHEMATICS FOR ARTIFICIAL INTELLIGENCE

1 거듭제곱

거듭제곱은 같은 수를 여러 번 반복해서 곱하는 계산입니다. 예를 들어 $5 \times 5 \times 5 \times 5 \times 5$는 5^5으로 표현하고 5의 5 제곱이라고 읽습니다. 일반적인 표현은 다음과 같습니다.

$$a^n = \underbrace{a \times a \times a \times \cdots \times a}_{n번}$$

좀 더 다양한 사례를 살펴볼게요.

- $(2 \times 2)\ 2^2 \rightarrow$ 2의 제곱(두 번 곱할 때는 그냥 제곱으로 읽음)
- $(2 \times 2 \times 2 \times 2 \times 2)\ 2^5 \rightarrow$ 2의 5 제곱
- $(2 \times 2 \times 2 \times 2 \times 2 \times 2)\ 2^6 \rightarrow$ 2의 6 제곱
- $(a \times a \times a \times a \times a \times a \times a)\ a^7 \rightarrow$ a의 7 제곱

이때 주의할 점이 있습니다.

(1) 수식 4.1처럼 같은 숫자와 문자끼리만 사용할 수 있습니다.

$$\underbrace{3 \times 3 \times 3}_{3^3} \times \underbrace{6 \times 6}_{6^2} \times 9, \quad \underbrace{a \times a}_{a^2} \times \underbrace{b \times b \times b \times b}_{b^4}$$

수식 4.1

수식 4.1에서 같은 숫자 혹은 문자끼리만 묶어서 거듭제곱으로 표현한 것을 볼 수 있습니다(숫자나 문자가 다르면 같이 묶을 수 없습니다).

(2) 분수를 계산할 때는 조심해야 합니다. 그래서 다음과 같이 분수를 거듭제곱으로 나타낼 때는 괄호를 사용하세요. 괄호를 사용하지 않으면 잘못된 답이 나올 수 있기 때문에 꼭 주의하세요.

$$\frac{1}{2} \times \frac{1}{2} = \frac{1^2}{2} = \frac{1}{2} \qquad\qquad \frac{1}{2} \times \frac{1}{2} = \left(\frac{1}{2}\right)^2 = \frac{1}{4}$$

괄호를 사용하지 않은 예시   괄호를 사용한 예시

거듭제곱은 세 가지 특징이 있습니다. 0과 1, 음수를 제곱했을 때 특징으로 다음과 같습니다.

- 0이 아닌 실수의 0 제곱은 항상 1입니다: $a^0 = 1$

  예시 $10^0 = 1,\ 1000^0 = 1$

- 0이 아닌 실수의 1 제곱은 실수 값과 같습니다: $a^1 = a$

  예시 $10^1 = 10,\ 1000^1 = 1000$

- 0이 아닌 실수의 음의 제곱은 $\dfrac{1}{\text{실수의 양의 제곱}}$ 과 같습니다: $a^{-n} = \dfrac{1}{a^n}$

  예시 $2^{-3} = \dfrac{1}{2^3} = \dfrac{1}{8}$

2 거듭제곱근

거듭제곱근을 시작하기 전에 제곱근을 먼저 알아봅시다.

제곱과 제곱근은 서로 반대되는 개념입니다. $x^2 = a$라는 이차방정식에서 a를 x의 제곱이라고 하며, x는 a의 제곱근이라고 합니다. 따라서 다음에서 4는 2의 제곱이며, 2는 4의 제곱근입니다.

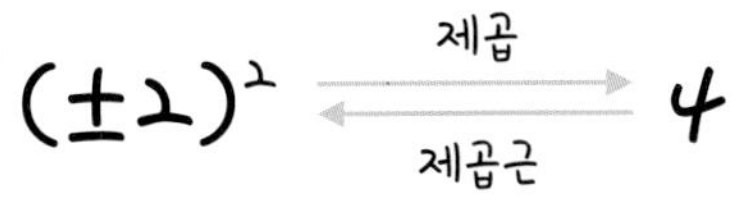

그림 4-2

제곱과 제곱근

제곱근은 양수의 제곱근과 음수의 제곱근 두 개가 있는데 양수인 것을 양의 제곱근, 음수인 것을 음의 제곱근이라고 합니다. 그림 4-2와 같이 −2는 4의 음의 제곱근이고, 2는 4의 양의 제곱근입니다.

제곱근 이해를 기반으로 거듭제곱근을 살펴봅시다.

$x^2 = a$에서 양수 x가 a의 제곱근이라고 했으므로 $x^n = a$에서 a는 x의 거듭제곱이며, x는 a의 거듭제곱근입니다(이차방정식의 제곱근 원리와 동일합니다).

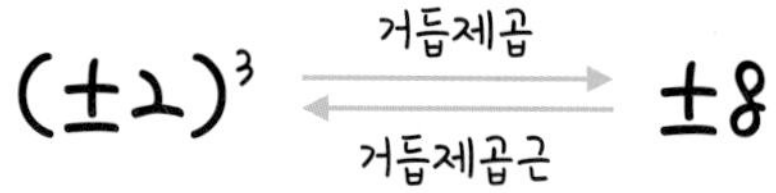

그림 4-3

거듭제곱과 거듭제곱근

$$(\pm 2)^3 \quad \xrightarrow{\text{거듭제곱}} \quad \pm 8$$
$$\xleftarrow{\text{거듭제곱근}}$$

따라서 그림 4-3과 같이 2의 세제곱(거듭제곱)은 8이 되고, 2는 8의 세제곱근(거듭제곱근)이 됩니다. 동일한 원리로 네제곱, 네제곱근 혹은 n제곱, n제곱근으로 확장할 수 있습니다.

거듭제곱근 성질

거듭제곱근 성질에서 가장 중요한 개념은 루트($\sqrt{\ }$)입니다. 루트는 '어떤 수를 제곱해서 루트 안의 숫자가 나오게 하는 것'입니다. 말이 조금 어려운데, 예를 들어 4는 2의 제곱입니다. 제곱으로 루트 안의 숫자가 나오게 하는 것이므로 루트 4는 ±2가 됩니다. 따라서 다음 식이 성립합니다.

$$2^2 = 4, \ \sqrt{4} = 2$$

거듭제곱근의 성질은 다음과 같습니다.

(1) $\sqrt[n]{a}\sqrt[n]{b} = \sqrt[n]{ab}$: 거듭제곱근이 같으면 곱셈은 하나의 거듭제곱근으로 묶을 수 있습니다.

(2) $\dfrac{\sqrt[n]{a}}{\sqrt[n]{b}} = \sqrt[n]{\dfrac{a}{b}}$: 거듭제곱근이 같으면 나눗셈은 하나의 거듭제곱근으로 묶을 수 있습니다.

(3) $\left(\sqrt[n]{a}\right)^m = \sqrt[n]{a^m}$: 거듭제곱은 거듭제곱근 안으로 들어갈 수 있습니다.

약분

분수의 분모와
분자를 공약수로
나누어 간단하게
하는 것을 의미
합니다. 즉, 분모와
분자가 더 이상 서로
나누어떨어지지
않는 수로 만드는
것입니다.
예를 들어 $\frac{2}{12}$ 를
약분할 경우 분모,
분자 모두 2로
나누어지므로 $\frac{1}{6}$ 이
됩니다

(4) $\sqrt[m]{\sqrt[n]{a}} = \sqrt[mn]{a}$: 거듭제곱근끼리 곱합니다.

(5) $\sqrt[np]{a^{mp}} = \sqrt[n]{a^m}$: 거듭제곱근과 거듭제곱은 약분이 가능합니다.

인공지능에서는 거듭제곱근의 성질을 이용한 풀이를 직접 하지 않습니다. 이미 구현된 라이브러리를 활용하므로 이러한 성질이 있다는 것 정도로 이해합니다.

파이썬에서 거듭제곱근을 계산하려면 math 라이브러리를 사용하여 다음과 같이 구현합니다.

In [9]:
```python
# 거듭제곱의 표현은 **으로 합니다
2**5
```

32

In [10]:
```python
# math.sqrt() 함수를 사용하여 거듭제곱근을 구합니다
import math
math.sqrt(2)
```

1.4142135623730951

In [11]:
```python
math.sqrt(9)
```

3.0

UNIT 09 인수분해

BASIC MATHEMATICS FOR ARTIFICIAL INTELLIGENCE

1 인수분해란

인수분해는 복잡한 식을 공통인수로 묶어서 곱으로 표현하는 과정입니다. 즉, 인수분해의 목적은 식을 더 기초적이고 간단한 조각으로 분해하는 것입니다. 예를 들어 다음과 같이 공통인수를 묶어서 간단한 곱으로 표현합니다.

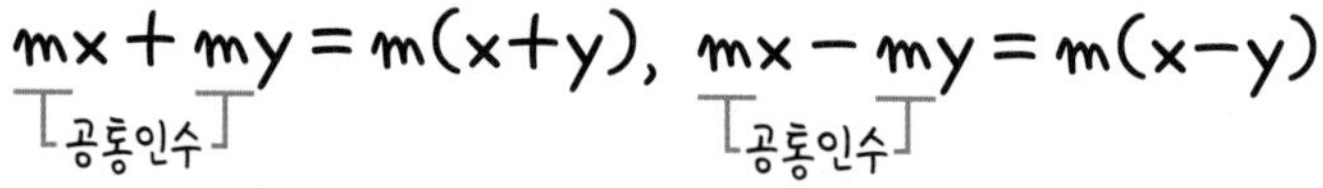

그림 4-4
인수분해 과정

$$mx + my = m(x+y), \quad mx - my = m(x-y)$$

($\underset{\text{공통인수}}{\underline{m}}$) ($\underset{\text{공통인수}}{\underline{m}}$)

또 다른 정의로 다항식 하나를 단항식과 다항식의 곱 또는 여러 다항식의 곱 형태로 나타낸 것을 인수분해라고 하며, 곱해진 단항식이나 다항식을 처음 식의 인수라고 합니다. 즉, 다음과 같이 표현할 수 있습니다.

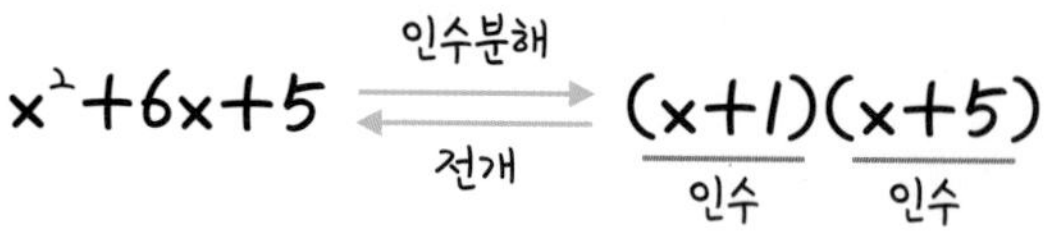

그림 4-5
인수분해와 전개

$$x^2 + 6x + 5 \xrightarrow[\text{전개}]{\text{인수분해}} \underset{\text{인수}}{(x+1)}\underset{\text{인수}}{(x+5)}$$

그리고 인수분해의 반대 개념이 전개입니다. **전개**란 곱의 형태로 된 식을 합의 형태로 고치는 것입니다. 정확히는 단항식 합의 형태로 표현하는 것입니다.

인수분해 공식은 다음과 같습니다.

> **인수분해 공식**
>
> (1) $x^2 + 2xy + y^2 = (x+y)^2$
>
> (2) $x^2 - 2xy + y^2 = (x-y)^2$
>
> (3) $x^2 - y^2 = (x+y)(x-y)$
>
> (4) $x^2 + (a+b)x + ab = (x+a)(x+b)$

참고로 다항식의 제곱으로 된 식 또는 이 식에 상수를 곱한 식, 즉 $(ax+b)^2$ 또는 $k(ax+b)^2$ (단 k는 상수) 형태로 나타낼 수 있는 식을 완전제곱식이라고 합니다.

SymPy 라이브러리를 사용하여 다음과 같이 파이썬으로 구현할 수도 있습니다.

In [12]:
```
# 파이썬 SymPy의 expand, factor, Symbol을 호출하고 기호변수 x를 선언
합니다
from sympy import expand, factor, Symbol
x = Symbol('x')
```

In [13]:
```
# expand()는 수식을 (x + 1) x (x + 5)로 전개합니다
expand((x + 1) * (x + 5))
```

x^2+6x+5

In [14]:
```
# factor()는 인수분해하는 함수로, x2 + 6x + 5를 인수분해합니다
factor(x**2 + 6*x + 5)
```

(x+1)(x+5)

연습 문제

(1) $x^3y - xy^3$을 인수분해하세요.

(2) $x^2 + 3x + 2$를 인수분해하세요.

문제 풀이

(1) $x^3y - xy^3$을 공통인수 xy로 묶어 주면 $xy(x^2 - y^2)$이 됩니다. 인수분해 공식 (3)을 적용하면 $xy(x + y)(x - y)$가 됩니다.

(2) $x^2 + 3x + 2$에는 공통인수가 없으므로 식을 간단히 만들면 다음과 같습니다.

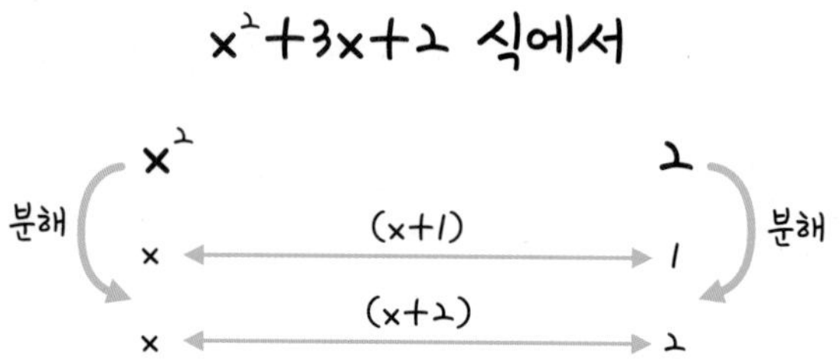

그림 4-6

$x^2 + 3x + 2$ 식의 분해 과정

따라서 $x^2 + 3x + 2$의 인수분해는 $(x + 1)(x + 2)$가 됩니다.

5장

다항식과 기하학

수학에서 수식은 단항식으로 조합된 다항식입니다. 단항식과 다항식의 개념 차이를 명확히 이해하고 연산하는 방법을 알아보겠습니다. 또 기하학에서 널리 알려진 피타고라스 정리를 연습 문제로 살펴보겠습니다.

UNIT 10 다항식

BASIC MATHEMATICS FOR ARTIFICIAL INTELLIGENCE

1 단항식과 다항식

앞서 단항식과 다항식의 개념을 간단히 알아보았습니다. UNIT 10에서는 단항식과 다항식의 개념을 좀 더 자세히 알아보고자 합니다.

단항식은 숫자와 문자의 곱셈으로만 구성된 식입니다. 예를 들어 xy 혹은 $3x^2$ 같은 식을 단항식이라고 합니다.

다항식은 단항식의 덧셈과 뺄셈으로 구성된 식입니다. 예를 들어 $2xy + 4x + 2y - 2$ 혹은 $2x^2 + 5x + c$ 같은 식을 다항식이라고 합니다. 그림 5-1에서 단항식과 다항식의 차이를 확인해 봅시다.

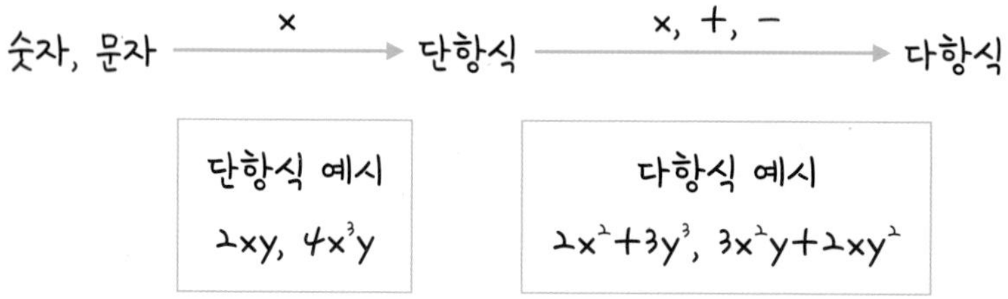

$$\text{숫자, 문자} \xrightarrow{\times} \text{단항식} \xrightarrow{\times,\ +,\ -} \text{다항식}$$

단항식 예시
$2xy,\ 4x^3y$

다항식 예시
$2x^2+3y^3,\ 3x^2y+2xy^2$

그림 5-1
단항식과 다항식

2 다항식의 연산

다항식의 연산 법칙

다항식의 연산 법칙에는 교환 법칙, 결합 법칙, 분배 법칙이 성립합니다. 즉, 세 다항식 A, B, C가 있을 때 다음 법칙이 성립합니다.

- 교환 법칙: $A + B = B + A$, $AB = BA$
- 결합 법칙: $(A + B) + C = A + (B + C)$
- 분배 법칙: $(A + B)C = AC + BC$

예를 들어 다항식 $A = x^2 + 2x + 1$, $B = 2x^2 + 4x - 5$가 있을 때, 교환 법칙에 따라 $(x^2 + 2x + 1) + (2x^2 + 4x - 5) = (2x^2 + 4x - 5) + (x^2 + 2x + 1)$이 성립합니다.

다항식의 연산

다항식의 덧셈과 뺄셈

동류항

동일한 변수와 지수를 가진 두 개 혹은 그 이상의 항을 의미합니다

다항식의 덧셈과 뺄셈은 동류항을 찾는 것이 가장 중요합니다. 먼저 차수가 같은 항을 찾아 계수끼리 계산합니다. 이때 괄호가 있다면 괄호를 먼저 풀고 계산한 후 내림차순으로 정렬합니다. 이를 정리하면 다음과 같습니다.

(1) 동류항을 기준으로 괄호를 풉니다.

(2) 동류항을 계산하고 내림차순으로 정렬합니다.

예를 들어 다항식 $A = x^2 + 2x + 1$, $B = 2x^2 + 4x - 5$, $C = 2x + 1$에 대해 $A + (B - C)$를 계산해 봅시다.

$A + (B - C)$
$= x^2 + 2x + 1 + ((2x^2 + 4x - 5) - (2x + 1))$
$= x^2 + 2x + 1 + (2x^2 + 2x - 6)$
$= 3x^2 + 4x - 5$

다항식의 곱셈

다항식의 곱셈은 분배 법칙을 이용하여 전개하고, 전개식에 동류항이 있으면 동류항끼리 모아 간단히 나열합니다. 다항식의 곱셈 공식은 다음과 같습니다.

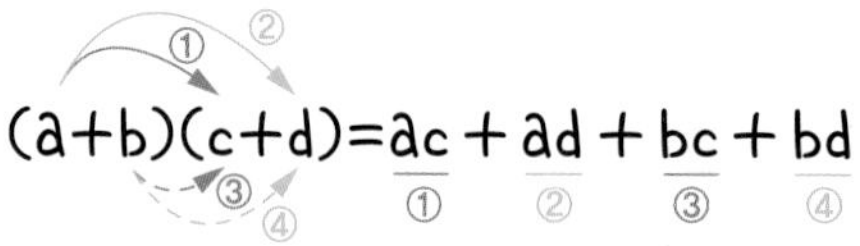

그림 5-2

다항식의 곱셈 공식

$$(a+b)(c+d) = \underset{①}{ac} + \underset{②}{ad} + \underset{③}{bc} + \underset{④}{bd}$$

예를 들어 $(x+3)(x+5)$의 다항식과 다항식 곱셈은 다음과 같습니다.

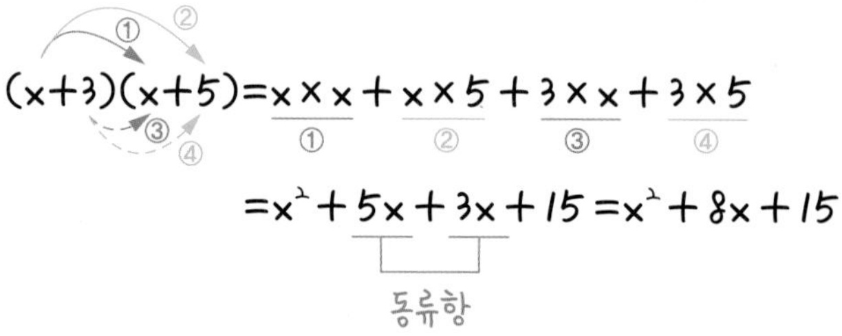

$$(x+3)(x+5) = \underset{①}{x \times x} + \underset{②}{x \times 5} + \underset{③}{3 \times x} + \underset{④}{3 \times 5}$$

$$= x^2 + 5x + 3x + 15 = x^2 + 8x + 15$$

동류항

그림 5-3

다항식과 다항식 곱셈

연습 문제

다항식 $x^2 + 2xy + y^2 - 2x - 3y - 3$에 대해 다음 물음에 답하세요.

(1) x에 대해 내림차순으로 정리하세요.

(2) x에 대해 오름차순으로 정리하세요.

문제 풀이

x에 대해 내림차순 및 오름차순으로 정리하라고 했으므로 y는 상수 취급하여 풀어 줍니다(x가 아닌 변수는 상수 취급합니다).

(1) $x^2 + 2xy + y^2 - 2x - 3y - 3$

$= x^2 + (2xy - 2x) + y^2 - 3y - 3$

$= x^2 + 2(y-1)x + y^2 - 3y - 3$

따라서 내림차순은 $x^2 + 2(y-1)x + y^2 - 3y - 3$입니다.

(2) (1)의 계산 결과로 나온 내림차순을 오름차순으로 바꾸어 줍니다.

따라서 오름차순은 $y^2 - 3y - 3 + 2(y-1)x + x^2$입니다.

UNIT 11 기하학

BASIC MATHEMATICS FOR ARTIFICIAL INTELLIGENCE

 ## 1 삼각형의 각

삼각형 세 변의 길이와 각의 크기

삼각형은 각의 크기에 따라 예각삼각형, 직각삼각형, 둔각삼각형으로 나눕니다. 표 5-1에서 세 삼각형의 유형을 확인합시다.

예각삼각형	직각삼각형	둔각삼각형
$C < 90^0$	$C = 90^0$	$C > 90^0$
$c^2 < a^2 + b^2$	$c^2 = a^2 + b^2$	$c^2 > a^2 + b^2$

표 5-1
삼각형의 유형

C가 90^0이면 빗변 c에 대해 피타고라스 정리를 만족합니다. 하지만 C가 90^0보다 작으면 c가 짧아져서 $c^2 < a^2 + b^2$이 되고, C가 $90°$보다 크면 c가 길어져서 $c^2 > a^2 + b^2$이 됩니다.

그렇다면 왜 갑자기 삼각형 유형을 설명했을까요? 다음에 설명할 '피타고라스 정리' 때문입니다. '피타고라스 정리'는 직각삼각형에서만 성립하기 때문입니다.

2 피타고라스 정리

대변

한 각과 마주 보고
있는 변

빗변

직각삼각형에서
대변을 지칭하며,
그림 5-4에서는
c입니다

직각삼각형 ABC에서 각 꼭짓점의 대변 길이를 각각 a, b, c라고 할 때, 빗변 c의 제곱은 다른 두 변 a, b의 제곱의 합과 같습니다. 즉, 다음 직각삼각형이 있을 때 수식 5.1이 성립합니다.

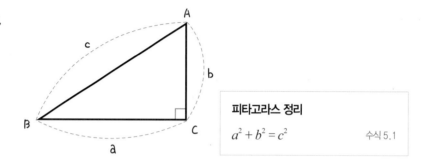

피타고라스 정리

$$a^2 + b^2 = c^2$$

수식 5.1

그림 5-4

직각삼각형

참고로 '피타고라스 정리의 역'이라는 것이 있습니다. 의미 그대로 피타고라스 정리의 역으로 이해하면 됩니다. 즉, 세 변의 길이가 a, b, c인 삼각형에서 $a^2 + b^2 = c^2$이면 c가 빗변인 직각삼각형입니다.

연습 문제

세 변의 길이가 3cm, $x$cm, 8cm인 삼각형이 있습니다. 이 삼각형이 직각삼각형일 때 x 값의 합을 구하세요.

문제 풀이

문제에서 직각삼각형이라고 했으니 피타고라스 정리를 이용할 수 있습니다.

(1) 세 변의 길이가 3, x, 8인 상태에서 8이 빗변의 길이라고 가정합니다(루트 값의 계산은 계산기를 이용합니다).

$$3^2 + x^2 = 8^2$$

$$x^2 = 8^2 - 3^2$$

$$x^2 = 64 - 9 = 55$$

$$x = \sqrt{55} = 7.4$$

(2) x가 빗변이라 가정하고 문제를 풀어 보세요(루트 값의 계산은 계산기를 이용합니다).

$3^2 + 8^2 = x^2$

$x^2 = 8^2 + 3^2 = 64 + 9 = 73$

$x = \sqrt{73} = 8.5$

(3) 빗변은 길이가 가장 길어야 하기 때문에 3은 빗변이 될 수 없습니다. 따라서 x 값의 합은 $7.4 + 8.5 = 15.9$가 됩니다.

6장

지수함수와
로그함수

인공지능의 오차역전파에서 주로 사용하는
지수함수와 로그함수는 개념도 중요하지만,
그래프로 표현하고 해석하는 것이 더 중요
합니다. 따라서 이 장에서는 지수함수와 로
그함수를 그래프로 표현하는 다양한 방법을
살펴보겠습니다.

UNIT 12 지수함수

1 지수함수와 그래프

지수함수

지수함수는 지수에 미지수 x가 있는 함수, 즉 $f(x) = a^x (a > 0, a \neq 1)$ 형태로 나타낼 수 있는 함수입니다. 다음과 같이 표현할 수 있다면 지수함수입니다.

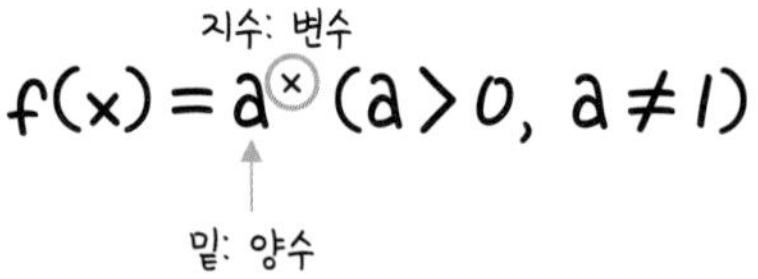

$$\overset{\text{지수: 변수}}{f(x) = a^{\otimes}} (a > 0, a \neq 1)$$

그림 6-1
지수함수

밑: 양수

> **NOTE**
>
> **밑**
>
> 그림 6-1에도 표시했듯이 밑은 양수이어야 합니다. 즉, 0보다 큰 양수고, 1이면 안 됩니다. a = 1이 되면 어떤 값이 들어가도 f(x)가 항상 1이 되기 때문입니다. 따라서 밑은 다음과 같이 두 종류로 나눌 수 있습니다.
>
> - 0 < a < 1
> - a > 1

지수함수와 로그함수는 인공지능의 오차역전파에서 사용하는 수학입니다. 따라서 지수함수와 로그함수는 꼭 이해해야 합니다.

파이썬에서는 math 라이브러리의 pow( ), sqrt( ), exp( ) 함수를 사용하여 지수함수를 쓸 수 있습니다.

함수	설명
math.pow(x,y)	x의 y 제곱
math.sqrt(x)	x의 제곱근
math.exp(x)	e(자연상수, 2.718281828459045)의 x 제곱

표 6-1

파이썬에서
지수함수 활용

예를 들어 다음과 같이 지수함수를 구할 수 있습니다.

In [15]:
```
# 파이썬 math 라이브러리를 호출합니다
import math
```

In [16]:
```
# 파이썬에서 제공하는 지수함수를 유형별로 실행합니다
# 2의 5 제곱
pow = math.pow(2, 5)
print("pow 결과: ", pow)

# 2의 제곱근
sqrt = math.sqrt(2)
print("sqrt 결과: ", sqrt)

# e의 2 제곱
exp = math.exp(2)
print("exp 결과: ", exp)
```

```
pow 결과: 32.0
sqrt 결과: 1.4142135623730951
exp 결과: 7.38905609893065
```

연습 문제

다음 중 지수함수가 아닌 것을 고르세요.

(1) $y = x^2$

(2) $y = 2^x$

(3) $y = -3^x$

(4) $y = 1^x$

문제 풀이

(1) 지수에 문자가 있어야 하므로 지수함수가 아닙니다.

(2) 지수에 문자가 있고 밑이 0보다 크므로 지수함수입니다.

(3) 밑은 마이너스일 수 없으므로 지수함수가 아닙니다.

(4) 밑은 1이 아니어야 하므로 지수함수가 아닙니다.

지수함수 그래프

$y = a^x$이 지수함수라고 했습니다. 앞서 a가 0보다 크다고 했으므로 임의의 숫자 2를 대입한 후 x의 변화에 따른 그래프를 그려 봅시다. 표 6–2는 $y = a^x$에서 a가 2일 때 x 값에 따른 y 값의 변화를 나타낸 것입니다.

표 6–2

$y = a^x$에서 a가 2일 때, x 값에 따른 y 값의 변화

x	⋯	−2	−1	0	1	2	⋯
$y = a^x$	⋯	$\dfrac{1}{4}$	$\dfrac{1}{2}$	1	2	4	⋯

표를 보니 지수가 커지면 y 값도 커지고, 지수가 작아지면 y 값도 작아지지만 0보다는 큽니다. 즉, 지수 x가 커지면 y도 커지기 때문에 다음과 같이 오른쪽 위로 향하는 그래프가 됩니다. 또 지수 x가 작아지면 y도 작아지기 때문에 0에 한없이 가까워지는 그래프가 됩니다.

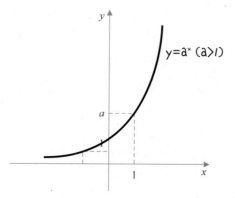

그림 6–2

$a > 1$일 때 지수함수

이번에는 $0 < a < 1$인 경우를 살펴볼게요. 임의의 수 $\frac{1}{2}$을 a에 대입한 후 x를 변화시켜 보겠습니다. 표 6-3은 $y = a^x$에서 a가 $\frac{1}{2}$일 때 x 값에 따른 y 값의 변화를 나타낸 것입니다.

표 6-3
$y = a^x$에서 a가 $\frac{1}{2}$일 때, x 값에 따른 y 값의 변화

x	$\cdots$	-2	-1	0	1	2	$\cdots$
$y = a^x$	$\cdots$	4	2	1	$\frac{1}{2}$	$\frac{1}{4}$	$\cdots$

즉, 지수가 작아질수록 y 값은 커지고, 지수가 커질수록 y 값은 작아집니다. 지수 x가 커지면 y는 작아지므로 다음과 같이 오른쪽 아래로 향합니다.

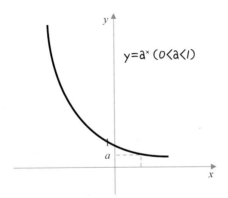

그림 6-3

$0 < a < 1$일 때
지수함수

이때 밑이 역수인 두 지수함수는 y축에 대해 대칭입니다. 예를 들어 $2^{-2} = \frac{1}{4}$과 $\left(\frac{1}{2}\right)^2 = \frac{1}{4}$의 값이 같습니다. 다시 말해 밑이 역수일 때 지수인 x의 부호가 반대이면 y 값이 같습니다. 그리고 이때 두 지수함수는 y축에 대칭입니다.

2 지수함수의 평행 이동과 대칭 이동

지수함수의 평행 이동

지수함수 $y = a^x$을 평행 이동하면 어떻게 표현할 수 있을까요? 평행 이동이기 때문에 그래프 모양은 바뀌지 않으면서 위치만 바뀔 것입니다. 즉, 원래의 점 $f(x, y) = 0$을 (p, q)만큼 이동한다고 하면 $f(x - p, y - q) = 0$이 됩니다.

이를 정리하면 다음과 같습니다.

그림 6-4의 ①과 같이 $y = a^x$에서 원래의 점 $f(x, y) = 0$에 대해 평행 이동한다고 가정해 봅시다.

②와 같이 x축 방향으로 p만큼 평행 이동한다면 x 대신 $x - p$를 대입하여 $f(x - p, y) = 0$이 되고,

③과 같이 y축 방향으로 q만큼 평행 이동한다면 y 대신 $y - q$를 대입하여 $f(x, y - q) = 0$이 됩니다.

또 ④와 같이 x축으로 p만큼, y축으로 q만큼 평행 이동한다면 $f(x - p, y - q) = 0$이 됩니다.

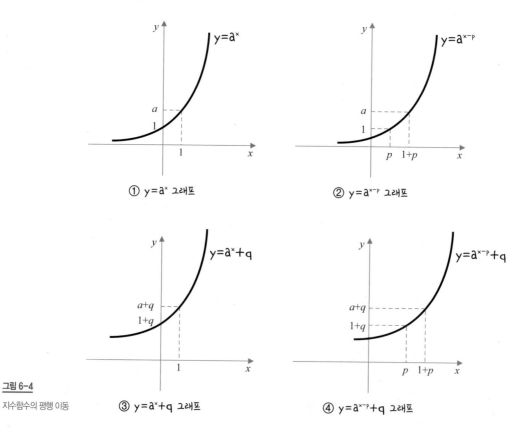

그림 6-4
지수함수의 평행 이동

① $y=a^x$ 그래프

② $y=a^{x-p}$ 그래프

③ $y=a^x+q$ 그래프

④ $y=a^{x-p}+q$ 그래프

지수함수의 대칭 이동

지수함수 $y = a^x$의 대칭 이동은 어떨까요? x축, y축 및 원점을 기준으로 대칭 이동했을 때를 알아봅시다. 지수함수 $y = a^x$ 그래프를 x축에 대칭 이동하면 $-y = a^x$이 되어 $y = -a^x$이 됩니다. 또 y축에 대칭 이동하면 $y = a^{-x}$이 되고, 원점에 대칭 이동하면 $-y = a^{-x}$이 됩니다.

이를 정리하면 다음과 같습니다.

그림 6-5의 ①과 같이 $y = a^x$에서 원래의 점 $f(x, y) = 0$에 대해 대칭 이동한다고 가정해 봅시다.

②와 같이 y축에 대해 대칭 이동한다면 x 대신 $-x$를 대입하여 $f(-x, y) = 0$이 되고,

③과 같이 x축에 대해 대칭 이동한다면 y 대신 $-y$를 대입하여 $f(x, -y) = 0$이 됩니다.

또 ④와 같이 원점에 대해 대칭 이동한다면 x 대신 $-x$를, y 대신 $-y$를 대입하여 $f(-x, -y) = 0$이 됩니다.

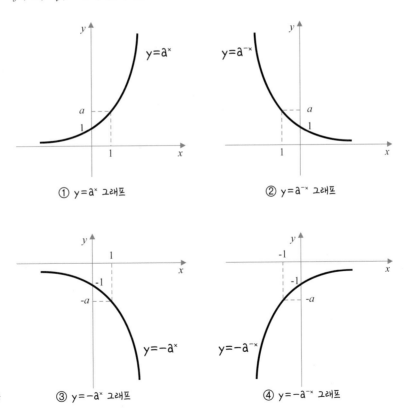

그림 6-5

지수함수의 대칭 이동

① $y = a^x$ 그래프

② $y = a^{-x}$ 그래프

③ $y = -a^x$ 그래프

④ $y = -a^{-x}$ 그래프

즉, 지수함수의 그래프는 x축과 만나지 않으며, 반드시 y축을 지나고 그 점은 1 또는 -1입니다.

연습 문제

(1) $y = 2^x$ 그래프를 이용하여 함수 $y = 2^{x-3}$ 그래프를 그리세요.

(2) $y = 2^{x-3}$ 그래프를 이용하여 $y = -2^{x-3}$ 그래프를 그리세요.

문제 풀이

(1) $y = 2^{x-3}$ 그래프는 지수함수 $y = 2^x$ 그래프에서 x축 방향으로 3만큼 평행 이동한 것입니다. 따라서 $y = 2^{x-3}$ 그래프는 다음과 같습니다.

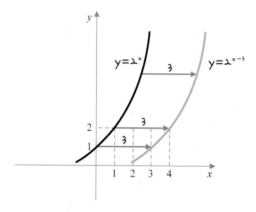

그림 6-6

$y = 2^{x-3}$ 그래프

(2) $y = -2^{x-3}$ 그래프는 지수함수 $y = 2^{x-3}$ 그래프에서 x축으로 대칭 이동한 것입니다. 따라서 $y = -2^{x-3}$ 그래프는 다음과 같습니다.

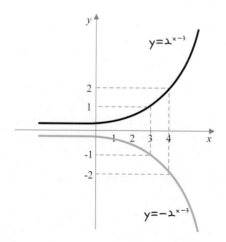

그림 6-7

$y = -2^{x-3}$ 그래프

잠깐만요

로지스틱 함수란

로지스틱(logistic) 함수는 지수함수를 변형한 것으로, 회귀분석이나 인공신경망에서 자주 사용합니다. 로지스틱 회귀는 분석 결과가 범주형일 때 사용하는 방식입니다. 예를 들어 수학 시험 결과에 따른 그룹이 표 6-4와 같다고 합시다.

표 6-4

수학 시험 결과에 따른 학생 그룹

점수	91~100점	81~90점	71~80점	70점 이하
그룹	A	B	C	D

표와 같이 학생들 점수에 따라 자동으로 그룹을 분류하는 형태를 범주형 분석이라고 하며, 로지스틱 회귀를 자주 사용합니다.

로지스틱 회귀는 로지스틱 함수를 사용하여 분석합니다.

$$f(x) = \frac{1}{1 + e^{-x}}$$

로지스틱 함수를 사용할 때는 다음과 같이 x 값과 무관하게 f(x)는 0과 1 사이의 값을 갖습니다.

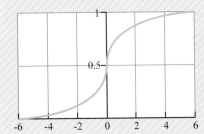

그림 6-8

로지스틱

UNIT 13

로그함수

BASIC MATHEMATICS FOR ARTIFICIAL INTELLIGENCE

1 로그함수와 그래프

로그함수

로그함수는 로그의 진수나 밑(base)에 미지수 x가 있는 함수, 즉 $f(x) = \log_a x$ $(x > 0,\ a > 0,\ a \neq 1)$ 꼴이 포함되는 함수입니다. 또 로그함수는 지수함수와 역함수 관계입니다.

로그는 다음과 같이 표현합니다.

진수

$$f(x) = \log_a x \quad (x>0,\ a>0,\ a \neq 1)$$

밑

그림 6-9
로그함수

로그함수의 밑(a)은 앞서 살펴보았듯이 양수이면서 1이 아니어야 하며, x는 0보다 큰 양수이어야 합니다.

[로그함수의 성질]

- $\log_a xy = \log_a x + \log_a y$
- $\log_a (1) = 0$

파이썬에서는 다음과 같이 로그함수를 계산할 수 있습니다. 로그함수를 계산하기 위해 math 라이브러리를 사용합니다.

```
In [17]:
# 파이썬 math 라이브러리를 호출합니다
import math

# log 값을 얻으려고 math 라이브러리의 log() 함수를 사용합니다
math.log(2,4) # 밑이 4고, 진수가 2인 로그: log42

0.5


In [18]:
math.log(4,2) # 밑이 2고 진수가 4인 로그: log24

2.0
```

로그함수 그래프

로그함수는 지수함수의 역함수라고 했습니다. 역함수는 $y = x$에 대해 대칭인 함수이므로 $y = a^x$ 그래프를 $y = x$에 대칭 이동한 그래프가 로그함수 $y = \log_a x$의 그래프입니다. 예를 들어 그림 6-10에서 ①은 $a > 1$일 때 $y = \log_a x$ 함수고, ②는 $0 < a < 1$일 때 $y = \log_a x$ 함수입니다.

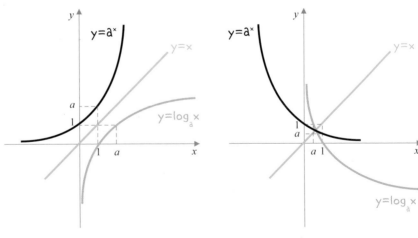

그림 6-10

로그함수 그래프

① $a > 1$일 때 $y = \log_a x$

② $0 < a < 1$일 때 $y = \log_a x$

로그함수의 평행 이동과 대칭 이동

로그함수의 평행 이동

로그함수 $y = \log_a x$를 평행 이동하면 지수함수와 마찬가지로 그래프 모양은 바뀌지 않으면서 위치만 바뀝니다.

즉, 그림 6–11의 ①과 같이 $y = \log_a x$ 그래프를 평행 이동한다고 가정해 봅시다.

②와 같이 x축 방향으로 p만큼 평행 이동한다면 x 대신 $x - p$를 대입하여 $y = \log_a(x - p)$가 되고,

③과 같이 y축 방향으로 q만큼 평행 이동한다면 y 대신 $y - q$를 대입하여 $y = \log_a x + q$가 됩니다.

또 ④와 같이 x축으로 p만큼, y축으로 q만큼 평행 이동한다면 $y = \log_a(x - p) + q$가 됩니다.

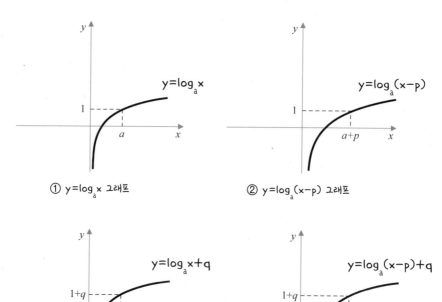

① $y = \log_a x$ 그래프

② $y = \log_a(x-p)$ 그래프

③ $y = \log_a x + q$ 그래프

④ $y = \log_a(x-p) + q$ 그래프

그림 6-11

로그함수의 평행 이동

$a > 0$일 때를 알아보았지만, $0 < a < 1$일 때 그래프도 원리는 동일합니다.

로그함수의 대칭 이동

로그함수 $y = \log_a x$의 대칭 이동 역시 x축, y축, 원점에 대한 대칭 이동으로 알아봅시다.

즉, 그림 6-12의 ①과 같이 $y = \log_a x$에서 그래프를 대칭 이동한다고 가정해 봅시다.

②와 같이 y축에 대해 대칭 이동한다면 x 대신 $-x$를 대입하여 $y = \log_a(-x)$가 되고,

③과 같이 x축에 대해 대칭 이동한다면 y 대신 $-y$를 대입하여 $-y = \log_a x$가 되어 좌우에 -1을 곱하면 $y = -\log_a x$가 됩니다.

또 ④와 같이 원점에 대해 대칭 이동한다면 x 대신 $-x$를, y 대신 $-y$를 대입하여 $y = -\log_a(-x)$가 됩니다.

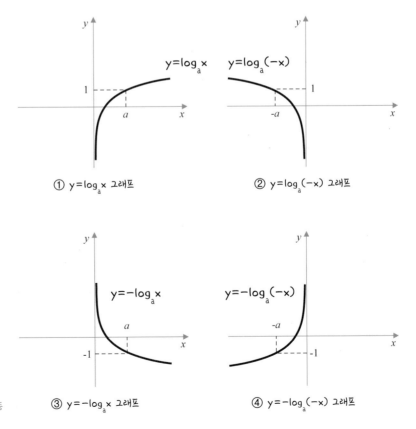

① $y = \log_a x$ 그래프

② $y = \log_a(-x)$ 그래프

③ $y = -\log_a x$ 그래프

④ $y = -\log_a(-x)$ 그래프

그림 6-12

로그함수의 대칭 이동

$a > 0$일 때를 알아보았지만, $0 < a < 1$일 때 그래프도 원리는 동일합니다.

연습 문제

로그함수 $y = \log_2 x$ 그래프를 이용하여 다음 그래프를 그리세요.

(1) $y = \log_2(x - 2)$

(2) $y = \log_2 -x$

문제 풀이

(1) $y = \log_2(x - 2)$ 그래프는 로그함수 $y = \log_2 x$ 그래프에서 x축 방향으로 2만큼 평행 이동한 것입니다. 따라서 $y = \log_2(x - 2)$ 그래프는 다음과 같습니다.

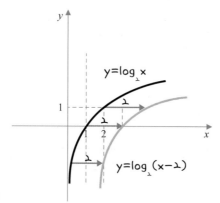

그림 6-13

$y = \log_2(x - 2)$ 그래프

(2) $y = \log_2 -x$ 그래프는 로그함수 $y = \log_2 x$ 그래프에서 y축으로 대칭 이동한 것입니다. 따라서 $y = \log_2 -x$ 그래프는 다음과 같습니다.

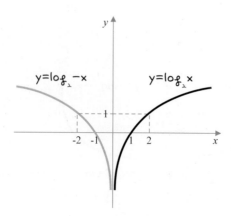

그림 6-14

$y = \log_2 -x$ 그래프

미분

인공지능을 이해하는 데 필요한 수학은 크게 미분, 선형대수, 확률입니다. 특히 미분은 인공지능의 실체이자 핵심이라고 할 수 있는 오차역전파에서 가중치를 수정해서 오차를 최소화하는 데 사용합니다. 즉, 오차를 가중치로 편미분하는 과정을 반복적으로 수행하면서 최적의 모델을 완성합니다. 미분을 이해하는 것은 인공지능 핵심을 이해하는 것과 같으므로, 기본부터 편미분까지 확실히 익혀 두세요.

## 7장

함수의 극한과 연속

함수의 극한은 수학에서 특정한 점에서 함수 값의 변화를 살펴보는 것으로, 미적분이나 해석학을 공부할 때 필요한 기본 개념입니다. 특히 인공지능에서 사용하는 경사하강법은 미분의 극대 및 극소 개념을 이용하여 가중치를 갱신하기 때문에 함수의 극한 및 수렴과 발산 개념을 알아 두면 인공지능을 좀 더 잘 이해할 수 있습니다.

UNIT 14 함수의 극한과 최대, 최소

UNIT 14

함수의 극한과 최대, 최소

BASIC MATHEMATICS FOR ARTIFICIAL INTELLIGENCE

1 미분

인공지능에서 미분의 필요성

미분을 시작하기에 앞서 인공지능에서 미분이 왜 필요한지 알아봅시다.

인공지능에서 미분은 역전파에서 활용됩니다. 정확히는 가중치와 편향의 값을 조절할 때 사용하는데, 용어부터 알아봅시다.

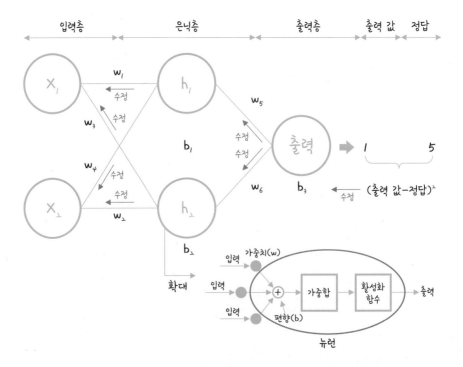

그림 7-1

인공지능에서 미분

- 입력층(input): 데이터가 입력되는 계층입니다.
- 은닉층(hidden): 입력층과 출력층 사이에 위치하여 복잡한 분류 문제에서 판별 경계를 찾는 데 사용합니다.
- 출력층(output): 활성화 함수 값을 계산하여 출력을 결정합니다.
- 가중치(weight): 각 신호가 결과에 주는 영향력을 조절하는 요소로 가중치가 클수록 해당 신호가 그만큼 더 중요하다는 의미입니다.
- 가중합(weighted sum): 입력 값(x)과 가중치(w)의 곱을 모두 더한 후 그 값에 편향(b)을 더한 값입니다.
- 편향(bias): 가중합에 더하는 상수로, 하나의 뉴런에서 활성화 함수를 거쳐 최종으로 출력되는 값을 조절하는 역할을 합니다.
- 활성화 함수(activation function): 가중합의 결과를 놓고 1 또는 0을 출력해서 다음 뉴런으로 보내는데, 이때 0과 1을 판단하는 함수가 활성화 함수입니다. 활성화 함수로는 시그모이드 함수(Sigmoid function), 렐루 함수(ReLU function) 등이 있습니다.

용어에 익숙해졌다면 미분과 인공지능 관계를 알아봅시다.

그림 7-1에서 각 원(뉴런)의 값을 구하려면 입력 데이터, 가중치, 편향, 활성화 함수만 알면 됩니다. 입력 데이터는 이미 알고 활성화 함수도 가중합으로 알 수 있는 값이기 때문에 가중치(w)와 편향(b)만 구하면 됩니다.

그렇다면 가중치와 편향은 어떻게 구할까요? 가중치와 편향은 역전파로 구하는데, 이때 미분을 사용합니다.

그림 7-1에서 임의의 가중치와 편향을 선택했을 때, 출력 값과 정답의 차이가 4였다고 가정합니다(실제로는 (출력 값 – 정답)^{2}으로 구하지만 편의상 차이가 4라고 가정합니다). 이때 출력 값과 정답의 차이가 0에 가까워지도록 가중치와 편향의 값을 계속 조정하기를 반복합니다.

구체적으로 수식 표현은 다음과 같습니다. 수식을 이해하지 못하더라도, 이러한 수식으로 가중치와 편향의 값이 조정된다는 정도만 알고 넘어갑시다.

만약 $w(i) \times x(i) > 0$ & $y(i) = -1$이면, $w(i+1) = w(i) - \eta(i) \times x(i)$

만약 $w(i) \times x(i) \leq 0$ & $y(i) = 1$이면, $w(i+1) = w(i) + \eta(i) \times x(i)$

- $x(i)$: 입력 값
- $y(i)$: 출력 값
- $w(i)$: 현재 가중치
- $w(i+1)$: $w(i)$의 업데이트된 값
- $\eta(i)$: 학습률($0 < \eta \leq 1$)

학습률
한 번 학습할 때
얼마큼 변화를
주는지에 대한
상수로, 학습률 값에
따라 학습 정확도가
달라질 수 있으므로
인공지능에서 매우
중요한 값입니다

즉, i번째 출력 값이 -1이고($y(i) = -1$), i번째 입력 값과 i번째 가중치를 곱한 값이 0보다 클 때($w(i) \times x(i) > 0$), 정답과 출력 값의 오차를 줄이려고(0을 만들려고) 현재 가중치 값에 학습률과 입력 값을 곱한 값을 빼면서($w(i) - \eta(i) \times x(i)$) 가중치를 업데이트합니다. 반대로 i번째 출력 값이 1이고($y(i) = 1$), i번째 입력 값과 i번째 가중치를 곱한 값이 0보다 작거나 같다고 가정할 때는($w(i) \times x(i) \leq 0$), 현재 가중치 값에 학습률과 입력 값을 곱한 값을 더하면서($w(i) + \eta(i) \times x(i)$) 가중치를 업데이트합니다.

이러한 과정이 역전파이며, 미분은 (출력 값 − 정답)^2 값을 가중치로 미분할 때 사용합니다. 즉, $w(i) - \eta(i) \times x(i)$를 $w(i)$로 미분하거나 $w(i) + \eta(i) \times x(i)$를 $w(i)$로 미분한 값이 $w(i+1)$입니다.

인공지능에서 학습이란 신경망에서 원하는 결과를 얻기 위해 뉴런 사이의 적당한 가중치를 알아내는 것, 즉 가중치를 최적화하는 것이라고 할 때 미분은 인공지능의 가중치 계산에서 핵심입니다.

미분이란

미분의 학습 필요성에 충분히 공감했다면, 본격적으로 미분 학습을 시작합시다.

미분은 한 점에서의 기울기를 의미합니다(원래 미분은 두 점 사이의 기울기를 의미하지만, 두 점 사이의 거리가 0에 가까울 정도로 가까워서 한 점에서의 기울기라고 표현합니다). 즉, $f(x)$라는 함수 위의 한 점$(a, f(a))$에서의 기울기이며 $f'(a)$(에프 프라임 에이라고 읽음)라고 씁니다.

$f'(a)$는 다음과 같이 의미가 다양합니다.

$f'(a)$ = a라는 점에서의 기울기

　　　= a라는 점에서 접선의 기울기

　　　= a라는 점에서의 미분 값

　　　= a라는 점에서의 미분계수

미분을 그래프의 좌표로 표현하면 다음과 같습니다.

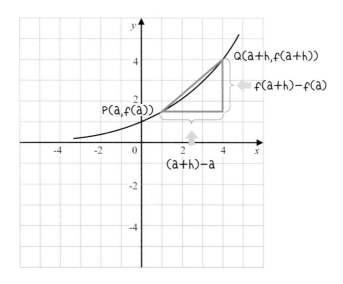

그림 7-2

함수 f(x) 위의
두 점 P, Q

그림 7-2와 같이 $f(x)$ 함수 위에 $P(a, f(a))$라는 점이 있고, a에서 오른쪽(→)과 위쪽(↑)으로 h만큼 움직인 $Q(a+h, f(a+h))$라는 두 점이 있을 때, 점 P와 Q 사이의 기울기는 수식 7.1처럼 표현할 수 있습니다.

$$기울기 = \frac{y의 \ 증가량}{x의 \ 증가량} = \frac{f(a+h) - f(a)}{(a+h) - a}$$

수식 7.1

미분은 한 점에서의 기울기라고 정의했습니다. 이때 '기울기' 의미에 주목해야 합니다. 기울기이기는 한데, x의 증가량이 0과 가까워질 때의 기울기입니다. 따라서 수식 7.1에서 x의 증가량이 $((a+h) - a)$라고 표현했으므로 $a - a + h$가 되어, 결국 x의 증가량은 h가 됩니다. h를 0으로 보내면 수식 7.2처럼 표현할 수 있습니다.

$$\lim_{x\,증가량\to0}\frac{y의\ 증가량}{x의\ 증가량}=\lim_{h\to0}\frac{f(a+h)-f(a)}{(a+h)-a}$$

수식 7.2

그림 7-2에서 점 Q가 점 P의 0에 가까워진다면, 다음과 같이 기울기가 변하면서 결국 한 점 P에서의 기울기가 됩니다.

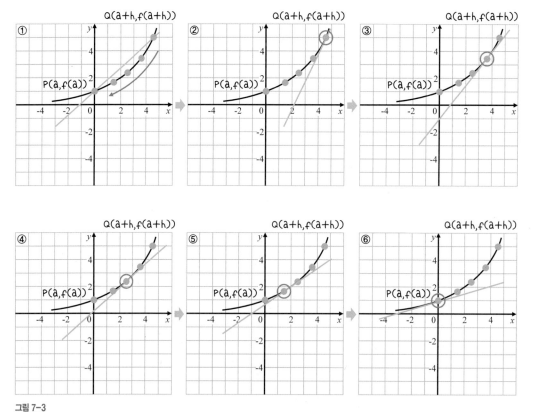

그림 7-3

x의 증가량을 0으로
보냈을 때 기울기의 변화

즉, 그림 7-3은 결국 P라는 점에서의 접선이 되었고, 이를 다시 표현하면 $x=a$라는 한 점에서 접선의 기울기가 되는 것입니다. 이를 식으로 정리하면 수식 7.3과 같습니다.

$$\lim_{h\to0}\frac{f(a+h)-f(a)}{(a+h)-a}=f'(a)$$

수식 7.3

함수의 극한(수렴과 발산)

함수의 극한(수렴)

그림 7-5와 같이 함수 $f(x)$에서 x가 a와 다른 값$(x \neq a)$을 취하면서 a에 한없이 가까워질 때, 즉 $f(x)$ 값이 일정한 값 b에 한없이 가까워지면 함수 $f(x)$는 b에 수렴한다고 합니다.

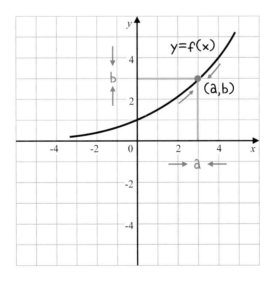

그림 7-5

함수의 수렴

이때 b를 x 값이 a에 한없이 가까워질 때 $f(x)$의 극한값 또는 극한이라고 하며, 다음과 같이 표현합니다.

$$x \to a일 \; 때, \; f(x) \to b \; 또는 \; \lim_{x \to a} f(x) = b$$

여기에서 $x \to a$ 의미는 다음과 같습니다.

(1) x와 a가 같지 않다면$(x \neq a)$ a에 한없이 가까이 가는 상태를 의미합니다.

(2) 좌극한$(x \to a - 0)$과 우극한$(x \to a + 0)$ 두 경우를 묶어서 $x \to a$로 나타냅니다.

특히 상수함수 $f(x) = c$ (c는 상수)는 모든 x 값에 대해 항상 같은 값 c를 출력합니다. 따라서 a 값에 관계없이 다음이 성립합니다.

$$\lim_{x \to a} f(x) = \lim_{x \to a} c = c$$

예를 들어 함수 $f(x) = \dfrac{x^2 - 1}{x - 1}$ 에서 $x = 1$이면 분모가 0이 되므로 $x = 1$에서 함수 값 $f(1)$은 정의되지 않습니다($f(1)$ 값이 정의되지 않았기에 그림 7-6의 $f(1)$에서 구멍이 비어 있습니다). 하지만 $x \neq 1$일 경우에는 $f(x) = \dfrac{x^2 - 1}{x - 1} = \dfrac{(x + 1)(x - 1)}{x - 1}$ $= x + 1$이므로 x가 1이 아닌 값을 가지면서 1에 한없이 가까워지면 $f(x)$는 2에 가까워집니다.

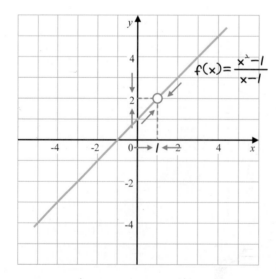

그림 7-6

함수 $f(x) = \dfrac{x^2 - 1}{x - 1}$ 의 수렴

$x \to 2$일 때, 함수 $f(x) = \sqrt{x+2}$의 극한을 구하세요.

그림 7-7의 그래프와 같이 $x \to 2$일 때, $\sqrt{x+2}$ $\to 2$이므로 극한은 $\sqrt{2+2}$가 됩니다.

$$\therefore \lim_{x \to 2} f(x) = 2$$

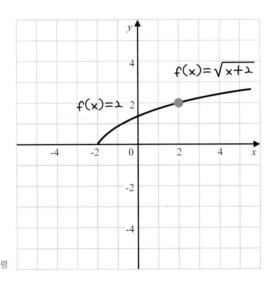

그림 7-7

함수 $y = \sqrt{x+2}$의 수렴

∞, -∞에서 함수의 극한

함수 $f(x)$에서 x가 양수이면서 그 절댓값이 한없이 커질 때, 함수 $f(x)$ 값이 일정한 값 a에 한없이 가까워지면(수렴하면) 다음과 같이 나타냅니다.

$$x \to \infty \text{일 때, } f(x) \to a \text{ 또는 } \lim_{x \to \infty} f(x) = a$$

또 $f(x)$에서 x가 음수이면서 그 절댓값이 한없이 커질 때, 함수 $f(x)$ 값이 일정한 값 a에 한없이 가까워지면(수렴하면) 다음과 같이 나타냅니다.

$$x \to -\infty \text{일 때, } f(x) \to a \text{ 또는 } \lim_{x \to -\infty} f(x) = a$$

예시로 ∞, $-\infty$에 대한 극한(수렴)을 확인해 봅시다. 예를 들어 $f(x) = \dfrac{2x-1}{x}$에 대해 $x \to \infty$일 때와 $x \to -\infty$일 때 극한을 구해 봅시다.

$f(x) = \dfrac{2x-1}{x}$에서 분모와 분자에 $\dfrac{1}{x}$을 곱하면[1] 다음과 같습니다.

$$f(x) = \frac{(2x \times \frac{1}{x}) - (1 \times \frac{1}{x})}{x \times \frac{1}{x}} = \frac{2 - \frac{1}{x}}{1} = 2$$

($\dfrac{1}{x}$은 0으로 수렴하기 때문에 0이 됩니다.)

따라서 무한대 정의에 따라 그림 7-8과 같이 $x \to \infty$일 경우 2로 한없이 가까워지며, $x \to -\infty$일 경우는 2로 한없이 가까워집니다.

즉, $\displaystyle\lim_{x \to \infty} f(x) = 2$, $\displaystyle\lim_{x \to -\infty} f(x) = 2$의 극한값을 갖습니다.

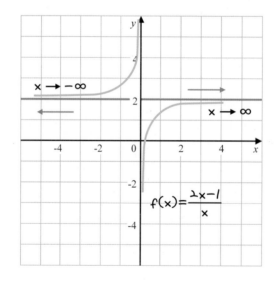

그림 7-8
함수 $f(x) = \dfrac{2x-1}{x}$ 그래프

---

1 $\dfrac{\infty}{\infty}$에서의 수렴: $x \to \infty$ 혹은 $x \to -\infty$일 때, $f(x) = \dfrac{2x-1}{x}$처럼 분모와 분자에 x가 있는 형태($\dfrac{\infty}{\infty}$)에서의 계산은 분모의 최고차 항으로 분모와 분자를 나누어 줍니다.

함수의 발산

함수의 발산이란 함수 $f(x)$에서 함수 값이 어떤 실수 값에 수렴하지 않고 무한히 커지는 것을 의미합니다. 함수의 발산에는 양의 무한대 발산과 음의 무한대 발산, 진동이 있습니다.

양의 무한대 발산은 함수 $f(x)$에서 x 값이 a에 한없이 가까워질때, $f(x)$ 값이 한 없이 커지면 $f(x)$는 양의 무한대로 발산한다 하고 다음과 같이 나타냅니다.

$$x \to a일 \ 때, f(x) \to \infty \ 또는 \ \lim_{x \to a} f(x) = \infty$$

음의 무한대로 발산은 함수 $f(x)$에서 x 값이 a에 한없이 가까워질때, $f(x)$ 값이 음수이면서 그 절댓값이 한없이 커지면 $f(x)$는 음의 무한대로 발산한다 하고 다음과 같이 나타냅니다.

$$x \to a일 \ 때, f(x) \to -\infty \ 또는 \ \lim_{x \to a} f(x) = -\infty$$

예시에서 확인해 봅시다.

그림 7-9의 ①에서 $f(x) = \dfrac{1}{x}$ 그래프는 양의 무한대와 음의 무한대로 확장됩니다. x가 $+0$으로 한없이 가까워질 때 $+\infty$가 되고, x가 -0으로 한없이 가까워질 때 $-\infty$가 됩니다. 즉, 다음 결과를 도출할 수 있습니다.

$$\lim_{x \to +0} \frac{1}{x} = +\infty, \ \lim_{x \to -0} \frac{1}{x} = -\infty$$

하지만 $+0$과 -0에 대한 결과(극한)가 일치하지 않기 때문에 $x = 0$에서의 극한값은 존재하지 않습니다. 그렇다면 그림 7-9에서 ②의 $f(x) = \dfrac{1}{|x|}$ 그래프는 어떨까요?

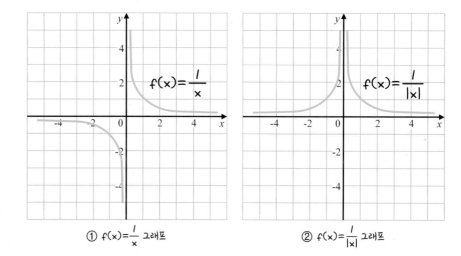

그림 7-9

$f(x) = \dfrac{1}{x}$ 그래프와

$f(x) = \dfrac{1}{|x|}$ 그래프

① $f(x) = \dfrac{1}{x}$ 그래프   ② $f(x) = \dfrac{1}{|x|}$ 그래프

x가 +0으로 한없이 가까워질 때 $+\infty$가 되고, x가 −0으로 한없이 가까워질 때도 $+\infty$로 가까워집니다. 따라서 $\displaystyle\lim_{x \to +0} \frac{1}{|x|} = \infty$고 $\displaystyle\lim_{x \to -0} \frac{1}{|x|} = \infty$이기 때문에 $\displaystyle\lim_{x \to 0} \frac{1}{|x|}$ $= \infty$로 표현할 수 있습니다.

이때 극한값은 무엇일까요? ∞라고 생각할 수 있지만, ∞가 아닙니다. 극한값이란 수렴할 때의 값을 의미하기 때문에 이 역시 수렴하지 않으므로 '극한값은 없다'가 정답입니다. 하지만 기호로는 $\displaystyle\lim_{x \to 0} \frac{1}{|x|} = \infty$로 표현할 수 있습니다.

참고로 함수의 진동은 극한으로 다가갈수록 끊임없이 진동하는 것입니다. 그림 7-10도 −1과 1을 반복하고 있기 때문에 진동입니다.

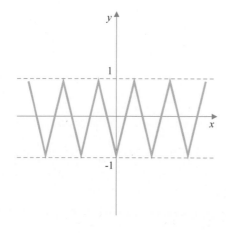

그림 7-10

함수의 진동

파이썬에서도 극한값을 구할 수 있습니다. 극한값을 구하려면 먼저 SymPy에서 Limit과 S 함수를 가져와야 합니다. Limit 함수로는 극한값을 구할 수 있으며, S 함수로는 무한(infinity)의 정의를 포함할 수 있습니다. $\lim\limits_{x \to \infty} \dfrac{1}{x}$ 에 대한 극한값을 구해 봅시다.

In [1]:
```
# 파이썬 SymPy 라이브러리에서 Limit, S, Symbol 클래스를 호출합니다
from sympy import Limit, S, Symbol

# x 변수를 생성하고, x가 0으로 한없이 가까워질 때의
# 1/x에 대한 극한값을 구합니다
x = Symbol('x')
Limit(1/x, x, S.Infinity).doit() # ①
```

Out [1]:
```
0
```

In [2]:
```
Limit(1/x, x, 0).doit() # ② 우극한값 구하기
```

Out [2]:
```
∞
```

In [3]:
```
Limit(1/x, x, 0, dir='-').doit() # ③ 좌극한값 구하기
```

Out [3]:
```
-∞
```

① Limit은 기본적으로 인수를 세 개 전달합니다. 첫 번째는 극한을 구하는 함수 $\dfrac{1}{x}$, 두 번째는 x 변수, 세 번째는 x 변수가 다가가는 값입니다. 이때 무한대 $(x \to \infty)$를 정의하려고 S 함수(S.Infinity)를 사용합니다.

② 극한값을 계산하려고 doit( ) 함수를 사용합니다.

③ 좌극한은 dir='-'를 포함해야 합니다.

좌·우극한 및 극한값의 조건

함수의 좌극한과 우극한

함수의 좌극한과 우극한을 알아보기 전에 먼저 그림 7-11을 살펴봅시다. 다음은
x 값이 3으로 가까워지는 두 가지 상태를 보여 줍니다.

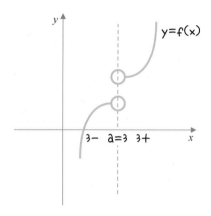

그림 7-11

함수 f(x) 그래프

> 3보다 크면서 3으로 다가오는 상태를 3+
> 로 표현하고, 3보다 작으면서 3으로 다가
> 오는 상태를 3-로 표현합니다.

함수 $f(x)$에서 x가 a보다 작으면서 a로 점점 가까워질 때, $f(x)$가 가까워지는 값
이 있다면 이것을 점 a에서 함수의 좌극한이라고 합니다.

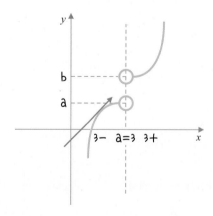

그림 7-12

함수 f(x)의 좌극한

그림 7-12는 함수 $y = f(x)$에서 x가 3보다 작은 값을 가지면서 3에 가까이 다가 갑니다. 즉, $x \to 3-$일 때 다음과 같이 표현할 수 있습니다.

$$\lim_{x \to 3-} f(x) = a$$

이때의 좌극한값은 a입니다.

함수 $f(x)$에서 x가 a보다 크면서 a로 점점 가까워질 때, $f(x)$가 가까워지는 값이 있다면 이것을 점 a에서 함수의 우극한이라고 합니다.

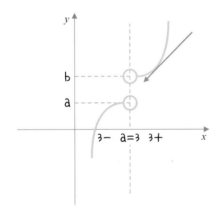

그림 7-13

함수 f(x)의 우극한

그림 7-13은 함수 $y = f(x)$에서 x가 3보다 큰 값을 가지면서 3에 가까이 다가갑니다. 즉, $x \to 3+$일 때 다음과 같이 표현할 수 있습니다.

$$\lim_{x \to 3+} f(x) = b$$

이때의 우극한값은 b입니다.

극한값의 존재 조건

극한값이 존재할 조건은 우극한과 좌극한이 같아야 합니다. 즉, $\lim_{x \to a-} f(x) = \lim_{x \to a+} f(x)$ $= a$이면(좌극한과 우극한이 같으면) $\lim_{x \to a} f(x) = a$입니다.

예를 들어 함수 $\lim_{x \to 2} \dfrac{x^2 - 4}{x - 2}$ 에 대한 극한값을 구해 봅시다. 극한값이 존재하는 조건은 우극한과 좌극한이 같아야 한다고 했으므로 우극한과 좌극한의 값을 개별적으로 구해 봅시다.

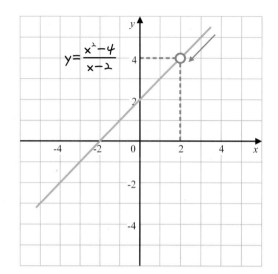

그림 7-14
함수 $y = \dfrac{x^2-4}{x-2}$ 의
우극한

$\lim\limits_{x \to 2} \dfrac{x^2-4}{x-2}$ 를 그래프로 표현했을 때, 우극한값은 그림 7-14와 같이 $x \to 2+$일 때 4로 가까이 다가갑니다. 즉, $\lim\limits_{x \to 2+} f(x) = 4$가 되므로 우극한값은 4입니다.

이번에는 좌극한값을 살펴볼게요.

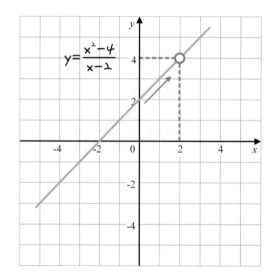

그림 7-15
함수 $y = \dfrac{x^2-4}{x-2}$ 의
좌극한

그림 7-15와 같이 $x \to 2-$일 때도 4로 가까이 다가갑니다. 즉, $\lim\limits_{x \to 2-} f(x) = 4$가 되므로 좌극한값 역시 4가 됩니다.

지금까지 그래프로 함수 $\lim\limits_{x \to 2} \dfrac{x^2-4}{x-2}$ 에 대해 우극한과 좌극한의 값이 같음을 확인했습니다. 이것을 수학적 풀이로 정리해 봅시다.

(1) (x^2-4)를 인수분해하면 $(x+2)(x-2)$가 되므로,

(2) $\lim\limits_{x \to 2} \dfrac{x^2-4}{x-2} = \lim\limits_{x \to 2} \dfrac{(x+2)(x-2)}{x-2} = \lim\limits_{x \to 2}(x+2)$가 됩니다.

(3) x에 2를 대입하면 $\lim\limits_{x \to 2} \dfrac{x^2-4}{x-2} = 4$가 됩니다.

(4) 따라서 극한값은 4입니다.

즉, 그림 7-14(함수의 우극한)와 그림 7-15(함수의 좌극한)로 우극한과 좌극한의 값이 같을 때 극한값이 존재함을 확인했으며, 수학적 풀이로도 극한값을 계산할 수 있음을 확인했습니다.

3 함수의 연속

함수의 연속이란 그래프가 끊어지지 않고 계속 연결된 함수를 의미합니다. 그래프가 계속 연결된다는 의미를 이해하기 위해 함수가 연속되지 않는 불연속 개념부터 먼저 살펴봅시다.

함수의 불연속은 $x = a$에서 끊어진 함수로, 다음 그래프를 살펴보세요.

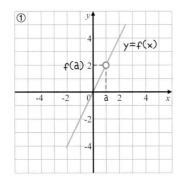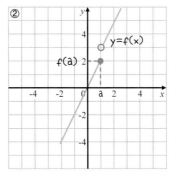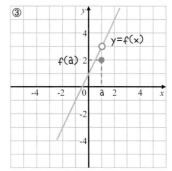

그림 7-16

함수의 불연속

그림 7-16에서 세 개 모두 불연속적(끊어진)인 그래프입니다. ① 그래프는 함수 $f(x)$가 $x=a$에서 정의되어 있지 않기에, ② 그래프는 좌극한과 우극한의 값이 다르기에, ③ 그래프는 $\lim\limits_{x \to a} f(x)$와 $f(a)$가 다르기에 불연속 그래프입니다. 이 세 가지 불연속 경우들을 반대로 생각하면 함수의 연속이 되는 조건들을 쉽게 도출할 수 있습니다.

잠깐만요 -

'f(x)가 x = a에서 정의되어 있지 않다'는 표현은 어떤 의미인가요?

그림 7-17과 같이 두 함수 $f(x) = \dfrac{x^2-1}{x-1}$, $g(x) = x+1$이 있다고 합시다. 두 함수를 그래프로 표현하고자 f(x)에 대한 함수를 간단히 정리해 봅니다.

함수 f(x)에 대한 그래프 표현을 위해 수식을 간단히 하면, $f(x) = \dfrac{x^2-1}{x-1} = \dfrac{(x+1)(x-1)}{x-1} = x+1$이 됩니다. 단 x가 1일 때 분모가 0이 되면서 f(x) 값이 무한대가 되므로 x ≠ 1이어야 합니다. 이때 x ≠ 1는 함수 f(x)에서 x = 1일 때 함수가 정의되지 않았다는 의미이며, 그래프상에서는 x = 1에서 구멍이 비어 있는 동그라미로 표현합니다. 참고로 x = 1에서 값이 정의되어 있다면 구멍이 채워져 있는 동그라미로 표현합니다.

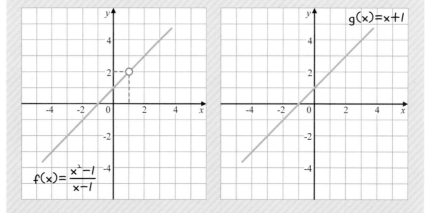

그림 7-17
함수 $f(x) = \dfrac{x^2-1}{x-1}$,
$g(x) = x+1$ 그래프

g(x)처럼 x = 1인 지점에서 함수의 그래프가 끊어지지 않고 이어지는 것을 'x = 1에서 연속이다'고 표현하며, f(x)처럼 x = 1에서 함수 그래프가 끊어지면 'x = 1에서 불연속이다'고 표현합니다.

다음은 함수가 연속이 되는 조건들입니다.

(1) 함수 $f(x)$가 $x = a$에서 정의되어야 합니다.

(2) $\lim\limits_{x \to a} f(x)$가 존재해야 합니다.

(3) $\lim\limits_{x \to a} f(x) = f(a)$입니다.

즉, 그래프 형태가 그림 7-18과 같아야 합니다.

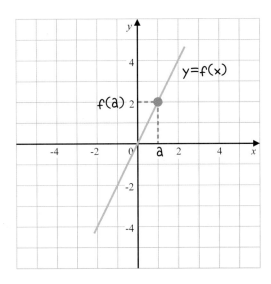

그림 7-18

함수의 연속

정리하면 함수의 연속성을 만족하려면 다음 수식을 만족해야 합니다.

$$\lim_{x \to a} f(x) = f(a)$$

이 수식은 '함수 $f(x)$가 $x = a$에서 연속이다'로 표현합니다. 연속 의미를 명확하게 이해하고자 그래프 관점과 수식 관점에서 함수의 연속성을 살펴봅시다.

그래프 관점에서 예시

함수 $f(x) = \begin{cases} -x^2 + 2 \ (x \geq 0) \\ x^2 - 2 \ (x < 0) \end{cases}$에서 $x = 0$일 때 연속인지, 불연속인지 알아봅시다.

함수 $f(x) = \begin{cases} -x^2 + 2 \ (x \geq 0) \\ x^2 - 2 \ (x < 0) \end{cases}$에서 다음과 같이 $\lim\limits_{x \to 0+} f(x) = 2$, $\lim\limits_{x \to 0-} f(x) = -2$가 되

므로 극한 $\lim_{x \to 0} f(x)$는 존재하지 않습니다. 따라서 함수 $f(x)$는 $x = 0$일 때 불연속입니다.

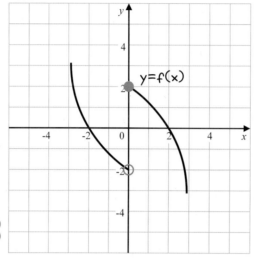

수식 관점에서 예시

다음 함수가 $x = 2$에서 연속인지, 불연속인지 알아봅시다.

$$f(x) = \begin{cases} \sqrt{x+2} \ (x \geq 2) \\ x + 1 \ (x < 2) \end{cases}$$

$x = 2$에서 연속인지 확인하는 문제이므로 $\lim_{x \to 2} f(x) = f(2)$를 확인하면 됩니다.

$\lim_{x \to 2+} \sqrt{2+2} = 2$이고, $\lim_{x \to 2-} (x+1) = 3$이 되므로 함수 $f(x)$는 $x = 2$에서 불연속입니다.

4 함수의 최대, 최소

일반적으로 이차함수를 표현할 때, $y = t(x - p)^2 + q$ 수식을 많이 사용합니다. 이때 최댓값과 최솟값을 알아봅시다.

(1) $a > 0$일 때, 그림 7-20의 ①과 같이 최댓값은 없고 최솟값은 q입니다.

(2) $a < 0$일 때, 그림 7-20의 ②와 같이 최댓값은 q이고 최솟값은 없습니다.

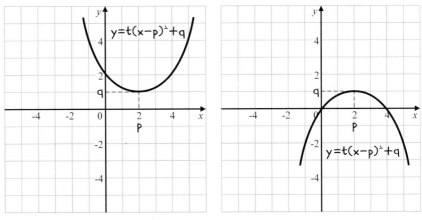

① $t > 0$일 때 $y = t(x-p)^2 + q$　　② $t < 0$일 때 $y = t(x-p)^2 + q$

그림 7-20

$t > 0$일 때와 $t < 0$일 때 $y = f(x)$

그렇다면 함수 값에 대해 범위가 정해져 있다면 어떨까요? $\{x \mid a \le x \le b\}$일 때 이차함수 $y = t(x - p)^2 + q$의 최댓값과 최솟값을 알아봅시다.

(1) 꼭지점의 x 좌표가 $a \le x \le b$에 포함되는 경우

꼭지점의 x 좌표가 $a \le x \le b$에 포함되는 경우에는 $f(a)$, $f(p)$, $f(b)$ 값 중 가장 큰 값이 최댓값이고, 가장 작은 값이 최솟값입니다.

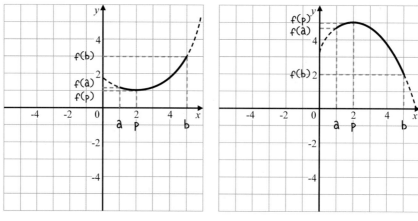

① $t>0$일 때 $y=t(x-p)^2+q$　　　② $t<0$일 때 $y=t(x-p)^2+q$

그림 7-21

꼭지점의 x 좌표가
a ≤ x ≤ b에 포함될 때

즉, 그림 7-21의 ①과 같이 $t>0$일 때 최댓값은 $f(b)$고, 최솟값은 $f(p)$입니다. 또 그림 7-21의 ②와 같이 $t<0$일 때 최댓값은 $f(p)$고, 최솟값은 $f(b)$입니다.

(2) 꼭지점의 x 좌표가 $a \leq x \leq b$에 포함되지 않는 경우

꼭지점의 x 좌표가 $a \leq x \leq b$에 포함되지 않는 경우에는 $f(a)$, $f(b)$ 중 큰 값이 최댓값이고, 작은 값이 최솟값입니다.

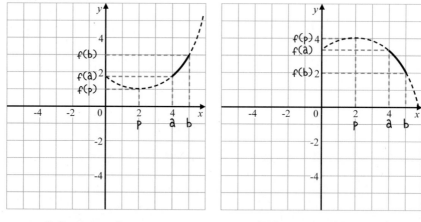

① $t>0$일 때 $y=t(x-p)^2+q$　　　② $t<0$일 때 $y=t(x-p)^2+q$

그림 7-22

꼭지점의 x 좌표가
a ≤ x ≤ b에 포함되지
않을 때

즉, 그림 7-22의 ①과 같이 $t > 0$일 때 최댓값은 $f(b)$고, 최솟값은 $f(a)$입니다. 또 그림 7-22의 ②와 같이 $t < 0$일 때 최댓값은 $f(a)$고, 최솟값은 $f(b)$입니다.

연습 문제

(1) 이차함수 $y = x^2 - 2x + 3$의 최댓값과 최솟값을 구하세요.

(2) x 값 범위가 $\{2 \leq x \leq 3\}$인 이차함수 $f(x) = x^2 - 2x + 3$의 최댓값과 최솟값을 구하세요.

문제 풀이

그래프를 이용하여 문제를 풀어 봅시다.

(1) $y = x^2 - 2x + 3$ 그래프는 다음과 같습니다.

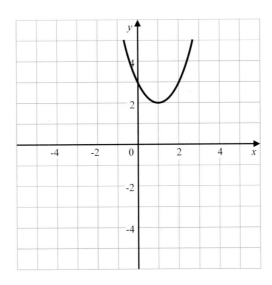

그림 7-23

$y = x^2 - 2x + 3$

$y = x^2 - 2x + 3$을 인수분해하면 $y = (x - 1)^2 + 2$가 됩니다. 따라서 그림 7-23과 같이 최댓값은 없으며, 최솟값은 2입니다.

(2) $f(x) = x^2 - 2x + 3$을 인수분해하면 $f(x) = (x - 1)^2 + 2$가 됩니다. 또 x 값 범위가 $\{2 \leq x \leq 3\}$이므로 $f(2) = 3$, $f(3) = 6$입니다. 따라서 최댓값은 6, 최솟값은 3입니다.

8장

다항함수의 미분

'미분한다'는 어떤 의미일까요? 미분계수와 도함수는 미분과 같은 의미일까요? 이러한 의문에 답하고자 미분을 평균변화율 및 순간변화율과 관계 지어 확인해 보고, 기하학적인 의미도 살펴보겠습니다.

UNIT 15 다항함수의 미분

UNIT 15 다항함수의 미분

BASIC MATHEMATICS FOR ARTIFICIAL INTELLIGENCE

1 평균변화율

미분은 변화율을 구하는 것입니다. 그렇다면 어떤 변화율을 구하는 것일까요? x가 변하는 양에 대해 y가 얼마나 변하는지를 구하는 변화율로 평균변화율과 순간변화율이 있습니다. 순간변화율은 찰나의 순간에 대한 변화율을 구하는 것으로 미분이라고도 하며, 그 찰나의 변화율을 순간변화율 혹은 미분계수라고 합니다.

> **NOTE** 수학에서 증가량을 표현할 때는 Δx 기호를 사용합니다. 예를 들어 x가 1에서 5까지 변했다고 가정했을 때, x는 4만큼 증가했다면 이를 기호로 Δx = 4로 표현합니다.

그렇다면 평균변화율이란 무엇일까요? 평균변화율은 함수 $y = f(x)$가 있을 때 $\dfrac{y의\ 증가량}{x의\ 증가량}$을 의미합니다. 수학적 표현으로는 $\dfrac{\Delta y}{\Delta x}$처럼 표현합니다.

예를 들어 $f(x) = x^2$인 경우, x가 1에서 5까지 증가했을 때 평균변화율은 다음과 같이 표현할 수 있습니다.

- x의 증가량: $\Delta x = 5 - 1 = 4$
- y의 증가량: $\Delta y = f(5) - f(1)$

따라서 $\dfrac{\Delta y}{\Delta x} = \dfrac{f(5) - f(1)}{5 - 1} = \dfrac{25 - 1}{4} = 6$입니다.

이를 일반화하면 다음과 같이 x가 a에서 b로 변할 때, x와 y의 변화량(증가량)은 $\Delta y = f(b) - f(a)$, $\Delta x = b - a$가 됩니다. 따라서 평균변화율 수식은 다음과 같이 표현할 수 있습니다.

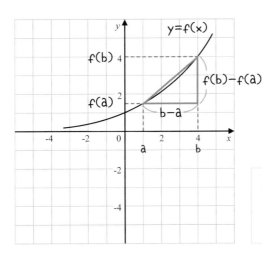

그림 8-1

평균변화율

x가 a에서 b로 변할 때 평균변화율

$$\frac{\Delta y}{\Delta x} = \frac{f(b) - f(a)}{b - a}$$

또 다른 방식으로 평균변화율을 표현할 수도 있는데, Δx를 h로 치환하여 표현하는 것입니다. $\frac{\Delta y}{\Delta x} = \frac{f(b) - f(a)}{b - a}$ 에서 Δx를 h로 치환하면, 즉 $b - a = h$로 치환하면 $b = a + h$가 됩니다. 따라서 다음과 같이 표현할 수 있습니다.

$$\frac{\Delta y}{\Delta x} = \frac{f(b) - f(a)}{b - a} = \frac{f(a + h) - f(a)}{h}$$

평균변화율을 기하학적인 의미로 이해해 봅시다. 평균변화율의 기하학적 의미는 그림 8-2와 같습니다.

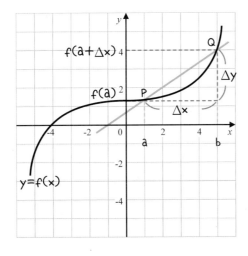

그림 8-2

평균변화율의
기하학적 의미

두 정점을
지나는
직선의 기울기

즉, 그림 8-2와 같이 정해진 두 점(P와 Q)에서의 기울기가 평균변화율입니다.

파이썬에서는 다음과 같이 평균변화율을 구합니다. 먼저 SymPy 라이브러리의 symbols를 이용하여 x를 기호변수로 바꾸고, fx에 함수를 정의합니다. 함수를 정의한 후에는 fx.subs(변수, 대입값)을 이용하여 y 값을 구합니다. 함수 $2x^2 + 4x + 7$ 위의 두 점 $(0, 4)$, $(2, 12)$의 평균변화율을 구해 보겠습니다.

In [4]:
```python
# 파이썬 NumPy 라이브러리를 호출합니다
from sympy import symbols

# 평균변화율을 구할 수 있는 함수를 정의합니다
def average(a,b):
    m = max(a,b)    # a, b의 최댓값
    n = min(a,b)    # a, b의 최솟값
    x = symbols('x') # 기호변수 x 선언

    fx = 2 * x ** 2 + 4 * x + 7 # 2x^2 + 4x + 7 함수 정의
    fb = fx.subs(x, m) # 함수에 m 대입
    fa = fx.subs(x, n) # 함수에 n 대입

    result = (fb - fa) / (m - n)
    return result
print(average(0,2))
```

8

연습 문제

함수 $f(x) = x^2$에 대해 x 값이 1에서 k까지 변할 때 평균변화율은 15입니다. 그렇다면 k 상수 값은 얼마일까요?

문제 풀이

$\dfrac{\Delta y}{\Delta x} = \dfrac{f(k) - f(1)}{k - 1} = \dfrac{k^2 - 1}{k - 1} = \dfrac{(k+1)(k-1)}{k-1} = k + 1 = 15$ 이므로,

$k = 14$입니다.

2 미분계수(순간변화율)

미분계수는 x의 증가량이 0으로 가까이 갈 때 평균변화율입니다. 미분계수는 다음과 같이 표현합니다.

$$\lim_{\Delta x \to 0} \frac{\Delta y}{\Delta x}$$

이를 일반적으로 표현하면, 함수 $y = f(x)$인 경우 x가 a부터 $a + \Delta x$로 변할 때의 평균변화율은 다음과 같이 표현합니다.

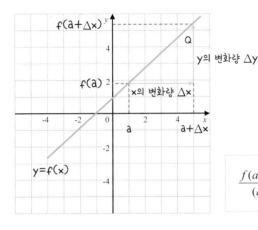

$$\frac{f(a + \Delta x) - f(a)}{(a + \Delta x) - a} = \frac{f(a + \Delta x) - f(a)}{\Delta x}$$

그림 8-3

미분계수

이때 x의 변화량(Δx)을 0으로 가까이 보낸 것이 미분계수라고 했습니다. 즉, x가 a부터 $a + \Delta x$로 변할 때의 평균변화율에서 $\Delta x \to 0$일 때 극한값을 $x = a$에서의 미분계수 또는 순간변화율이라고 하며, 다음과 같이 표현합니다.

$$f'(a)$$

보통 Δx를 h로 표현할 때가 많으므로 $f'(a)$는 다음과 같이 나타낼 수 있습니다.

$$f'(a) = \lim_{h \to 0} \frac{f(a + h) - f(a)}{h}$$

또는 $a + h = x$라고 할 때 $h \to 0$은 $x \to a$로 표현할 수 있으므로 다음과 같이 나타낼 수도 있습니다.

$$f'(a) = \lim_{x \to a} \frac{f(x) - f(a)}{x - a}$$

따라서 정리하면, $x = a$에서의 미분계수 $f'(a)$는 다음과 같이 정리할 수 있습니다.

$$f'(a) = \lim_{h \to 0} \frac{f(a+h) - f(a)}{h}$$
$$= \lim_{x \to a} \frac{f(x) - f(a)}{x - a}$$

미분계수의 기하학적 의미를 한번 살펴봅시다(수식만으로는 이해하기 어려울 수 있으므로 그래프의 좌표로 좀 더 쉽게 살펴보고자 기하학적 의미를 확인합니다).

미분계수 $f'(a)$는 함수 $y = f(x)$가 있을 때, $x = a$에서 접선의 기울기입니다. 예를 들어 $P(a, f(a))$, $Q(a + \Delta x, f(a + \Delta x))$ 두 점이 주어졌을 때, 직선 PQ의 기울기가 평균변화율 $\displaystyle\lim_{\Delta x \to 0} = \frac{f(a + \Delta x) - f(a)}{\Delta x}$ 라고 정의했습니다. 여기에서 $\Delta x \to 0$은 '$a + \Delta x$는 a로 다가간다'는 의미입니다. 이렇게 조금씩 다가가면 다음과 같이 됩니다.

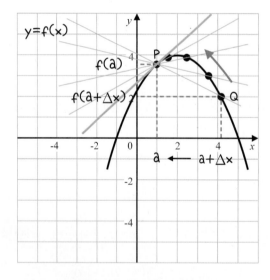

그림 8-4

미분계수의
기하학적 의미

그림 8-4와 같이 직선이 반시계 방향으로 돌아가면서 $a + \Delta x$가 a로 다가가면 직선 위의 점 P에서 기울기를 구하는 것입니다. 이는 $(a, f(a))$에서 접선의 기울기가 됩니다. 따라서 $f'(a)$의 기하학적 의미는 다음과 같이 정리할 수 있습니다.

함수 $y = f(x)$가 있을 때 $(a, f(a))$에서 접선의 기울기

파이썬에서는 Derivative 함수를 이용하여 함수 f x를 간편하게 미분할 수 있습니다. doit( ) 함수는 객체에 대해 도함수로 바꾸어 줍니다.

```
In [5]:
# 파이썬 NumPy 라이브러리를 호출합니다
from sympy import Derivative, symbols

# 평균변화율을 구할 수 있는 함수를 정의합니다
x = symbols('x') # x를 기호변수화
fx = 2 * x ** 2 + 4 * x + 7

# fprime라는 Derivative 클래스의 객체를 생성한 후
# subs() 메서드를 사용하여 x = 3에서의 미분계수 f′(3)을 구합니다
fprime = Derivative(fx, x).doit() # x에 대해 미분
n = fprime.subs({x: 3})
print("fx에서 x = 3에서의 순간변화율(미분계수는 ", n , "입니다")
```

```
Out [5]:
fx에서 x = 3에서의 순간변화율(미분계수는) 16 입니다
```

연습 문제

함수 $f(x) = x^2 + 3x$에 대해 x 값이 1에서 5로 변할 때 평균변화율과 $x = k$에서의 순간변화율이 같을 때 k 상수 값을 구하세요.

문제 풀이

x 값이 1에서 5까지 변할 때 평균변화율은 다음과 같습니다.

$$\frac{f(5) - f(1)}{5 - 1} = \frac{40 - 4}{5 - 1} = \frac{36}{4} = 9$$

또 $x = k$에서 순간변화율은 다음과 같습니다.

$$f'(a) = \lim_{h \to 0} \frac{f(a+h) - f(a)}{h}$$

$$= \lim_{h \to 0} \frac{\{(k+h)^2 + 3(k+h)\} - (k^2 + 3k)}{h}$$

$$= \lim_{h \to 0} \frac{k^2 + 2kh + h^2 + 3k + 3h - k^2 - 3k}{h}$$

$$= \lim_{h \to 0} \frac{2kh + h^2 + 3h}{h}$$

$$= \lim_{h \to 0} \frac{h(2k + h + 3)}{h}$$

$$= 2k + h + 3 = 9$$

따라서 $h = 0$이고, $2k = 6$이므로 $k = 3$입니다.

③ 도함수

도함수란 함수 $f(x)$를 미분하여 얻은 함수 $f'(x)$입니다.

미분계수를 배웠으므로 $x = a$일 때 미분 ($f'(a)$)를 구하고 $x = b$일 때 미분 ($f'(b)$)를 구하는 과정을 반복하는 것이 어렵지 않을 것입니다. 예로 함수 $f(x) = x^2 + x$에서 $f(1)$, $f(2)$, $f(3)$을 구해 봅시다.

- $f'(1) = \lim\limits_{h \to 0} \dfrac{f(1+h) - f(1)}{h}$

- $f'(2) = \lim\limits_{h \to 0} \dfrac{f(2+h) - f(2)}{h}$

- $f'(3) = \lim\limits_{h \to 0} \dfrac{f(3+h) - f(3)}{h}$

앞과 같은 방식으로 구할 수 있으나, 매번 계산을 하려니 번거롭습니다. 이러한 번거로움을 줄이고자 미분계수를 함수처럼 생각해서 구할 수 있습니다. 다음과 같이 $f(x)$ 식을 적용하면 편리할 것입니다.

$$f'(x) = \lim_{h \to 0} \frac{f(x+h) - f(x)}{h}$$

함수 $f(x)$의 도함수 $f'(x)$를 구하는 것을 '함수 $f(x)$를 x에 대해 미분한다'고 하며, 그 계산법을 미분법이라고 합니다.

다음은 도함수의 여러 다른 표기법입니다.

$$y', f'(x), \frac{dy}{dx}, \frac{d}{dx}f(x)$$

도함수를 표현하는 기호가 많은 이유는 도함수를 연구한 사람이 많기 때문입니다. 그중 뉴턴과 라이프니츠가 대표적입니다. 이들이 연구한 기호와 표현 차이를 표 8-1로 알아봅시다.

표현 방법	y'	$\dfrac{\triangle y}{\triangle x}$
읽는 방법	와이 프라임	디와이 디엑스
의미	y를 미분(y의 순간변화율)	y를 x에 대해 미분(x에 대한 y의 순간변화율)
수학자	뉴턴	라이프니츠
연구	한 물체의 운동 방향 연구	특정한 두 변수의 관계 연구

표 8-1
도함수 기호의 차이

참고로 $\dfrac{d}{dx}f(x)$에서 d는 변화량(Δ)을 의미하는 기호고, 그 변화량을 아주 작은 단위인 0으로 보낸다는 것입니다.

파이썬에서는 '2. 미분계수(순간변화율)'에서 사용했던 Derivative 클래스를 이용하여 쉽게 도함수 $f'(x)$를 구할 수 있습니다.

In [6]:

```
# 파이썬 SymPy 라이브러리를 호출합니다
from sympy import Derivative, symbols

# x 변수와 함수 fx를 정의합니다
x = symbols('x') # x를 기호변수화
fx = 2 * x ** 2 + 4 * x + 7

Derivative(fx, x).doit()
```

```
Out [6]:
4x+4
```

함수 $f(x) = 2x^2 - 1$의 도함수를 구하세요. 또 이 도함수를 이용하여 $f(x)$에서 $x =$ 6에서의 미분계수를 구하세요.

문제 풀이

함수 $f(x) = 2x^2 - 1$의 도함수는 다음과 같습니다.

$$f'(x) = \lim_{h \to 0} \frac{f(x+h) - f(x)}{h}$$
$$= \lim_{h \to 0} \frac{\{2(x+h)^2 - 1\} - (2x^2 - 1)}{h}$$
$$= \lim_{h \to 0}(4x + 2h) = 4x$$

또 함수 $f(x)$에서 $x = 6$에서의 미분계수 $f'(6) = 4 \times 6 = 24$입니다.

이때 '$f(x) = 2x^2 - 1$을 미분하면 $f'(x) = 4x$'라고 표현할 수 있습니다.

```
In [7]:
from sympy import Derivative, symbols
x = symbols('x')
fx = 2 * x ** 2 -1
Derivative(fx, x).doit()
```

```
Out [7]:
4x
```

4 함수의 연속과 미분 가능성

어떤 함수가 $x = a$에서 미분이 가능하다는 것은 $x = a$에서의 미분계수가 존재한다는 의미입니다. 즉, 다음 수식이 성립함을 의미합니다.

$$f'(a) = \lim_{h \to 0} \frac{f(a+h) - f(a)}{h} = \lim_{x \to a} \frac{f(x) - f(a)}{x - a}$$

결국 **미분 가능성 = 미분계수 = 평균변화율의 극한값**이라고 정리할 수 있습니다.

그렇다면 미분 가능성과 연속성은 어떤 관계가 있을까요? 결론부터 말하면 다음과 같이 미분 가능하면 연속이라고 정의할 수 있습니다.

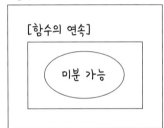

그림 8-5

함수, 함수의 연속성, 미분 가능성의 관계

다시 정리하면 함수의 연속성에서 $f(x)$가 $x = a$에서 연속일 때는 $\lim_{x \to a} f(x) = f(a)$를 만족한다고 했습니다. 이것을 미분 가능성과 연계하여 생각하면 다음과 같습니다.

(1) 미분 가능하면 연속입니다.

(2) 연속이라고 해서 항상 미분 가능한 것은 아닙니다.

이를 정리하면 그림 8-6과 같습니다.

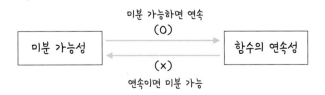

그림 8-6

함수의 연속과 미분 가능성 관계

그렇다면 연속이지만 미분 불가능한 경우도 있을까요? 예시로 확인해 봅시다.

그림 8-7과 같이 함수 $y = |x|$는 연속이지만, 이는 대표적인 미분 불가능한 예시입니다. $x > 0$일 때 $y = x$가 되고, 이때 접선의 기울기는 1입니다($y = x$ 자체의 기울기가 1이기 때문입니다). $x < 0$일 때는 $y = -x$가 되어 접선의 기울기는 -1이지만, $x = 0$일 때는 접선의 기울기를 정확하게 구할 수 없기 때문에 미분이 불가능합니다.

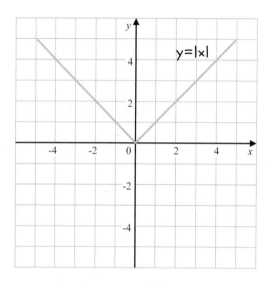

그림 8-7

$y = |x|$ 그래프

그렇다면 미분이 불가능한 함수의 그래프는 $y = |x|$뿐일까요? 미분이 불가능한 유형은 다음과 같이 크게 두 종류가 있습니다.

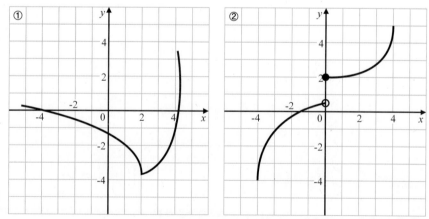

그림 8-8

미분이 불가능한 형태의
그래프

①과 같이 그래프가 뾰족하거나 ②와 같이 불연속일 때는 미분이 불가능합니다.

즉, 그래프로 생각하면 연속이란 이어진 것이며 불연속은 끊긴 것입니다. 미분 가능하다는 것은 그래프에서 부드럽게 이어진 것으로, 그 점에서 접선의 기울기를 의미합니다. 그래서 그래프가 끊어졌거나 뾰족할 때는 미분이 불가능하다고 합니다.

연습 문제

(1) 함수 $f(x) = x^2$이 $x = 2$에서 미분 가능할까요?

(2) 함수 $f(x) = |x|$가 $x = 1$에서 미분 가능할까요?

문제 풀이

(1) $f'(2) = \lim_{h \to 0} \dfrac{(2+h)^2 - 2^2}{h} = \dfrac{4 + 4h + h^2 - 4}{h} = \dfrac{(4+h)h}{h} = 4$

따라서 $f'(2)$가 존재하므로 함수 $f(x)$는 $x = 2$에서 미분 가능합니다.

(2) $f'(1) = \lim_{h \to 0} \dfrac{|1+h| - |1|}{h} = \lim_{h \to 0} \dfrac{|h|}{h}$

$\lim_{h \to 0^-} \dfrac{|h|}{h} = \lim_{h \to 0^-} \dfrac{-h}{h} = -1, \ \ \lim_{h \to 0^+} \dfrac{|h|}{h} = \lim_{h \to 0^+} \dfrac{h}{h} = 1$

즉, 좌극한과 우극한의 값이 다르므로 $f'(1)$은 존재하지 않습니다. 따라서 미분 불가능합니다.

5 다항함수의 미분법

다음은 다항함수에서 사용하는 미분법의 기본 공식입니다.

(1) $f(x) = c$이면 $f'(x) = 0$ (단 c는 상수)

(2) $f(x) = x^n$이면 $f'(x) = nx^{n-1}$ (단 n은 자연수)

(3) $\{cf(x)\}' = cf'(x)$ (단 c는 상수)

(4) $\{f(x) \pm g(x)\}' = f'(x) \pm g'(x)$

(5) $\{f(x)g(x)\}' = f'(x)g(x) + f(x)g'(x)$

각 공식을 예시로 알아봅시다.

(1) $f(x) = c$이면 $f'(x) = 0$

즉, 상수함수를 미분하면(도함수를 구하면) 0이 된다는 의미입니다. 예를 들어 $y = 10$을 미분하면 $y' = 0$이 됩니다.

(2) $f(x) = x^n$이면 $f'(x) = nx^{n-1}$

예를 들어 $y = x^2$을 미분하면 $y' = 2x^1 = 2x$가 됩니다. 즉, 지수를 앞으로 보낸 후 지수를 하나 줄이면 됩니다.

(3) $\{cf(x)\}' = cf'(x)$

예를 들어 $y = 5x^3$을 미분하면 $y' = 5 \times 3x^2$이 되어 $y' = 15x^2$이 됩니다.

(4) $\{f(x) \pm g(x)\}' = f'(x) \pm g'(x)$

즉, 미분할 수 있는 두 함수의 합으로 표현했다면, 각각 따로 미분하여 부호를 연결하면 됩니다. 예를 들어 $y = 5x^2 + 2x$를 미분해 봅시다. 먼저 $5x^2$을 미분하면 $5x^2 = 5 \times 2x = 10x$가 되고, $2x$를 미분하면 2가 됩니다. 따라서 $y = 5x^2 + 2x$를 미분하면, $y' = 10x + 2$가 됩니다.

(5) $\{f(x)g(x)\}' = f'(x)g(x) + f(x)g'(x)$

곱으로 표현된 함수의 미분입니다. 좀 더 쉽게 정리하면 수식 8.1과 같습니다.

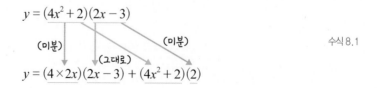

수식 8.1

예를 들어 $y = (5x + 2)(x^2 - 3)$ 함수를 미분하면 다음과 같이 $y' = 5(x^2 - 3) + (5x + 2)2x$가 됩니다.

$$y = (5x + 2)(x^2 - 3)$$

(미분) (그대로) (미분)

$$y' = 5(x^2 - 3) + (5x + 2)2x$$

수식 8.2

참고로 분수에 대한 미분 공식은 다음과 같습니다.

$$y = \frac{f(x)}{g(x)} \;\rightarrow\; y' = \frac{f'(x)g(x) - f(x)g'(x)}{\{g(x)\}^2}$$

파이썬에서는 SymPy를 이용하여 미분을 계산할 수 있습니다. sym.diff 인수로 미분할 함수와 미분할 변수를 입력하면 미분한 후 결괏값을 출력합니다.

In [8]:
```python
# 파이썬 SymPy 라이브러리를 호출합니다
import sympy as sym

# x 변수를 선언하고 diff() 함수를 사용하여 미분을 계산합니다
x = sym.Symbol('x')
a = sym.diff((2*x**3 + 3*x**2 + x + 1),x)
print(a)
```

Out [8]:
```
6*x**2 + 6*x + 1
```

연습 문제

(1) 함수 $y = (2x + 1)(3x^2 + 2x)$를 미분하세요.

(2) 함수 $y = (x - 1)(x^2 + 3x + 1)$을 미분하세요.

(1) $y' = \{(2x+1)(3x^2+2x)\}'$

$\quad = (2x+1)'(3x^2+2x) + (2x+1)(3x^2+2x)'$

$\quad = 2(3x^2+2x) + (2x+1)(6x+2)$

$\quad = (6x^2+4x) + (12x^2+4x+6x+2)$

$\quad = 18x^2+14x+2$

(2) $y' = \{(x-1)(x^2+3x+1)\}'$

$\quad = (x-1)'(x^2+3x+1) + (x-1)(x^2+3x+1)'$

$\quad = 1(x^2+3x+1) + (x-1)(2x+3)$

$\quad = (x^2+3x+1) + (2x^2+3x-2x-3)$

$\quad = 3x^2+4x-2$

9장

도함수의
활용

마지막으로 편미분과 미분 법칙을 학습하고, 인공지능에서 사용하는 오차역전파에서 미분을 어떻게 활용하는지 살펴보겠습니다. 특히 오차역전파 예시로 편미분을 계산해 보면서 미분에 자신감을 가질 수 있을 것입니다.

UNIT 16 미분법

1 미분방정식

계수와 차수

미분방정식의 계수는 가장 큰 미분 횟수입니다. 예를 들어 다음 붉은색 항이 미분방정식의 계수를 결정합니다.

$$x^3 \frac{dy}{dx} + 2y = 0, \quad \frac{d^2 y}{dx^2} + 2x^2 \frac{dy}{dx} = 0$$

왼쪽 수식의 붉은색 항은 $\frac{dy^1}{dx}$ 과 같으므로 계수는 1입니다. 따라서 1계 미분방정식이라고 합니다. 오른쪽 수식은 가장 큰 미분 횟수가 2이므로 2계 미분방정식이라고 합니다.

차수는 미분방정식의 최고 계수항의 거듭제곱 횟수입니다. 예를 들어 다음 붉은색 항이 미분방정식의 차수를 결정합니다.

$$x^3 (\frac{dy}{dx})^1 + 2y = 0, \quad (\frac{d^2 y}{dx^2})^2 + 2x^2 \frac{dy}{dx} = 0$$

왼쪽 수식의 붉은색 항이 1이므로 1계 1차 미분방정식이라고 합니다. 오른쪽 수식은 최고 계수항의 거듭제곱 횟수가 2이므로 2계 2차 미분방정식이라고 합니다.

참고로 각 항의 계수가 독립변수 x에만 의존하면 선형(linear)이라고 하며, 계수 중에서 종속변수 y에 의존하는 항이 하나라도 있으면 비선형(non linear)이라고 합니다.

$$x \frac{dy}{dx}$$

선형 예시

$$y \frac{dy}{dx}$$

비선형 예시

상미분방정식과 편미분방정식

미지의 도함수를 포함하는 방정식을 미분방정식이라고 합니다. 미분방정식에는 상미분방정식과 편미분방정식 두 가지가 있습니다.

독립변수

x 변수 값이 변함에 따라 함수 y 값도 바뀐다고 할 때 y = f(x)의 식이 성립 합니다. 이때 x를 독립변수라고 하며, y를 종속변수라고 합니다

일반적으로 사용하는 미분법은 전형적으로 $\frac{dy}{dx}$ 를 구하는 것입니다. 즉, 독립변수한 개로 미분한 도함수만 포함한다면 상미분방정식이고, 독립변수 두 개 이상으로 미분한 도함수를 포함한다면 편미분방정식입니다.

지금까지 다룬 모든 방정식은 다음과 같은 상미분방정식입니다.

$$y = x^2 + 1$$

$$y = 2x^2 + 4x + 3$$

그래서 UNIT 16에서는 편미분을 집중적으로 다룰 것입니다.

x, y 두 변수가 있어 두 변수 중 하나를 상수로 보고 미분하는 것을 편미분이라고 합니다. 따라서 변수가 x, y일 때 $\frac{dy}{dx}, \frac{dx}{dy}$ 두 가지 경우가 있습니다. 즉, y를 상수로 보고 x를 미분(x에 대한 y의 미분)하는 방법과 x를 상수로 보고 y를 미분(y에 대한 x의 미분)하는 두 가지 방법이 있습니다.

함수 $z = f(x, y)$에 대한 편미분 기호는 다음과 같습니다.

$$x에 대한 편미분: f_x(x, y) = f_x = \frac{\partial f}{\partial x} = \frac{\partial}{\partial x} f(x, y) = \frac{\partial z}{\partial x}$$

$$y에 대한 편미분: f_y(x, y) = f_y = \frac{\partial f}{\partial y} = \frac{\partial}{\partial y} f(x, y) = \frac{\partial z}{\partial y}$$

복잡한 기호들의 나열로 어렵게 보이지만, 편미분을 계산하는 방법은 다음과 같이 간단합니다.

- $f_x(x, y)$를 구할 때는 y를 상수로 보고 $f(x, y)$를 x에 대해 미분합니다.
- $f_y(x, y)$를 구할 때는 x를 상수로 보고 $f(x, y)$를 y에 대해 미분합니다.

예를 들어 $z = 2x^2 + 3x^2 y - 5xy + 3x$ 함수를 편미분해 봅시다.

(1) y를 상수로 보고 x에 대해 미분합니다.

$$\frac{\partial z}{\partial x} = 4x\,dx + 6xy\,dx - 5y\,dx + 3\,dx$$
$$= (4x + 6xy - 5y + 3)dx$$
$$\therefore \frac{\partial z}{\partial x} = 4x + 6xy - 5y + 3$$

(2) x를 상수로 보고 y에 대해 미분합니다.

$$\frac{\partial z}{\partial y} = 3x^2\,dy - 5x\,dy$$
$$= (3x^2 - 5x)dy$$
$$\therefore \frac{\partial z}{\partial y} = 3x^2 - 5x$$

연습 문제

$f(x, y) = 3x^2 + 2y^2 + xy$일 때 $f_x(2, 3)$과 $f_y(2, 3)$의 값을 구하세요.

문제 풀이

(1) $f_x(x, y)$에서 y를 상수로 보고 x에 대해 미분합니다.

$f_x(x, y) = 6x + y$이므로 $f_x(2, 3) = 6 \times 2 + 3 = 15$입니다.

(2) $f_y(x, y)$에서 x를 상수로 보고 y에 대해 미분합니다.

$f_y(x, y) = 4y + x$이므로 $f_y(2, 3) = 4 \times 3 + 2 = 14$입니다.

2 평균값 정리와 롤 정리

구간

일반적으로 구간(interval)은 어떤 지점과 다른 지점 사이를 의미합니다. 예를 들어 도로의 일부 구간을 통제한다고 할 때, 구간은 도로 A에서 도로 B까지 통제한다는 의미입니다.

구간을 수학적으로 접근해 봅시다. 수학적 의미에서 구간은 수직선 위 두 실수 사이에 있는 모든 실수의 집합입니다. 예를 들어 다음과 같이 수직선 위에 실수 $0 \sim 50$이 있다면 이 사이에 있는 모든 실수의 집합이 구간입니다.

구간: $[0, 50]$

$$0, 1, 2, \sqrt{5}, 3, 3.6, \cdots, 10, 10.3, 11, \sqrt{125}, 12, \cdots, \sqrt{900}, 31, 32.8, \cdots, 50$$

그림 9-1
구간

구간에 대한 기호는 다음과 같습니다.

(a, b), $[a, b]$, $(a, b]$, $[a, b)$

각 기호 의미는 표 9-1을 참고합니다.

기호	의미		용어
(a, b)	(a, b) ⟶ a⊸⊸b	$a < x < b$	열린 구간(open interval), 개구간
$[a, b]$	$[a, b]$ ⟶ a●●b	$a \leq x \leq b$	닫힌 구간(closed interval), 폐구간
$(a, b]$	$(a, b]$ ⟶ a⊸●b	$a < x \leq b$	반열린 구간(half-open interval)
$[a, b)$	$[a, b)$ ⟶ a●⊸b	$a \leq x < b$	

표 9-1
구간의 기호

닫힌 구간은 실수의 집합에서 양 끝 수를 포함하고, 열린 구간은 실수의 집합에서 양 끝 수를 포함하지 않습니다. 이러한 용어들을 기반으로 평균값 정리와 롤 정리를 하나씩 알아보겠습니다.

평균값 정리

평균값 정리는 다음과 같이 정의할 수 있습니다.

> 함수 $f(x)$가 닫힌 구간 $[a, b]$에서 연속이고 열린 구간 (a, b)에서 미분 가능하면
> $$\frac{f(b) - f(a)}{b - a} = f'(c)$$인 c가 a와 b 사이에 적어도 하나 존재합니다.

정의를 보면 어려운 것 같지만, 기하학적 의미로 접근하면 어렵지 않습니다. 우선 $\frac{f(b) - f(a)}{b - a}$ 의미를 되짚어 봅시다. $\frac{f(b) - f(a)}{b - a}$ 는 $[a, b]$ 구간에서 함수 $f(x)$가 주어질 때의 평균변화율입니다. 또 $f'(c)$는 $f(x)$가 있을 때 $x = c$에서의 미분계수입니다. 평균변화율은 임의의 두 점을 지나는 직선의 기울기였고, 미분계수는 접선의 기울기라고 했습니다. 따라서 $\frac{f(b) - f(a)}{b - a} = f'(c)$는 그림 9-2에서 두 정점 A, B를 지나는 직선의 기울기와 같은 접선($c1$과 $c2$)의 기울기가 존재한다는 의미입니다.

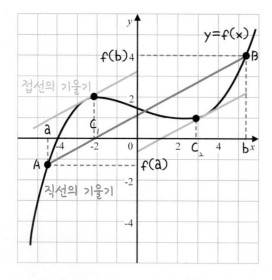

그림 9-2

평균값 정리의
기하학적 의미

즉, 평균값 정리는 곡선 $y = f(x)$의 접선 중에서 직선 A, B와 평행하는 접점($c1$과 $c2$)이 a와 b 사이에 적어도 하나가 존재함을 의미합니다.

그렇다면 평균값 정리는 언제 사용할까요? 이 책에서는 기초 수학만 다루기 때문에 미분을 그래프로 그리기 어렵지 않습니다. 하지만 모든 미적분이 좌표상에 그래프로 그리기 쉬운 것은 아닙니다. 이때 평균값 정리를 이용하면 간단히 증명할 수 있는 경우가 있습니다. 즉, 그래프로 표현이 어려운 미적분을 간단히 증명하는 데 사용합니다.

함수 $f(x) = x^2$에서 구간 $[0, 5]$에서 평균값 정리를 만족하는 c 상수 값을 구하세요.

문제 풀이

함수 $f(x)$는 닫힌 구간 $[0, 5]$에서 연속이고 열린 구간 $(0, 5)$에서 미분 가능합니다.

평균값 정리에 따라 $\dfrac{f(5) - f(0)}{5 - 0} = f'(c)$를 만족하는 c가 구간 $(0, 5)$에서 적어도 하나가 존재해야 합니다. 따라서 $f'(c) = \dfrac{f(5) - f(0)}{5 - 0} = \dfrac{25 - 0}{5 - 0} = 5$이고 $f'(x) = 2x$이므로, $f'(c) = 2c = 5$가 되어 $c = 2.5$입니다.

롤의 정리

롤의 정리(Rolle's theorem)는 다음과 같습니다.

> 함수 $f(x)$가 닫힌 구간 $[a, b]$에서 연속이고 열린 구간 (a, b)에서 미분 가능할 때, $f(a) = f(b)$이면 $f'(c) = 0$ $(a < c < b)$인 c가 열린 구간 (a, b)에 적어도 하나 존재합니다.

함수 $y = f(x)$가 주어졌을 때 $f(a) = f(b)$는 그림 9-3과 같은 곡선이 됩니다(단 닫힌 구간 $[a, b]$에서는 연속이고, 열린 구간 (a, b)에서는 미분 가능해야 합니다).

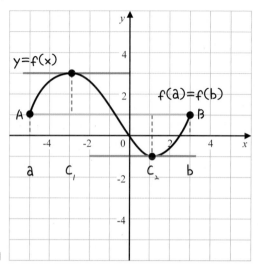

그림 9-3
롤 정리의 기하학적 의미

롤의 정리는 평균값 정리의 특별한 경우로, 평균변화율이 0이라고 생각하면 됩니다.

연습 문제

$f(x) = 2x^3 - 6x^2$ [0, 5] 함수에서 롤의 정리를 만족하는 c 값을 구하세요.

문제 풀이

함수 $f(x)$는 닫힌 구간 [0, 5]에서 연속이고 열린 구간 (0, 5)에서 미분 가능합니다. $f(0) = f(5) = 0$이므로 $f'(c) = 0$을 만족하는 c가 $0 < c < 5$에서 적어도 하나 존재합니다.

$f(0) = 0$

$f(5) = 100$

$f(0) \neq f(5)$

$\therefore$ c값은 없다.

3 속도와 가속도

이동 거리와 변위

이동 거리란 물체가 지나간 길의 거리입니다. 자동차가 A 지점에서 100m 떨어진 B 지점으로 이동했다면 자동차의 이동 거리는 100m입니다. 거리는 방향은 없고 크기만 있는 물리량으로 이를 **스칼라양**이라고도 합니다.

그렇다면 그림 9-4에서 자동차의 이동 거리는 어떻게 될까요? 20m까지 이동한 후 다시 10m를 되돌아온 상태입니다.

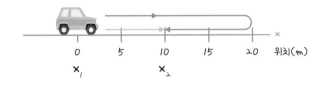

그림 9-4
이동 거리와 변위

이동 거리는 방향이 없다고 했으므로 다음과 같이 이동 거리는 총 30m입니다.

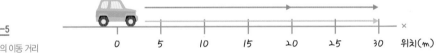

그림 9-5
자동차의 이동 거리

변위는 어떨까요? 변위는 도착점이 출발점에서 얼마나 떨어져 있는지, 즉 위치 변화를 나타내기 때문에 크기뿐만 아니라 방향도 있습니다. 이러한 물리량을 **벡터양**이라고 하며, 다음과 같이 자동차 변위는 10m입니다.

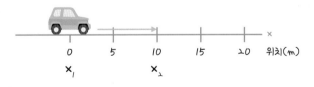

그림 9-6
자동차 변위

변위를 수식으로 표현하면 다음과 같습니다.

$$변위 = \Delta x = x_2 - x_1$$

수식 9.1

수식 9.1을 적용하여 그림 9-6의 변위 도출 과정을 알아봅시다.

변위는 $\Delta x = x_2 - x_1$이라고 정의했기 때문에 그림 9-6의 자동차 변위는 +10m − 0m = 10m가 됩니다(변위는 방향도 있다고 했으므로 +, − 표현도 필요합니다).

속력과 속도

미분에서 이동 거리와 변위는 왜 배울까요? 이동 거리와 변위가 속력과 속도를 계산하는 데 필요하기 때문입니다.

속력과 속도의 계산 공식을 살펴봅시다.

$$\text{속력} = \frac{\text{이동 거리}}{\text{시간}}$$

$$\text{속도} = \frac{\text{변위}}{\text{시간}}$$

즉, 속력은 이동한 방향을 고려하지 않지만 속도는 이동한 방향을 고려합니다. 그림 9-5와 그림 9-6에서 자동차가 5m를 가는 데 1초가 걸린다 가정하고 속력과 속도를 계산하면 다음과 같습니다.

- 속력 $= \dfrac{30\text{m}}{6\text{초}} = 5\text{m/s}$

- 속도 $= \dfrac{10\text{m}}{6\text{초}} =$ 약 1.7m/s

속도와 가속도

앞서 학습했던 평균변화율과 순간변화율을 다시 떠올려 봅시다. 평균변화율은 좌표 위 점 A와 B 사이의 변화율이고, 순간변화율은 특정한 지점을 한 순간으로 잡은 변화율입니다. 미분에서 속도는 평균변화율이 아닌 순간변화율을 의미합니다. 즉, 위치가 시간에 대한 함수로 표현되어 있을 때 그 위치를 시간에 대해 미분하면 속도가 나옵니다.

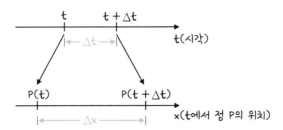

그림 9-7

속도와 미분

즉, P가 수직선 위를 움직일 때 시각 t에서 점 P의 위치를 좌표 x로 나타내면 x는 t에 대한 함수 $x = f(t)$로 표현할 수 있습니다. 이때 시각이 t에서 $t + \Delta t$까지 변할 때 평균 속도는 함수 $f(t)$의 평균변화율과 같으므로 다음 수식으로 표현할 수 있습니다.

$$\frac{\Delta x}{\Delta t} = \frac{f(t + \Delta t) - f(t)}{\Delta t}$$

마찬가지로 함수 $f(t)$의 시각 t에서 순간변화율은 다음과 같습니다.

$$\lim_{\Delta t \to 0} \frac{\Delta x}{\Delta t} = \frac{dx}{dt}$$

이때 함수 $x = f(t)$의 순간변화율을 점 P의 순간 속도라고 하며, 기호로는 v로 나타냅니다. 즉, 순간 속도 v는 다음과 같습니다.

$$v = \frac{dx}{dt} = \lim_{\Delta t \to 0} \frac{f(t + \Delta t) - f(t)}{\Delta t}$$

한편 수직선 위를 움직이는 점 P에 대해 시각 t에서 속도 v가 주어질 때, 속도 v의 도함수 $\frac{dv}{dt}$ 는 점 P에 대해 시각 t에서 속도의 순간변화율을 의미합니다. 이와 같이 시각 t에 따른 속도의 변화, 즉 속도 v의 순간변화율을 가속도라고 하며 기호 a를 사용합니다.

$$a = \lim_{\Delta t \to 0} \frac{\Delta v}{\Delta t} = \frac{dv}{dt}$$

원점과 수직선 위 임의의 점 P의 시간 t에서 위치를 $x = 2t^3 - 6t$라고 할 때 다음 질문에 답하세요.

(1) $t = 3$에서 점 P의 속도와 가속도를 구하세요.

(2) 점 P의 진행 방향이 바뀌는 시각을 구하세요.

문제 풀이

속도와 가속도 정의에 따라 $x = 2t^3 - 6t$는 $v = 6t^2 - 6$, $a = 12t$가 됩니다.

(1) $t = 3$일 때

$v = 6 \times 3^2 - 6 = 6 \times 9 - 6 = 48$

$a = 12 \times 3 = 36$

따라서 속도는 48, 가속도는 36입니다.

(2) 점 P의 진행 방향이 바뀌는 시각에서 $v = 0$이므로

$6t^2 - 6 = 0$에서 $6t^2 = 6$이 되어 $t = 1$입니다($\because t > 0$).

따라서 점 P의 진행 방향이 바뀌는 시각은 $t = 1$입니다.

UNIT 17 미분 법칙과 오차역전파

BASIC MATHEMATICS FOR ARTIFICIAL INTELLIGENCE

1 미분 법칙

변수가 동일한 둘 이상의 함수에 대한 미분 법칙에는 합(차) 법칙, 곱 법칙, 몫 법칙, 연쇄 법칙 등이 있습니다.

합(차) 법칙

$f(x)$와 $g(x)$ 모두 미분 가능하다면, 함수들의 합(차) 도함수는 각 도함수의 합(차)과 같습니다.

$$\frac{d}{dx}[f(x) \pm g(x)] = \frac{d}{dx}f(x) \pm \frac{d}{dx}g(x) = f'(x) \pm g'(x)$$

수식 9.2

연습 문제

함수 $y = x^2 - 5x$를 합 법칙을 적용하여 미분하세요.

문제 풀이

$$f(x) = x^2 - 5x$$
$$f'(x) = (x^2)' + (-5x)'$$
$$= (2x) + (-5)$$
$$= 2x - 5$$

곱 법칙(product rule)

$f(x)$와 $g(x)$ 모두 미분 가능하다면, $f(x)$의 도함수와 $g(x)$의 곱과 $f(x)$와 $g(x)$ 도함수의 곱을 더한 것과 같습니다.

$$\frac{d}{dx}[f(x)g(x)] = f(x)g'(x) + f'(x)g(x)$$

수식 9.3

연습 문제

함수 $f(x) = (3x^2 - 1)(2x^2 + 4x + 2)$에 곱 법칙을 적용하여 미분하세요.

문제 풀이

$$f'(x) = (3x^2 - 1)(2x^2 + 4x + 2)' + (3x^2 - 1)'(2x^2 + 4x + 2)$$
$$= (3x^2 - 1)(4x + 4) + 6x(2x^2 + 4x + 2)$$
$$= (12x^3 + 12x^2 - 4x - 4) + (12x^3 + 24x^2 + 12x)$$
$$= 24x^3 + 36x^2 + 8x - 4$$

몫 법칙(quotient rule)

$f(x)$와 $g(x)$ 모두 미분 가능하다면, 분자의 도함수에 분모를 곱하고 분자에 분모의 도함수를 곱해서 뺀 값을 분모의 제곱으로 나눈 것과 같습니다.

$$\frac{d}{dx}\left[\frac{f(x)}{g(x)}\right] = \frac{g(x)[f(x)'] - f(x)[g(x)']}{[g(x)]^2} = \frac{f'g - g'f}{g^2}$$

수식 9.4

연습 문제

함수 $f(x) = \dfrac{2x^2 + 3x}{x^2 + 1}$ 의 도함수 $f'(x)$를 구하세요.

문제 풀이

$$f'(x) = \frac{(x^2 + 1)(2x^2 + 3x)' - (2x^2 + 3x)(x^2 + 1)'}{(x^2 + 1)^2}$$

$$= \frac{(x^2+1)(4x+3) - (2x^2+3x)2x}{(x^2+1)^2}$$

$$= \frac{(4x^3+3x^2+4x+3) - (4x^3+6x^2)}{(x^2+1)^2}$$

$$= \frac{-3x^2+4x+3}{(x^2+1)^2}$$

연쇄 법칙(chain rule)

연쇄 법칙은 두 함수를 합성한 합성함수의 미분법입니다.

잠깐 합성함수를 알아보고 넘어갑시다. 두 함수 $f: X \to Y$, $g: Y \to Z$가 주어졌을 때, 집합 X의 임의의 원소 x에 대해 $f(x)$를 대응시키고, $f(x)$를 $g(f(x))$에 대응시켜서 그림 9-8과 같은 X에서 Z로의 함수를 만들 수 있습니다.

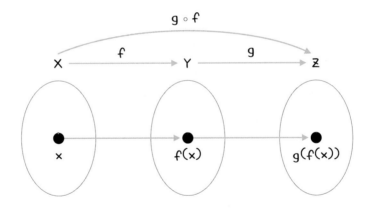

그림 9-8
합성함수

함수 f와 g의 합성함수는 기호로 다음과 같이 표현합니다.

$$g \circ f$$

연쇄 법칙을 살펴봅시다.

(1) 일변수함수(변수가 하나인 함수)의 연쇄 법칙

일변수 합성함수 $y = f(g(x))$가 $y = f(u)$, $u = g(x)$로 분해되어 있다면 다음 공식이 성립합니다.

$$y = f(u), \ u = g(x)$$

$$\frac{dy}{dx} = \frac{dy}{du}\frac{du}{dx}$$

$$\Leftrightarrow \frac{d}{dx}f(u) = \frac{d}{du}f(u) \cdot \frac{d}{dx}g(x)$$

$$\Leftrightarrow \frac{d}{dx}f(g(x)) = f'(u) \cdot g'(x)$$

$$\Leftrightarrow [f(g(x))]' = f'(g(x)) \cdot g'(x)$$

각 항에 dy와 dx를 미분할 때 du라고 하는 항이 한쪽은 분모로, 다른 한쪽은 분자로 사슬처럼 이어져 있어 연쇄 법칙이라고 합니다.

일변수함수의 연쇄 법칙을 예시로 살펴보겠습니다. 예를 들어 함수 $y = (3x^2 + 2)^2$을 미분한다고 합시다. $3x^2 + 2$를 a라고 한다면 $a = 3x^2 + 2$가 되며, $y = a^2$, $a = 3x^2 + 2$ 두 함수의 합성함수로 볼 수 있습니다. 이때 연쇄 법칙을 적용하면 다음과 같습니다.

$$\frac{dy}{dx} = 2a^{2-1} \times (3 \times 2)x^{2-1}$$
$$= 2(3x^2 + 2) \times 6x \quad \longleftarrow \quad a\text{에 } 3x^2 + 2 \text{ 대입}$$
$$= (6x^2 + 4) \times 6x$$
$$= 36x^3 + 24x$$

(2) 다변수함수(변수가 두 개 이상인 함수)의 연쇄 법칙

일변수함수의 연쇄 법칙은 다변수함수에도 적용할 수 있습니다. 예를 들어 변수가 두 개인 이변수함수 $z = f(x, y)$에 대해 $x = g(t)$, $y = h(t)$고, $f(x, y)$, $g(t)$, $h(t)$가 미분 가능하면 다음 공식이 성립합니다.

$$\frac{dz}{dt} = \frac{\partial z}{\partial x}\frac{dx}{dt} + \frac{\partial z}{\partial y}\frac{dy}{dt}$$

다변수일수록 연쇄 법칙이 어렵게 느껴지는데, 다음을 참고하여 (1)~(3) 순서대로 이해하면 좀 더 쉽습니다.

그림 9-9

연쇄 법칙의 이해

$$\frac{\partial z}{\partial x} = f_x \quad z \quad \frac{\partial z}{\partial y} = f_y$$

x　　　　y

$$\frac{dx}{dt} \quad t \quad \frac{dy}{dt}$$

(1) z를 x에 대해 편미분한 후 x를 t에 대해 미분

(2) z를 y에 대해 편미분한 후 y를 t에 대해 미분

(3) z를 t에 대해 미분 = (1)과 (2)의 합

연습 문제

함수 $y = \dfrac{1}{(2x^2 + 3x - 1)^3}$ 에 대해 미분하세요.

문제 풀이

$y = \dfrac{1}{(2x^2 + 3x - 1)^3}$ 에서 $2x^2 + 3x - 1$을 z라고 한다면 $z = 2x^2 + 3x - 1$, $y = z^{-3}$처럼 z와 y 값을 얻을 수 있습니다.

이때 연쇄 법칙을 적용하면, $\dfrac{dy}{dx} = \dfrac{dz}{dx} \cdot \dfrac{dy}{dz}$ 이므로 미분 결과는 다음과 같습니다.

$$((2 \times 2)x^{2-1} + 3)(-3z^{-3-1})$$
$$= -3(4x + 3)(2x^2 + 3x - 1)^{-4}$$
$$= \frac{-3(4x + 3)}{(2x^2 + 3x - 1)^4}$$

2 오차역전파

계산 그래프

계산 그래프(computational graph)는 계산 과정을 그래프로 나타낸 것이며, 노드(node)와 엣지(edge)로 표현합니다. 여기에서 노드는 연산을 정의하며, 엣지는 데이터가 흘러가는 방향을 나타냅니다.

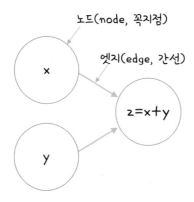

그림 9-10

계산 그래프

그렇다면 왜 계산 그래프를 계산 과정에 이용할까요? 계산 그래프를 이용할 경우 다음 장점이 있기 때문입니다.

국소적 계산

계산 그래프에서 자신과 직접 관계된 범위 내에서만 계산하는 것을 의미합니다

- 국소적 계산으로 각 노드의 계산에 집중하여 문제를 단순화할 수 있습니다.
- 역전파로 미분을 효율적으로 계산할 수 있습니다.

계산 그래프의 풀이 방법은 다음과 같이 순전파(forward propagation)와 역전파(backward propagation) 두 가지 방법이 있습니다.

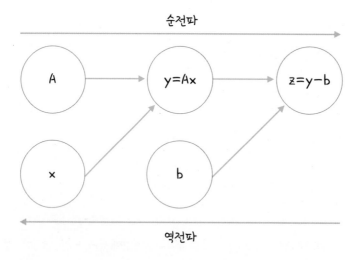

그림 9-11

순전파와 역전파

계산 그래프가 왼쪽에서 오른쪽으로 진행되면 순전파라고 하며, 반대로 오른쪽에서 왼쪽으로 진행되면 역전파라고 합니다.

오차역전파

오차역전파란

역전파는 계산 결과와 정답의 오차를 구해서 이 오차에 관여하는 노드 값들의 가중치와 편향을 수정하는데, 이때 오차역전파(backpropagation)는 오차가 작아지는 방향으로 반복해서 수정합니다. 이 횟수가 커지면 그만큼 정확성은 높아지지만 시간이 오래 걸리는 단점이 있고, 횟수가 작아지면 정확성은 떨어지지만 시간이 단축되는 장점이 있습니다. 이 횟수의 주기를 1 에포크(epoch)라고 하며, 에포크를 늘리면서 가중치와 편향을 업데이트(학습)하여 점점 오차를 줄여 나갑니다.

이를 정리하면 오차역전파의 계산 방식은 다음과 같습니다.

(1) 입력 값에 가중치를 곱한 값과 편향을 합하여 그 값이 임계치인 0을 넘으면 1을 출력하고, 그렇지 않으면 0을 출력하는 순전파 과정을 거칩니다.

(2) 출력 값과 정답의 차이인 오차를 구합니다. 역방향으로 오차를 줄이는 가중치 값으로 수정합니다(그림 9-12에서 붉은색으로 표현한 미분 방법이 오차를 구하는 방법입니다).

(3) 출력층의 가중치 값을 수정합니다.

(4) 은닉층의 가중치 값을 수정합니다.

오차가 더 이상 줄어들지 않을 때까지 (2)~(4) 과정을 반복합니다.

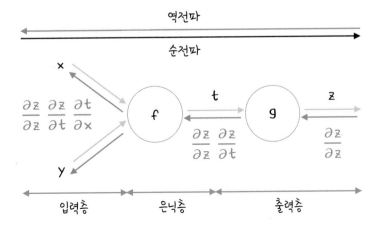

그림 9-12

오차역전파

오차역전파는 오차를 줄이는 방향으로 바로 앞 가중치를 수정해 간다고 했습니다. 가중치를 수정할 때는 순전파에서 계산한 $y = g(f(x))$의 편미분 값을 오차에 곱해서 하류 노드(은닉층)에 전달합니다. 이때 편미분을 사용하는 이유는 수많은 노드에 부여되는 모든 가중치 값을 고려할 필요 없이 연결된 가중치만 고려하면 되기 때문입니다. 또 연쇄 법칙을 이용하면 출력층과 입력층 사이에 은닉층이 많아도 간단한 미분으로 기울기를 계산할 수 있기 때문입니다.

오차역전파 계산

오차역전파를 계산하려면 그림 9-12를 이해해야 합니다. 이해하기 쉽도록 덧셈과 곱셈을 나누어서 설명하겠습니다.

■ 덧셈의 노드 역전파

$z = x + y$ 식에 대한 계산 그래프는 그림 9-13의 왼쪽과 같습니다. $x = 2$, $y = 6$일 때 $z = x + y$에 대한 순전파 계산은 그림 9-13의 오른쪽과 같습니다.

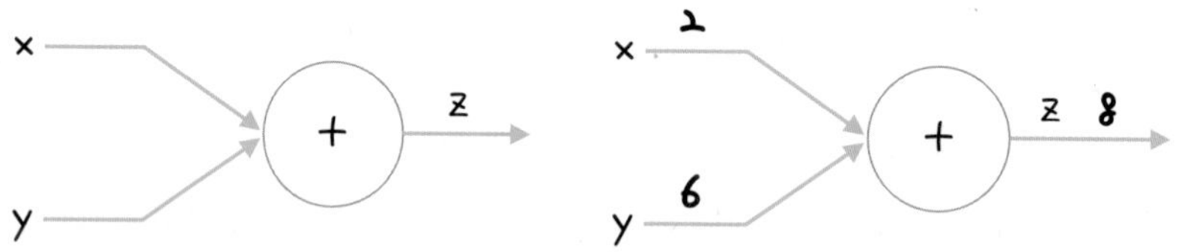

그림 9-13

덧셈의 노드 순전파

순전파는 순차적으로 계산하면 되므로 어렵지 않습니다. 하지만 역전파 계산은 미분을 해야 하기에 어렵게 느낄 수 있습니다. 의외로 원리만 알면 어렵지 않습니다. 덧셈의 역전파에 대한 미분은 다음과 같습니다.

$$z = x + y$$
$$\frac{\partial z}{\partial x} = 1, \frac{\partial z}{\partial y} = 1$$

즉, 그림 9-14의 왼쪽과 같은 미분이 가능합니다(L을 최종 출력 값으로 간주합니다).

그림 9-14

덧셈의 노드 역전파

이때 상류(출력)에서 1.5 값이 입력되었다고 가정하면 그림 9-14의 오른쪽과 같이 덧셈 노드의 역전파는 입력된 값을 그대로 다음 노드로 전파합니다.

■ 곱셈의 노드 역전파

$z = xy$ 식에 대한 계산 그래프는 그림 9-15의 왼쪽과 같습니다. $x = 2$, $y = 6$일 때 $z = xy$에 대한 순전파 계산은 그림 9-15의 오른쪽과 같습니다.

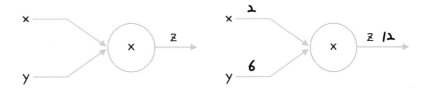

그림 9-15

곱셈의 노드 순전파

곱셈의 순전파 역시 순차적으로 계산하면 되기에 어렵지 않지만, 역전파는 미분 방법을 알아야 합니다. 곱셈의 역전파에 대한 미분은 다음과 같습니다.

$$z = xy$$
$$\frac{\partial z}{\partial x} = y, \; \frac{\partial z}{\partial y} = x$$

즉, 그림 9-16의 왼쪽과 같은 미분이 가능합니다. 이때 상류에서 1.5 값이 입력되었다고 가정하면 그림 9-16의 오른쪽과 같이 곱셈 노드의 역전파는 상류(출력) 값에 순전파의 입력 신호를 '서로 바꾼 값'을 곱해서 하류(은닉층)로 보내면 됩니다.

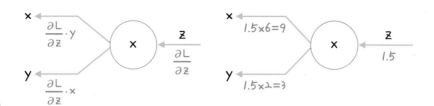

그림 9-16

곱셈의 노드 역전파

덧셈과 곱셈의 역전파를 묶어서 구체적인 예로 살펴볼게요. 예를 들어 $q(x) = x + y$, $f(x) = q(x) \times z$ 두 개의 함수가 있고 이를 계산 그래프로 그리면 다음과 같습니다.

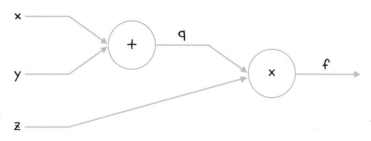

그림 9-17

$q(x) = x + y$,
$f(x) = q(x) \times z$ 함수의
계산 그래프 표현

이때 $x = -2$, $y = 5$, $z = 4$일 때 순방향 계산을 하면 다음과 같이 결과는 12가 됩니다.

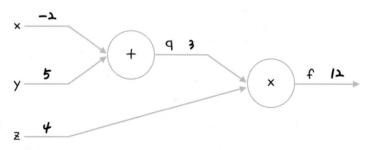

그림 9-18

$q(x) = x + y$,
$f(x) = q(x) \times z$ 함수의
계산 결과

역전파를 계산해 봅시다. 역전파를 계산하고자 그림 9-14와 그림 9-16의 미분을 적용하면 다음과 같이 미분 가능합니다.

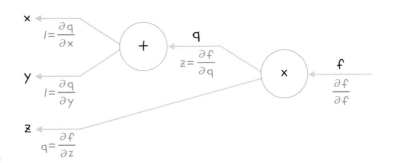

그림 9-19

역전파에 대한 계산

즉, 곱셈의 역전파를 위해 상류(출력) 값(1에서 시작)에 순전파의 입력 신호를 '서로 바꾼 값'을 곱해서 하류(은닉층)로 보내고, 덧셈의 역전파를 위해 입력된 값을 그대로 하류(입력)로 보내면 다음 결과가 나옵니다.

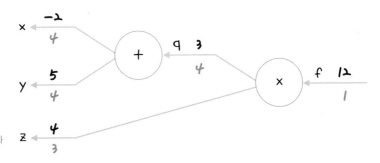

그림 9-20

역전파를 위한 곱셈과 덧셈의 적용

앞 결과에 대해 세부적으로 살펴보겠습니다. 우선 곱셈에 대한 역전파는 다음과 같습니다. q 값과 z 값을 서로 바꾸어 상류 값과 곱하면 됩니다.

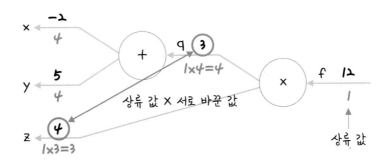

그림 9-21

곱셈을 적용한 역전파 결과

또 덧셈에 대한 역전파는 다음과 같습니다.

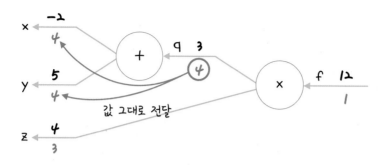

그림 9–22

덧셈을 적용한
역전파 결과

x, y의 상류 값인 q 값 4를 그대로 x와 y에 보내면 되므로 x와 y는 모두 4가 됩니다.

지금까지 배웠던 미분, 계산 그래프, 역전파는 모두 인공지능의 오차역전파를 이용한 가중치와 편향 값을 조정하는 것이었습니다. 이처럼 가중치 및 편향 값을 조정하는 과정을 '최적화'라고 하는데, 최적화 정도는 결국 인공지능을 위한 기초 수학을 어느 정도 이해하는지에 달려 있다고 해도 과언이 아닙니다.

선형대수학

인공지능은 본질적으로 컴퓨터가 이해할 수 있는 대량의 데이터, 즉 숫자를 이용하여 복잡한 계산을 수행하는 것입니다. 복잡한 계산을 수행한다는 것은 수식을 풀어서 해를 구하는 과정을 반복한다는 의미입니다. 이때 수식을 쉽게 효율적으로 풀 수 있도록 도와주는 것이 선형대수학입니다. 즉, 선형대수학을 이해할 수 있어야 컴퓨터가 인공지능을 처리하는 과정을 이해할 수 있을 것입니다.

10장

벡터와
공간

인공지능은 3차원 이상의 고차원 문제를 다
룹니다. 인공지능에서는 3차원 이상의 문제
를 쉽게 해결하려고 벡터 개념을 사용하며,
벡터가 모여 있는 공간이 벡터 공간입니다.
이 장에서는 인공지능의 데이터 표현인 벡
터를 자세히 살펴보겠습니다.

UNIT 18 벡터

BASIC MATHEMATICS FOR ARTIFICIAL INTELLIGENCE

1 선형대수에서 벡터란

선형대수(linear algebra)는 데이터 분석에 필요한 각종 계산을 돕는 학문입니다. 데이터 분석을 하려면 수많은 숫자로 구성된 데이터를 다루어야 합니다. 데이터 하나의 숫자가 수만 개에서 수억 개로 구성되어 있을 수도 있고, 이러한 데이터 수만 개가 집합 하나를 이루고 있을 수도 있습니다. 선형대수를 사용하면 대량의 데이터를 포함하는 복잡한 계산 과정을 몇 글자 되지 않는 간단한 수식으로 서술할 수 있습니다. 즉, 데이터를 다루는 과정을 정확하고 간단하게 서술할 수 있습니다.

선형대수에서 다루는 데이터는 개수나 형태에 따라 크게 스칼라(scalar), 벡터(vector), 행렬(matrix), 텐서(tensor) 유형으로 나눕니다. 스칼라는 숫자 하나로 구성된 데이터고, 벡터는 여러 숫자로 구성된 데이터 레코드(data record)입니다. 그리고 행렬은 이러한 벡터, 즉 데이터 레코드가 여럿인 데이터 집합이라고 볼 수 있습니다. 텐서는 크기가 같은 행렬이 여러 개 있는 것이라고 생각하면 됩니다.

일반적으로 다음과 같이 스칼라, 벡터, 행렬을 평면상에서 이해하는 경향이 있는데, 이것은 수학적 표현에 한계가 있어서 그런 것이므로 텐서를 n차원의 공간에서 생각할 수 있어야 합니다.

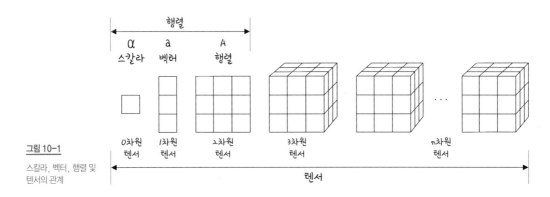

그림 10-1

스칼라, 벡터, 행렬 및
텐서의 관계

표 10-1의 HR 테이블을 이용하여 스칼라와 벡터, 행렬, 텐서를 설명하겠습니다. HR 테이블에서 '이직 유무' 값이 '1'인 데이터가 실제 이직한 사람들입니다.

업무 만족도	전년도 평가	프로젝트 수	평균 급여	업무 시간	이직 유무	직군	연봉
0.48	0.43	3	96	3	0	support	low
0.5	0.58	4	97	3	1	sales	low
0.79	0.61	5	98	4	1	marketing	medium
0.34	0.67	5	99	2	1	IT	low
0.45	0.79	5	112	6	0	accounting	high
0.28	0.89	4	113	6	0	management	low
0.67	0.36	4	102	4	1	sales	medium
0.78	0.44	3	103	4	0	IT	medium
0.47	0.57	3	109	4	1	support	low
0.27	0.48	3	105	6	1	IT	medium

표 10-1

HR 테이블

스칼라: 숫자 하나

스칼라는 숫자 하나만으로 된 데이터를 의미합니다. 예를 들어 IT 직군에 있는 한 사람의 평균 급여를 측정하면 숫자가 하나만 나올 것입니다. 이 데이터가 스칼라입니다. 스칼라는 보통 x처럼 알파벳 소문자로 표시하며, 실수(real number)인 숫자 중 하나이므로 실수 집합 R의 원소라는 의미에서 다음과 같이 표기합니다.

$$x \in R$$

벡터: 방향이 있고 순서가 있고 차원의 공간에 존재하는 점

벡터는 숫자 여러 개가 특정한 순서대로 모여 있는 것을 의미합니다. 사실 대부분의 데이터 레코드는 숫자 여러 개로 구성된 경우가 많습니다. 예를 들어 한 사람의 '이직 유무'를 알아내려고 '업무 만족도' x_1뿐만 아니라 '전년도 평가' x_2, '평균 급여' x_3, '연봉' x_4라는 네 항목을 측정할 수도 있습니다. 이렇게 측정된 숫자 네 개는 한 사람에게서 나온 데이터이므로 따로따로 다루기보다는 묶음(tuple) 하나로 묶는 것이 좋습니다. 이때 숫자 순서가 바뀌면 어떤 숫자가 '업무 만족도'고 어떤 숫자가 '평균 급여'인지 알 수 없으므로 순서를 유지하는 것이 중요합니다. 이러한 데이터 묶음을 선형대수에서는 벡터라고 합니다.

이때 벡터는 다음과 같이 세로줄(열(column))은 하나고, 가로줄(행(row))은 여러 개인 형태로 위에서 아래로 써서 표기해야 합니다.

$$x = \begin{bmatrix} x_1 \\ x_2 \\ x_3 \\ x_4 \end{bmatrix}$$

또 벡터 하나를 이루는 데이터 개수가 n개이면 이 벡터를 n-차원 벡터(n-dimensional vector)라고 하며, 다음과 같이 표기합니다.

$$x = \begin{bmatrix} x_1 \\ x_2 \\ \vdots \\ x_n \end{bmatrix}, \ x \in R^n$$

실제로 앞서 예로 든 '이직 유무'를 알아내고자 '업무 만족도', '전년도 평가', '평균 급여', '연봉'이라는 네 항목을 측정했으므로 4차원 벡터라고 하며, 다음과 같이 표기합니다.

$$x \in R^4$$

행렬: 2차원 배열

행렬은 복수 차원을 가지는 데이터 레코드가 여러 개 있을 때, 이 데이터를 합쳐 표기한 것입니다. 예를 들어 앞의 HR 테이블에서 이직에 성공한 사람들('이직 유무'가 '1'인 사람들이 총 6명)의 '업무 만족도', '전년도 평가', '평균 급여', '연봉' 데이터를 추출했기 때문에 이렇게 4차원 데이터가 여섯 개 있는 것입니다. 즉, $4 \times 6 = 24$개의 실수 숫자가 있는 것입니다. 이 숫자 집합을 행렬로 나타내면 그림 10-2와 같습니다. 행렬은 다음과 같이 보통 X 등 알파벳 대문자로 표시합니다.

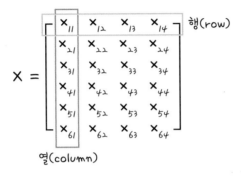

그림 10-2

행렬 표현

행렬의 원소 하나하나는 x_{23}처럼 숫자 쌍 두 개를 아래 첨자(subscript)로 붙여서 표기합니다. 첫 번째 숫자는 행을, 두 번째 숫자는 열을 의미합니다. 예를 들어 x_{23}은 두 번째 행(위에서 아래로 두 번째) 세 번째 열(왼쪽에서 오른쪽으로 세 번째)의 숫자를 가리킵니다.

앞서 살펴본 벡터는 열 개수가 1인 행렬이라고 볼 수 있으므로 열 벡터(column vector)라고도 합니다. 주의할 점은 데이터를 행렬로 묶어서 표시할 때는 '한 사람'에 대한 데이터 레코드, 즉 벡터 하나를 열이 아닌 행으로 표시한다는 것입니다.

데이터 레코드 하나를 단독으로 벡터로 나타낼 때는 열 하나로 표시하고, 복수의 데이터 레코드 집합을 행렬로 나타낼 때는 행 하나로 표시하는 것이 얼핏 보기에는 일관성이 없어 보입니다. 하지만 추후 다른 연산을 할 때는 이러한 모양이 필요하기 때문에 다르게 표시합니다. 이 표현은 인공지능에서 일반적으로 쓰므로 혼동하지 않고 사용할 수 있어야 합니다.

인공지능에서는 행을 특성 행렬(feature matrix)이라고도 하며, 이 행렬의 크기를 수식으로 표시할 때는 다음과 같이 '행의 크기×열의 크기'로 나타냅니다. 예를 들어 그림 10-2를 보면 행이 여섯 개고 열이 네 개이므로 다음과 같이 표현합니다.

$$x \in R^{6 \times 4}$$

스칼라와 벡터도 수학적으로는 행렬에 속합니다. 스칼라는 열과 행의 개수가 각각 1인 행렬이고, 벡터는 열의 개수가 1인 행렬입니다. 그래서 스칼라나 벡터의 크기를 표시할 때 다음과 같이 쓸 수도 있습니다.

$$\text{스칼라: } a \in R^{1 \times 1}$$
$$\text{벡터: } x \in R^{4 \times 1}$$

즉, 이 두 표현은 행렬이 아닌 벡터라는 의미입니다.

텐서: 3차원 이상의 배열

텐서는 크기가 같은 행렬이 여러 개 같이 묶여 있는 것을 의미합니다. 엄격한 수학적 정의로는 '다차원 배열로 표현되는 사상(mapping)'으로 다차원 배열 자체를 의미하지는 않습니다. 하지만 데이터 과학(data science) 분야에서는 흔히 다차원 배열을 텐서라고 합니다.

예를 들어 그림 10-3에서 볼 수 있듯이, 그레이스케일(grayscale) 이미지는 하나의 채널(channel)에 2차원 행렬(배열)을 표현할 수 있습니다. 반면 RGB 이미지는 R(ed), G(reen), B(lue) 채널 세 개마다 2차원 행렬(배열)로 표현할 수 있기 때문에 텐서(3차원의 값을 가지는 배열)로 표현할 수 있습니다.

채널
그래픽상에서 색을
표현하는 것으로,
이미지를 구성하기
위해 색상 정보를
가진 것을 채널
이라고 합니다

그림 10-3

그레이스케일 이미지와
RGB 이미지

참고로 스칼라, 벡터, 행렬, 텐서 항목을 비교하면 표 10-2와 같습니다.

구분	스칼라	벡터	행렬	텐서
영문 표기	Scalar	Vector	Matrix	Tensor
표기	$x \in R$	$x \in R_n$	$x \in R_{m \times n}$	$x \in R_{l \times m \times n}$
차원 (dimension)	0차원	1차원	2차원	3차원 이상
공간에서 표현				
파이썬 코드 예시	x = np.array (1.2)	x = np.array ([1, 2, 3])	x = np.array ([[1, 2, 3], [4, 5, 6]])	x = np.array ([[[[1, 2, 3], [4, 5, 6], [10, 20, 30], [200, 300, 400]]]])

표 10-2

스칼라, 벡터, 행렬,
텐서 비교표

행렬 더 알아보기

행렬의 표현은 상수나 변수를 직사각형 꼴로 배열한 것으로, 엑셀의 행과 열을 생각하면 쉽습니다.

그림 10-4 행렬의 표현

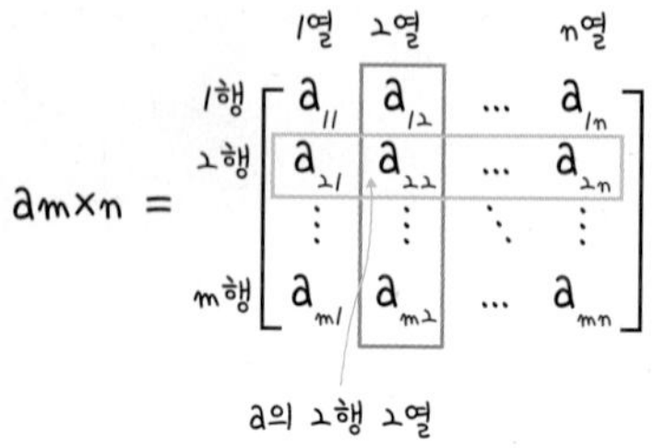

$$
a_{m \times n} =
\begin{array}{c}
 \\
1\text{행} \\
2\text{행} \\
\vdots \\
m\text{행}
\end{array}
\overset{\displaystyle 1\text{열} \quad 2\text{열} \qquad\quad n\text{열}}{
\begin{bmatrix}
a_{11} & a_{12} & \cdots & a_{1n} \\
a_{21} & a_{22} & \cdots & a_{2n} \\
\vdots & \vdots & \ddots & \vdots \\
a_{m1} & a_{m2} & \cdots & a_{mn}
\end{bmatrix}
}
$$

a의 2행 2열

행렬의 구성 요소는 다음과 같습니다.

- 성분: 행렬을 이루는 각각의 상수나 변수
- 행: 성분의 가로 배열
- 열: 성분의 세로 배열
- m×n 행렬: 행 m개와 열 n개로 된 행렬

예를 들어 학생 A, B가 가진 과목별 참고서 수량이 표 10-3과 같다고 합시다.

표 10-3 과목별 참고서 수량

참고서 학생	수학	영어	국어
A	5	2	2
B	1	7	3

표 10-3의 데이터를 행렬로 표현하려면 표의 숫자만 추출하여 입력한 후 양쪽 끝에 괄호를 추가합니다.

$$
\begin{pmatrix} 5 & 2 & 2 \\ 1 & 7 & 3 \end{pmatrix}
$$

숫자를 직사각형(혹은 정사각형) 모양으로 배열하고 양쪽을 괄호로 묶어서 표현한 것을 **행렬**이라고 합니다. 그 행렬 안에 표현된 각각의 성분 5, 2, 2, 1, 7, 3을 **행렬의 성분**이라고 합니다.

행렬의 가로줄 (5, 2, 2), (1, 7, 3)을 행이라고 하며, 두 행 중 (5, 2, 2)는 첫 번째 줄에 표현했기에 1행이라고 합니다. 또 세로줄 $\begin{pmatrix} 5 \\ 1 \end{pmatrix}$, $\begin{pmatrix} 2 \\ 7 \end{pmatrix}$, $\begin{pmatrix} 2 \\ 3 \end{pmatrix}$을 열이라고 하며, 열 세 개 중 $\begin{pmatrix} 5 \\ 1 \end{pmatrix}$은 첫 번째 열에 표현했기에 1열이라고 합니다. 따라서 표 10-3은 m×n으로 표현했을 때, 2×3 행렬이라고 표현할 수 있습니다.

데이터 분석에 사용하는 텐서플로는 선형대수의 데이터 유형 중 텐서를 의미하나요?

텐서플로(TensorFlow)는 구글에서 만들었으며, 딥러닝 프로그램을 쉽게 구현할 수 있도록 다양한 기능을 제공하는 라이브러리입니다. 텐서플로 자체는 C++로 구현되어 있으며 파이썬, 자바, Go 등 다양한 언어를 지원합니다.

그림 10-5

텐서플로 아키텍처

텐서플로에서는 데이터 흐름 그래프(dataflow graph)로 계산합니다. 즉, 텐서 형태의 데이터들이 딥러닝 모델을 구성하는 연산들의 그래프를 따라 흐르면서 연산이 일어납니다. 따라서 딥러닝에서 데이터를 의미하는 텐서와 데이터 흐름 그래프를 따라 연산이 수행되는 형태(Flow)를 합쳐 텐서플로란 이름이 나왔습니다.

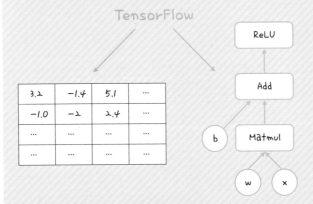

그림 10-6

텐서플로에서

연산 처리 과정

텐서플로는 현재 가장 인기 있는 딥러닝 라이브러리 중 하나로, 텐서보드 및 케라스(Keras) 같은 추상화 라이브러리를 제공합니다. 또 사전 학습된 모델들을 제공하여 사용자가 손쉽게 딥러닝을 할 수 있습니다.

2 벡터

벡터란

기하학적 정의

벡터는 다음과 같이 '크기(magnitude)와 방향(direction)을 가진 물리량'입니다. 수치와 연관되지 않고 공간상 '임의의 점(시작점)에서 임의의 점(끝점)을 연결한 화살표'이기 때문에 벡터는 수치적인 개념보다 기하학적 혹은 시각적으로 이해해야 합니다.

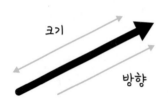

그림 10-7

벡터의 개념

> **예시**
>
> 비행체가 $3km$ 속도로 동북쪽 방향으로 운행 중입니다.
>
> 크기: $3km$ 속도
>
> 방향: 동북쪽

대수적 정의

벡터는 수 또는 함수의 나열입니다. 즉, 실수 또는 함수를 원소(성분)로 갖는 순서쌍 혹은 배열이며, 파이썬에서는 다음과 같이 사용합니다.

In [1]:
```
# NumPy 라이브러리를 호출합니다
import numpy as np

# 크기가 (3, )인 1차원 배열 표현
x = np.array([1, 2, 3])
print(x)
```

[1 2 3]

```
In [2]:
# 크기가 (1, 3)인 2차원 배열 표현(행 벡터)
u = np.array([[1, 2, 3]])
print(u)

[[1 2 3]]
```

```
In [3]:
# 크기가 (3, 1)인 2차원 배열 표현(열 벡터)
v = np.array([[1], [2], [3]])
print(v)

[[1]
 [2]
 [3]]
```

잠깐만요

NumPy란

NumPy는 C 언어로 구현된 파이썬 라이브러리로, 고성능의 수치를 계산하려고 제작했습니다. Numerical Python을 줄인 말로, NumPy는 벡터 및 행렬 연산을 할 때 편리한 기능을 많이 제공합니다. 셋째마당에서 다루는 파이썬 예제 역시 대부분 NumPy를 사용합니다.

벡터의 특징

벡터에는 크게 네 가지 특징이 있습니다.

(1) 방향성을 갖습니다.

다음과 같이 벡터는 시작점(A)에서 끝점(B)으로, 즉 A에서 B로 방향성이 있습니다. 이때 선분 길이(r)를 벡터 크기라고 합니다. 즉, 벡터는 스칼라 값에 방향이라는 성분이 하나 더 추가된 것입니다.

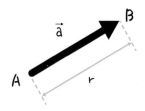

그림 10-8

벡터의 방향성 표현

(2) 크기와 방향이 중요하지 (좌표상의) 어디에 표현하는지는 중요하지 않습니다.

다음과 같이 크기와 방향이 같다면 동일한 벡터입니다. 따라서 $\vec{a}$로 표현된 모든 벡터가 동일하며, $\vec{b}$로 표현된 모든 벡터가 동일합니다.

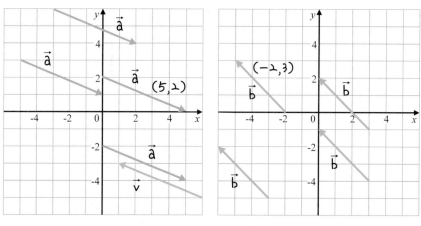

그림 10-9

벡터의 특성

$\vec{a}$는 크기와 방향이 동일한 같은 벡터 $\vec{b}$는 크기와 방향이 동일한 같은 벡터

(3) 같은 벡터라고 해서 좌표상의 위치까지 동일하지는 않습니다.

$\vec{a}$로 표현된 모든 벡터는 좌표상의 위치는 다르지만, 크기와 방향이 같기 때문에 모두 동일한 벡터입니다.

(4) 크기가 같더라도 방향이 다르면 다른 벡터입니다.

그림 10-9에서 벡터 $\vec{a}$와 벡터 $\vec{v}$의 크기는 같지만 방향이 다르기 때문에 동일한 벡터가 아닙니다.

벡터의 표현

기하학적 표기

벡터는 시작점과 끝점을 연결하는 유향(방향이 있는) 선분으로, 벡터변수에 화살 표를 추가하여 표기하거나 한 문자로 표기합니다.

$$\overrightarrow{AB} \text{ 혹은 } \vec{v}$$

대수적 표기

벡터는 다음과 같이 소문자 볼드체로 표시합니다.

$$\boldsymbol{x} = (x_1, x_2, \cdots, x_n) = \begin{bmatrix} x_1 \\ x_2 \\ \vdots \\ x_n \end{bmatrix} = \begin{bmatrix} x_1 & x_2 & \cdots & x_n \end{bmatrix}^T \qquad \text{수식 10.1}$$

(*T*는 Transpose의 머리글자로 전치행렬을 의미합니다.
전치행렬은 열과 행을 바꾸어서 표현합니다.)

수식 10.1은 같은 벡터를 표현하는 것입니다. 예를 들어 x_1과 x_2에 각각 3과 2를 대입하면 다음과 같습니다.

(1) $\boldsymbol{x} = \begin{bmatrix} 3 & 2 \end{bmatrix}$

(2) $\boldsymbol{x}^T = \begin{bmatrix} 3 \\ 2 \end{bmatrix}$

그림으로 표현하면 그림 10-10과 같습니다. 여기에서 3과 2는 벡터의 성분 (component)이라고 하며, $\vec{v}$는 벡터라고 합니다. 특히 앞의 식 (1) 벡터 표현은 행렬의 행(row)으로 표현하므로 행 벡터(row vector)라고 하며, (2) 벡터 표현은 행렬의 열(column)로 표현하므로 열 벡터(column vector)라고 합니다.

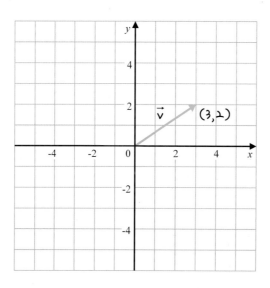

그림 10-10

좌표에서의 표현

또 앞의 식 (1)과 (2)는 2차원에서 정의한 벡터를 표현한 것이며, 3차원 이상에서 표현도 가능합니다.

지금까지 일반적 벡터를 알아보았습니다. 그렇다면 벡터로 무엇을 표현할 수 있을까요? 다양한 데이터를 벡터로 표현할 수 있습니다. 다음 예시들은 아직 배우지 않은 내용도 있으므로 간단히 읽고 넘기세요.

(1) 이진 문자열(binary string)을 벡터로 표현할 수 있습니다. 즉, n-비트 이진 문자열 (110110)을 n-벡터 (1,1,0,1,1,0)으로 표현할 수 있습니다.

(2) 속성(attribute)들에 대해 벡터로 표현할 수 있습니다.

> 예 `gildong = {'age':28, 'height':182, 'income':5500}`

(3) 확률분포를 벡터로 표현할 수 있습니다.

In [4]:
```
{1: 1/3, 2: 2/3, 3: 0/3}
```

Out [4]:
```
{1: 0.3333333333333333, 2: 0.6666666666666666, 3: 0.0}
```

(4) 이미지를 벡터로 표현할 수 있습니다.

1024×768 크기의 흑백 이미지 집합이 있을 때 $\{(i, j) \mid 0 \leq i < 1024, 0 \leq j < 768\}$을 실수 R로의 함수/벡터로 볼 수 있습니다.

(5) 벡터를 이용하여 2차원뿐만 아니라 3차원 이상의 다차원 공간도 나타낼 수 있습니다.

3 특수한 벡터

단위 벡터

'같은 벡터라도 좌표가 다를 수 있다'는 기하학적으로 같은 벡터라도 대수학적으로는 의미가 다를 수 있다는 것입니다. 그림 10-11은 크기와 방향은 같지만 좌표가 다른 벡터 두 개입니다. 즉, 기하학적으로는 같은 벡터이지만 대수학적으로 벡터 $\vec{a}$와 벡터 $\vec{b}$는 의미가 다릅니다.

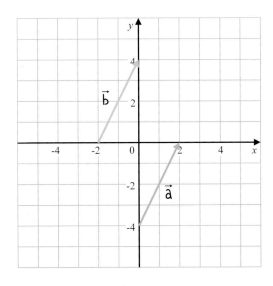

그림 10-11
단위 벡터

따라서 기하학적 의미를 대수학적 의미로 해석하려고 '단위 벡터'를 사용합니다. 단위 벡터는 **길이가 1인 벡터**를 의미하며, 길이가 1이기 때문에 방향 성분만 나타냅니다(크기 성분에는 전혀 영향을 끼치지 않습니다).

즉, 단위 벡터는 크기가 1이 되도록 늘리거나 줄인 벡터를 의미합니다.

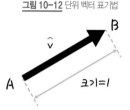
$\vec{v}$ = $[x\,y]$가 있을 때, 단위 벡터를 구해 봅시다. 단위 벡터를 구하는 공식은 다음과 같습니다.

$$\frac{\text{벡터}\ \vec{v}}{\text{벡터}\ \vec{v}\text{의 크기}} = \frac{\vec{v}}{|\vec{v}|} = \frac{\vec{v}}{||\vec{v}||}$$

따라서 단위 벡터 공식에 벡터의 크기를 구하는 공식을 대입하면 다음과 같습니다.

$$\text{단위 벡터}\ u = \left[\begin{array}{cc} \dfrac{x}{\sqrt{x^2 + y^2}} & \dfrac{y}{\sqrt{x^2 + y^2}} \end{array}\right]$$

수식 10.3

(단위 벡터는 일반적으로 u로 표현합니다.)

이러한 단위 벡터는 벡터를 곱할 때 유용합니다. 나중에 배우겠지만, 벡터곱은
벡터의 크기를 계산하는 것과 관련이 있습니다. 먼저 단위 벡터를 사용하면 곱
셈이 단순해집니다. 또 컴퓨터 그래픽 응용 프로그램에서는 표면의 방향, 빛 또
는 가상 카메라의 방향을 지정할 때 벡터를 사용하는데, 이때 벡터의 길이가 1이
라면 벡터를 연산하는 데 걸리는 시간이 짧아집니다. 이처럼 벡터를 단위 형태로
변환하는 것을 정규화(normalizing)라고 하며, 벡터의 요소들을 크기로 나누어

계산합니다.

예를 들어 $\vec{v}$ = [2 3 1]일 때, 단위 벡터를 구하면 다음과 같습니다.

단위 벡터를 구하는 공식은 $\dfrac{\text{벡터 } \vec{v}}{\text{벡터 } \vec{v}\text{의 크기}} = \dfrac{\vec{v}}{|\vec{v}|} = \dfrac{\vec{v}}{||\vec{v}||}$ 라고 했으므로, 벡터의

크기를 먼저 구하면 $||\vec{v}|| = \sqrt{2^2 + 3^2 + 1^2} = \sqrt{14}$ 입니다.

따라서 $u = \left[\dfrac{x}{\sqrt{x^2 + y^2}} \quad \dfrac{y}{\sqrt{x^2 + y^2}} \right]$ 공식을 적용하면, $u = \left[\dfrac{2}{\sqrt{14}} \quad \dfrac{3}{\sqrt{14}} \quad \dfrac{1}{\sqrt{14}} \right]$ 결과를

도출할 수 있습니다.

파이썬으로도 단위 벡터를 구할 수 있습니다. 하지만 파이썬에는 단위 벡터를 구할 수 있게 기본으로 제공되는 함수가 없기 때문에 벡터를 길이로 나누는 연산이 필요합니다.

linalg를 사용하기 위해 다음 명령어로 SciPy를 설치해 주세요.

```
> conda install scipy    또는   pip install scipy
```

```
In [5]:
# 파이썬 NumPy 라이브러리를 호출한 후
# array() 함수로 2, 3, 1을 배열로 만들어 s 변수에 저장합니다
import numpy as np
from scipy import linalg
s = np.array([2, 3, 1])


# 단위 벡터를 위해 두 가지 방법을 사용할 수 있습니다
# NumPy의 서브패키지인 linalg에서 제공하는 함수 norm()을 사용하여
# 벡터의 크기를 계산한 후 기존 벡터로 나누어 줍니다
v_hat01 = s / linalg.norm(s)
print(v_hat01)
```

```
[0.53452248 0.80178373 0.26726124]
```

(1) $\vec{v} = (1, -3)$의 단위 벡터는?

(2) $\vec{v} = (-6, -8)$의 단위 벡터는?

(3) $\vec{v} = (-5, -4)$의 단위 벡터는?

문제 풀이

(1) $\dfrac{\vec{v}}{\|\vec{v}\|} = \dfrac{(1, -3)}{\sqrt{(1)^2 + (-3)^2}}$

$\qquad = \dfrac{1}{\sqrt{10}} \cdot (1, -3)$

$\qquad = (\dfrac{1}{\sqrt{10}}, -\dfrac{3}{\sqrt{10}})$

In [6]:

```
import numpy as np
x = np.array([1, -3])
v_hat = x / linalg.norm(x)
print(v_hat)
```

[0.31622777 -0.9486833]

(2) $\dfrac{\vec{v}}{\|\vec{v}\|} = \dfrac{(-6, -8)}{\sqrt{(-6)^2 + (-8)^2}}$

$\qquad = \dfrac{1}{\sqrt{100}} (-6, -8)$

$\qquad = (-\dfrac{6}{10}, -\dfrac{8}{10})$

$\qquad = (-\dfrac{3}{5}, -\dfrac{4}{5})$

In [7]:

```
import numpy as np
x = np.array([-6, -8])
```

```
v_hat2 = x / (x**2).sum()**0.5
print(v_hat2)
```

[-0.6, -0.8]

$$(3)\ \frac{\vec{v}}{\|\vec{v}\|} = \frac{(-5,-4)}{\sqrt{(-5)^2+(-4)^2}}$$

$$= \frac{1}{\sqrt{41}} \cdot (-5,-4)$$

$$= (-\frac{5}{\sqrt{41}}, -\frac{4}{\sqrt{41}})$$

In [8]:
```
import numpy as np
x = np.array([-5, -4])
v_hat = x / linalg.norm(x)
print(v_hat)
```

[-0.78086881 -0.62469505]

위치 벡터

원점이 아닌 곳에 벡터가 있다면 어떻게 표현하면 좋을까요? 이때 사용할 수 있는 것이 위치 벡터입니다. 원점이 시작점에 있지 않은 벡터는 원점이 시작점인 벡터들로 표현할 수 있는데, 이러한 벡터들을 위치 벡터라고 합니다.

위치 벡터 성분 구하기

벡터가 원점이 아닌 곳에 있을 때 성분을 표현하려면 다음 세 단계를 진행해야 합니다.

- 1단계: 원점 벡터를 시작점으로 한 벡터를 표현합니다.
- 2단계: 벡터의 뺄셈 연산을 합니다.
  ※ 뺄셈의 방향은 끝점에서 시작점 방향입니다.
- 3단계: 위치 벡터 성분을 도출합니다.

위치 벡터를 구하는 예시를 들어 보겠습니다. 다음과 같이 원점이 아닌 위치에 벡터 $\vec{a}$와 벡터 $\vec{b}$가 있다고 할 때, 앞의 세 단계를 거쳐 각 위치 벡터 성분을 표현하는 방법을 확인해 봅시다.

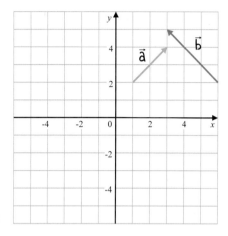

그림 10-13
위치 벡터 성분 구하기

먼저 벡터 $\vec{a}$에 대한 위치 벡터 성분을 구합니다.

- 1단계: 원점$(0, 0)$이 시작점이고 끝점이 $A_1(1, 2)$와 $A_2(3, 4)$인 두 개의 벡터를 그립니다. 이때 A_1과 A_2는 벡터 $\vec{a}$의 시작점과 끝점입니다.

- 2단계: $\overrightarrow{A_1A_2} = \overrightarrow{OA_2} - \overrightarrow{OA_1}$(끝점 방향에서 시작점 방향을 뺍니다.)

- 3단계: $\overrightarrow{A_1A_2} = \overrightarrow{OA_2} - \overrightarrow{OA_1}$을 계산하면 $\vec{a} = (3, 4) - (1, 2) = (2, 2)$가 됩니다. 따라서 위치 벡터는 $(2, 2)$입니다.

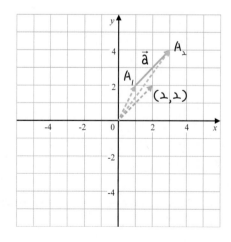

그림 10-14
벡터 $\vec{a}$의 위치
벡터 성분 구하기

즉, 그림 10-14와 같이 벡터 $\vec{a}$의 위치 벡터는 (2, 2) 성분을 갖습니다.

다음으로 벡터 $\vec{b}$의 위치 벡터 성분을 구합니다.

- 1단계: 원점(0, 0)이 시작점이고 끝점이 A_1(6, 2)와 A_2(3, 5)인 두 개의 벡터를 그립니다. 이때 A_1과 A_2는 벡터 $\vec{b}$의 시작점과 끝점입니다.
- 2단계: $\overrightarrow{A_1A_2} = \overrightarrow{OA_2} - \overrightarrow{OA_1}$(끝점 방향에서 시작점 방향을 뺍니다.)
- 3단계: $\overrightarrow{A_1A_2} = \overrightarrow{OA_2} - \overrightarrow{OA_1}$을 계산하면 $\vec{b} = (3, 5) - (6, 2) = (-3, 3)$이 됩니다. 따라서 위치 벡터는 (−3, 3)입니다.

y
x
A₂
b
(−3,3)
A₁
4
2
-4
-2
0
2
4
-2
-4

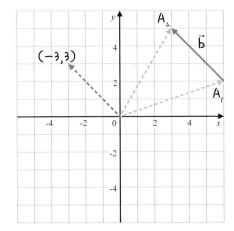

그림 10-15

벡터 $\vec{b}$의 위치 벡터 성분 구하기

즉, 그림 10-15와 같이 벡터 $\vec{b}$의 위치 벡터는 (−3, 3) 성분을 갖습니다.

영 벡터

영 벡터는 모든 성분이 0으로 구성된 벡터입니다. 크기(길이)가 0이면서 시작점과 끝점이 같은 벡터를 영 벡터라고 합니다. 즉, 벡터의 모든 성분이 0인 것을 영 벡터라고 하며, 다음과 같이 영 벡터와 벡터는 차이가 있습니다.

벡터(vector)
영 벡터(zero vector)

그림 10-16

벡터와 영 벡터

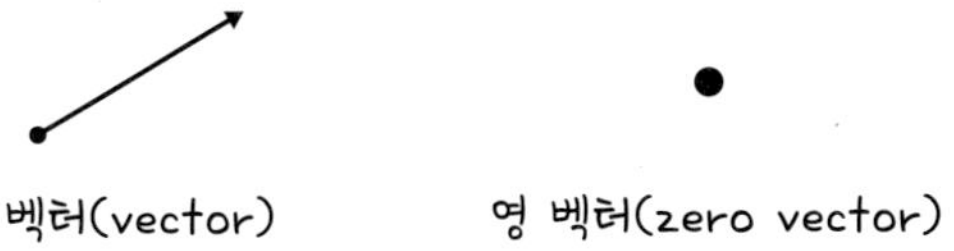

영 벡터의 표현

영 벡터는 다음과 같이 표현할 수 있습니다.

$$\vec{0} \text{ 혹은 } \begin{bmatrix} 0 \\ 0 \end{bmatrix}, \begin{bmatrix} 0 & 0 \end{bmatrix}$$

영 벡터 [0 0]이 필요 없다고 생각할 수도 있으나 공간을 이루려면 영 벡터도 반드시 필요합니다. 벡터 공간 내에 존재하는 모든 벡터는 선형 결합(linear combination)으로 만들 수 있어야 하기 때문입니다. 예를 들어 2차원 공간에서 영 벡터를 제외한다고 가정했을 때, 다음 수식은 성립할 수 없습니다.

선형 결합
벡터들을 스칼라와 곱하거나 벡터 간 덧셈을 조합하여 새로운 벡터를 얻는 연산입니다

$$\begin{bmatrix} 0 \\ 0 \end{bmatrix} = 1 \begin{bmatrix} 3 \\ 2 \end{bmatrix} + 1 \begin{bmatrix} -3 \\ -2 \end{bmatrix}$$

따라서 모든 차원의 벡터 공간은 반드시 영 벡터를 포함해야 합니다.

영 벡터의 특징

크기는 0이지만 방향은 모든 방향입니다. 방향이 모든 방향이기 때문에 다음 특징이 있습니다.

- 어떤 벡터와도 평행입니다.
- 어떤 벡터와도 같은 직선 위에 있습니다.
- 어떤 벡터와도 수직입니다.
- 덧셈과 뺄셈의 항등원입니다.

파이썬에서는 NumPy의 zeros( ) 함수를 사용하여 영 벡터를 구현합니다.

In [9]:
```python
# NumPy 라이브러리를 호출합니다
import numpy as np


# zeros() 함수를 사용하여 0으로 채워지는 배열을 만들 수 있는데,
# np.zeros(5)는 0으로 5행을 채운다는 의미입니다
```

```
np.zeros(5)
```

Out [9]:
```
array([ 0.,  0.,  0.,  0.,  0.])
```

In [10]:
```
# array에 대해 몇 행, 몇 열 행렬로 구성되었는지
# 확인하고자 shape을 사용합니다
np.zeros(5).shape
```

Out [10]:
```
(5,)
```

In [11]:
```
# s 변수에 (2, 2) 배열을 저장한 후 영 벡터로 표현합니다
s = (2, 2)
np.zeros(s)
```

Out [11]:
```
array([[0., 0.],
       [0., 0.]])
```

항등원

항등원(identity)에서 '항등'이란 '항상 같다'는 의미고, '원'은 원소를 의미합니다. 즉, 임의의 수 A에 어떤 수를 연산한 후에도 처음의 수 A가 나오게 하는 수를 항등원이라고 합니다. 예를 들어 A + 0 = A라는 식이 있을 때 원소 A에 대해 실수를 더했음에도 항상 A 결과가 나온다면 0은 덧셈에 대해 항등원입니다. 또 A × 1 = A가 되므로 곱셈에서 항등원도 1입니다.

4 인공지능에서는 왜 벡터를 사용하는가?

인공지능에서 벡터 의미

인공지능에서 벡터는 **숫자의 집합 및 배열**이라고 이해하면 쉽습니다. 인공지능에서는 특성 벡터(feature vector)라는 명칭을 사용합니다.

앞서 예로 든 HR 테이블에서 행 다섯 개만 가져올게요.

이직 유무	평균 급여	업무 시간	직군	연봉
0	96	3	support	low
1	97	3	sales	low
1	98	4	marketing	medium
1	99	2	IT	low
0	112	6	accounting	high

표 10-4
HR 테이블

표 10-4에서 직군과 연봉을 숫자로 변환해야 합니다. 이해하기 쉽도록 직군 특성에서 'support'를 '1'로, 'sales'를 '2'로, 'marketing'을 '3'으로, 'IT'를 '4'로, 'accounting'을 '5'로 표현할 수 있습니다. 연봉의 'low'를 '1'로, 'medium'을 '2'로, 'high'를 '3'으로 표현하면 표 10-5와 같습니다.

이직 유무	평균 급여	업무 시간	직군	연봉
0	96	3	1	1
1	97	3	2	1
1	98	4	3	2
1	99	2	4	1
0	112	6	5	3

표 10-5
데이터의 숫자 표현 결과

따라서 첫 번째 행은 벡터 [0, 96, 3, 1, 1]처럼 표현할 수 있습니다(물론 다른 특성과 평균 급여의 데이터 범위가 다르기 때문에 전처리는 필요합니다).

인공지능에서 왜 벡터를 사용하는가?

(1) 인공신경망에서 입력 데이터는 숫자 데이터만 가능

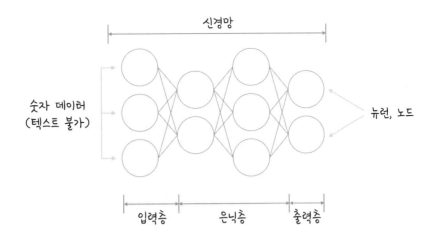

그림 10-17
인공신경망

그림 10-17과 같이 딥러닝의 인공신경망은 입력층, 은닉층, 출력층 등 계층 (layer) 세 개로 구성됩니다(단층 혹은 그 이상의 계층도 가능합니다). 빅데이터를 분석하고자 입력 노드로 입력되는 데이터는 숫자 데이터만 가능하며, 텍스트 데이터는 입력이 불가능합니다. 따라서 텍스트 데이터는 숫자 데이터로 변환해서 사용해야 합니다. 단 텍스트 데이터는 불규칙적인 숫자의 나열이 아닌 단어 (word) 고유 의미에 따른 연관성을 부여하여 벡터로 변환해야 합니다.

(2) 유사 데이터를 분류하는 데 사용

단어 의미가 유사한 것으로 클러스터링(clustering)되도록 합니다.

클러스터링

데이터들의 특성을 파악하여 특성이 유사한 데이터끼리 집단(군집)을 정의하는 것입니다

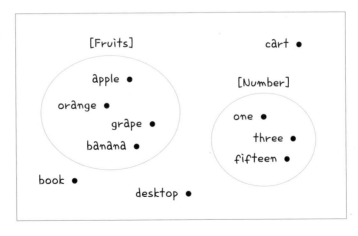

그림 10-18

단어 의미에 따른 클러스터링

그림 10-18과 같이 데이터가 총 열 개로 구성되어 있을 때, 단어 의미가 유사한 단어끼리 분류하여 벡터화(vecterized)할 수 있습니다. {apple, orange, grape, banana}는 과일(Fruits)로 클러스터링이 가능하므로 숫자 '1'로 설정하여 벡터화하고, {one, three, fifteen}은 숫자(Number)로 클러스터링이 가능하므로 숫자 '2'로 설정하여 벡터화합니다. 즉, 무작위 숫자를 부여하는 것이 아니라 의미를 고려하여 숫자를 적용하고 이를 벡터로 변환합니다.

인공지능을 하려면 데이터에 어떤 특징이 있는지 찾아 벡터로 만들어야 합니다. 즉, 데이터를 벡터로 만드는 것이 인공지능의 시작이라고 할 수 있습니다.

UNIT 19

선형 결합과 선형 독립

BASIC MATHEMATICS FOR ARTIFICIAL INTELLIGENCE

1 선형 결합과 생성

선형 결합(linear combination)은 벡터의 스칼라 곱과 덧셈을 조합하여 새로운 벡터를 얻는 연산입니다. 기하학적인 관점에서 생각한다면 스칼라-벡터 곱은 벡터의 길이를 줄이거나 키우는 것으로, 두 벡터의 덧셈은 두 벡터가 이루는 평행사변형의 대각선과 일치합니다.

즉, 두 벡터 $\vec{a} = \begin{bmatrix} a_1 \\ a_2 \end{bmatrix}$, $\vec{b} = \begin{bmatrix} b_1 \\ b_2 \end{bmatrix}$가 있을 때 다음과 같이 임의의 실수($C_1$, C_2)를 곱해서 새로운 벡터를 도출하는 연산이 선형 결합입니다.

$$C_1\vec{a} + C_2\vec{b} = \begin{bmatrix} C_1a_1 & C_2b_1 \\ C_1a_2 & C_2b_2 \end{bmatrix}$$

수식 10.4

$\vec{a}$, $\vec{b}$의 선형 결합 (C_1, C_2는 상수)

예를 들어 $\vec{a} = \begin{bmatrix} 2 \\ 4 \end{bmatrix}$, $\vec{b} = \begin{bmatrix} 1 \\ 6 \end{bmatrix}$일 때, $4\vec{a} + (-3)\vec{b}$를 구하면 다음과 같습니다.

$$4\vec{a} + (-3)\vec{b} = 4\begin{bmatrix} 2 \\ 4 \end{bmatrix} + (-3)\begin{bmatrix} 1 \\ 6 \end{bmatrix} = \begin{bmatrix} 8 \\ 16 \end{bmatrix} + \begin{bmatrix} -3 \\ -18 \end{bmatrix} = \begin{bmatrix} 5 \\ -2 \end{bmatrix}$$

즉, 벡터 $\vec{a}$, $\vec{b}$ 두 개에 상수 배를 해서 새로운 벡터를 생성할 수 있습니다.

이를 좌표로 확인해 보겠습니다. 그림 10-19에서 좌표에 $\vec{a} = (2, 4)$, $\vec{b} = (1, 6)$을 표현하면 실선과 같고, $4\vec{a} = (8, 16)$, $-3\vec{b} = (-3, -18)$을 표현하면 점선과 같습니다.

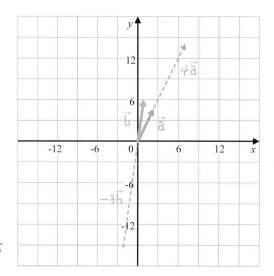

그림 10-19

선형 결합 $4\vec{a}$, $-3\vec{b}$
좌표

다음과 같이 $-3\vec{b}$를 본래의 위치 $(-3,\ -18)$에서 좌표상 다른 위치로 이동하면
$4\vec{a}+(-3)\vec{b}$에 대한 새로운 벡터 $(5,\ -2)$를 얻을 수 있습니다. 벡터는 크기와 방
향이 중요하기 때문에 좌표상 어디든 위치할 수 있습니다. 따라서 $\vec{a}$와 $\vec{b}$에 어떤
상수 배를 하든지 R^2 전체에 표현할 수 있습니다. 즉, 다음 공식이 성립합니다.

$$span(\vec{a},\ \vec{b}) = R^2$$

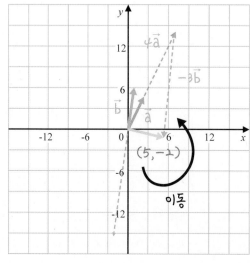

그림 10-20

$-3\vec{b}$의 위치 이동 좌표

파이썬에는 선형 결합을 할 수 있는 함수가 없기 때문에 다음과 같이 일반 연산 으로 원하는 결과를 얻어야 합니다.

In [12]:
```python
# 파이썬 NumPy 라이브러리를 호출합니다
import numpy as np

# a, b 변수에 리스트 형태의 데이터(배열)를 저장합니다
a = np.array([2, 4])
b = np.array([1, 6])
c = (4*a)+((-3)*b)
print(c)
```

[5 -2]

2 선형 독립과 선형 종속

선형 독립

선형 독립(linearly independent)을 풀어서 정의하면 이해하기 어렵고 복잡합니 다. 따라서 수식으로 선형 독립을 정의하고자 합니다. 예를 들어 $A = \{a_1, a_2, a_3,$ $\cdots a_n\}$에 대해 $c_1 a_1, + c_2 a_2, + c_3 a_3, + \cdots + c_n a_n = 0$을 만족하는 c가 모두 0일 때를 **선형 독립**이라고 합니다.

즉, 수식 10.5가 있을 때, 이 수식을 만족하는 상수 값이 $c_1 = c_2 = c_3 = \cdots = c_n = 0$ 이라면 $a_1, a_2, a_3, \cdots a_n$을 선형 독립이라고 합니다.

$$c_1 a_1, + c_2 a_2, + c_3 a_3, + ... + c_n a_n = 0$$

수식 10.5

잠깐만요

인공지능에서 선형 독립과 선형 종속은 어떻게 사용하나요?

인공지능에서 데이터셋 특성이 많아지면 오버피팅(overfitting)이 발생합니다. 이러한 현상을 차원의 저주라고 하는데, 이를 해결하는 방법 중 하나로 PCA(Principal Component Analysis)가 있습니다.

PCA는 특성 추출(feature extraction) 방법을 이용하는데, 특성 추출은 원본 특성의 조합으로 새로운 특성을 생성하는 것입니다. 즉, 데이터에서 주축을 찾고 모든 데이터를 해당 축에 투영시켜서(원본 특성들의 선형 결합으로) 새로운 특성을 만듭니다. 이때 데이터의 특성 간 관계가 선형 종속 관계일 때 특성 추출이 잘 작동합니다.

예를 들어 다음 벡터가 선형 독립인지 확인해 보겠습니다.

벡터 $\vec{v} = \begin{bmatrix} 1 \\ 3 \end{bmatrix}$과 $\vec{w} = \begin{bmatrix} 2 \\ -4 \end{bmatrix}$가 있을 때, 각 벡터에 C_1과 C_2 스칼라를 곱해 보세요.

$$C_1\vec{v} + C_2\vec{w} = C_1\begin{bmatrix} 1 \\ 3 \end{bmatrix} + C_2\begin{bmatrix} 2 \\ -4 \end{bmatrix}$$
$$= \begin{bmatrix} C_1 + 2C_2 \\ 3C_1 - 4C_2 \end{bmatrix}$$

앞의 식은 선형 독립의 정의에 따라 다음과 같이 됩니다.

$$\begin{bmatrix} C_1 + 2C_2 \\ 3C_1 - 4C_2 \end{bmatrix} = \begin{bmatrix} 0 \\ 0 \end{bmatrix}$$

따라서 다음 식이 성립됩니다.

$$C_1 + 2C_2 = 0$$
$$3C_1 - 4C_2 = 0$$

두 선형방정식을 풀면 다음과 같습니다.

$$\boxed{C_1 + 2C_2 = 0} \leftarrow \times 3 \text{ 취함}$$

$$-\left.\right)\, 3C_1 - 4C_2 = 0$$

$$3C_1 + 6C_2 = 0$$

$$-\left.\right)\, 3C_1 - 4C_2 = 0$$

$$10C_2 = 0$$

따라서 $C_2 = 0$이 성립하며, 이를 선형방정식에 대입하면 $C_1 = 0$입니다.

즉, $C_1 = C_2 = 0$으로 두 벡터는 선형 독립입니다.

또 다른 예시로, R^3의 세 벡터가 선형 독립임을 확인해 봅시다.

세 벡터가 각각 $\begin{bmatrix} 1 \\ 0 \\ 0 \end{bmatrix}, \begin{bmatrix} 0 \\ 1 \\ 0 \end{bmatrix}, \begin{bmatrix} 0 \\ 0 \\ 1 \end{bmatrix}$ 일 때, 임의의 상수 C_1, C_2, C_3을 곱한 후 더해 봅시다.

$$C_1 \begin{bmatrix} 1 \\ 0 \\ 0 \end{bmatrix} + C_2 \begin{bmatrix} 0 \\ 1 \\ 0 \end{bmatrix} + C_3 \begin{bmatrix} 0 \\ 0 \\ 1 \end{bmatrix}$$

선형 독립의 정의에 따라 $C_1 a_1, + C_2 a_2, + C_3 a_3, + \cdots + C_n a_n = 0$이 되어야 하므로 곱셈 결과는 0이 됩니다.

$C_1 \times 1 + C_2 \times 0 + C_3 \times 0 = 0$이므로, $C_1 = 0$이 됩니다.

$C_1 \times 0 + C_2 \times 1 + C_3 \times 0 = 0$이므로, $C_2 = 0$이 됩니다.

$C_1 \times 0 + C_2 \times 0 + C_3 \times 1 = 0$이므로, $C_3 = 0$이 됩니다.

따라서 벡터 세 개는 선형 독립입니다.

선형 종속

선형 종속(linearly dependent) 역시 수식을 사용하여 정의할 수 있습니다. 예를 들어 $A = \{a_1, a_2, a_3, \cdots a_n\}$에 대해 $c_1 a_1, + c_2 a_2, + c_3 a_3, + \cdots + c_n a_n = 0$을 만족하

는 0이 아닌 c_1, c_2, c_3, $\cdots$ c_n이 존재할 때 a_1, a_2, a_3, $\cdots$ a_n을 **선형 종속**이라고 합니다. 이때 선형 종속이 되는 필요충분조건은 $S = \{v_1,\ v_2,\ v_3,\ \cdots\ v_n\}$에 속하는 적어도 벡터 하나가 S에 속하는 다른 벡터의 선형 결합으로 표현할 수 있어야 합니다. 즉, 두 벡터가 선형 종속이라면 두 벡터를 이용해서 표현할 수 있는 벡터는 둘 중 하나의 벡터 연장일 뿐입니다.

예를 들어 벡터 $\left\{ \begin{bmatrix} 3 \\ 6 \end{bmatrix} \begin{bmatrix} 6 \\ 12 \end{bmatrix} \right\}$ 두 개가 선형 종속인지, 선형 독립인지 알아봅시다.

주어진 벡터 (3, 6), (6, 12) 두 개는 동일선상에서 표현됩니다(동일선상 표현을 co-linear라고 합니다). 벡터 (3, 6), (6, 12)에 −1을 곱하면 그림 10-21의 점선이 됩니다. 즉, 벡터 두 개에 어떤 실수(스칼라)를 곱하더라도 벡터의 생성(span)은 그림 10-21의 직선을 벗어나지 않습니다. 선형 종속의 정의에 따라 두 벡터가 선형 종속이라면 두 벡터를 이용해서 표현할 수 있는 벡터는 둘 중 한 벡터의 연장일 뿐입니다.

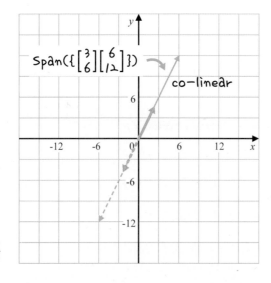

그림 10-21

두 벡터 $\left\{ \begin{bmatrix} 3 \\ 6 \end{bmatrix} \begin{bmatrix} 6 \\ 12 \end{bmatrix} \right\}$

그림 10-21 역시 벡터 두 개가 선형 결합을 해서 하나로 줄어듭니다. 따라서 주어진 벡터는 선형 종속입니다.

또 다른 예로 세 벡터 $\left\{ \begin{bmatrix} 3 \\ 4 \end{bmatrix} \begin{bmatrix} 5 \\ 3 \end{bmatrix} \begin{bmatrix} 8 \\ 7 \end{bmatrix} \right\}$ 이 선형 종속인지, 선형 독립인지 알아봅시다.

그림 10-22와 같이 주어진 벡터 세 개 중 두 벡터 (3, 4), (5, 3)의 합은 (8, 7)이 됩니다.

$$(3, 4) + (5, 3) = (8, 7)$$

앞서 선형 종속이 되는 필요충분조건은 $S = \{v_1, v_2, v_3, \cdots, v_n\}$에 속하는 한 벡터가 S에 속하는 다른 벡터의 선형 결합으로 표현할 수 있어야 한다고 했습니다. 즉, 벡터 (8, 7)은 벡터 (3, 4)와 (5, 3)의 생성으로 도출 가능하기 때문에 세 벡터는 선형 종속입니다.

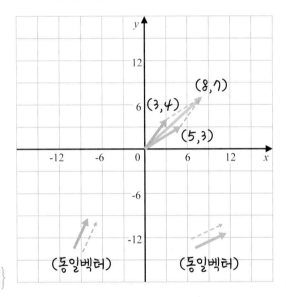

그림 10-22

세 벡터 $\left\{ \begin{bmatrix} 3 \\ 4 \end{bmatrix} \begin{bmatrix} 5 \\ 3 \end{bmatrix} \begin{bmatrix} 8 \\ 7 \end{bmatrix} \right\}$

연습 문제

(1) $\left\{ \begin{bmatrix} 4 \\ 2 \end{bmatrix} \begin{bmatrix} 8 \\ 4 \end{bmatrix} \right\}$는 선형 독립인가요? 선형 종속인가요?

(2) $\left\{ \begin{bmatrix} 5 \\ 7 \end{bmatrix} \begin{bmatrix} 3 \\ 2 \end{bmatrix} \begin{bmatrix} 2 \\ 5 \end{bmatrix} \right\}$는 선형 독립인가요? 선형 종속인가요?

(3) $\left\{ \begin{bmatrix} 3 \\ 0 \end{bmatrix} \begin{bmatrix} 0 \\ -2 \end{bmatrix} \right\}$는 선형 독립인가요? 선형 종속인가요?

문제 풀이

(1) 주어진 두 벡터 (4, 2), (8, 4)는 그림 10-23과 같이 동일 직선상에서 표현됩니

다. 즉, 벡터의 생성은 직선 하나뿐이므로 주어진 벡터는 선형 종속입니다.

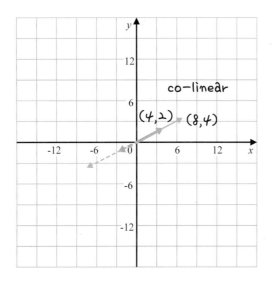

<u>그림 10-23</u>

연습 문제 (1) 좌표

(2) 그림 10-24와 벡터 (2, 5)는 나머지 두 벡터 (5, 7)과 (3, 2)의 뺄셈으로 구할 수 있습니다.

$$(5, 7) - (3, 2) = (2, 5)$$

즉, 벡터 (2, 5)는 벡터 (5, 7)과 (3, 2)의 생성으로 도출 가능하기 때문에 세 벡터는 선형 종속입니다.

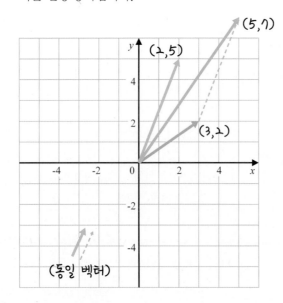

<u>그림 10-24</u>

연습 문제 (2) 좌표

(3) 주어진 두 벡터를 좌표로 표현하면 그림 10-25와 같습니다. 즉, 두 벡터가 동일선상에 있지 않고 결합으로 벡터가 생성되지 않습니다. 따라서 두 벡터는 선형 독립입니다.

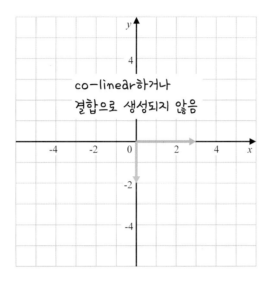

그림 10-25
연습 문제 (3) 좌표

3 벡터 공간과 부분 공간의 기저

벡터 공간과 부분 공간

선형대수를 공부하려면 기본이 되는 벡터 공간(vector space)과 벡터 부분 공간 (vector subspace)을 이해해야 합니다. 인공지능을 공부하다 보면 SVM(Support Vector Machine) 모델을 종종 접합니다. SVM은 최대 마진 초평면(Maximum Margin Hyperplane, MMH)이라고 해서 두 범주를 최대로 나누어 주는 평면 (hyperplane)을 찾게 되는데, 이때 선형대수 개념을 알지 못하면 알고리즘을 깊이 있게 알기 어렵기에 공간 개념을 이해해야 합니다.

벡터 공간

공간 표현은 평면과 공간으로 구분할 수 있습니다. 표 10-6은 좌표 평면과 좌표 공간의 차이를 보여 줍니다.

좌표 평면	좌표 공간
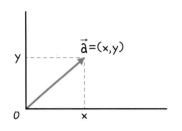	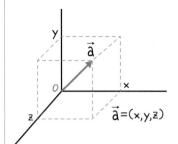
• 2차원 실수 공간(즉, 좌표 평면)을 의미합니다. • 실수 두 개로 되어 있으며, R^2상의 벡터는 (x, y)로 표현합니다.	• 3차원 실수 공간(즉, 좌표 공간)을 의미합니다. • 실수 세 개로 되어 있으며, R^3상의 벡터는 (x, y, z)로 표현합니다.

표 10-6

좌표 평면과 좌표 공간의 비교

좌표 평면은 가로 수직선인 x축과 세로 수직선인 y축을 합쳐 좌표축이라고 하며, 좌표축이 그려진 평면을 좌표 평면이라고 합니다. 좌표 평면에는 수많은 벡터를 표현할 수 있습니다.

벡터가 모여 공간을 형성한 것을 좌표 공간 혹은 벡터 공간이라고 합니다. 이때 같은 공간상에 존재하는 벡터 사이에는 선형 결합 연산이 가능해야 합니다.

벡터 공간에는 좀 더 정확하게 집합 개념이 포함되어 있기 때문에 다음과 같이 정의할 수 있습니다.

- 같은 공간에서 선형 결합 연산이 가능한 벡터가 모인 집합
- 벡터 덧셈과 벡터-스칼라 곱의 연산에 닫혀 있는 벡터의 집합
  즉, 두 원소를 더하거나 주어진 원소를 임의의 실수 배만큼 자유롭게 늘리거나 줄이는 것이 가능한 공간

잠깐만요

벡터 공간을 만족하는 여덟 가지 추가 공리

(1) 덧셈 관련 공리

벡터 공간 V는 덧셈에 대해 닫혀 있음/닫힘성(closed under addition), 즉 a 및 b가 벡터 공간 V에 존재하면 a+b도 V에 존재해야 합니다.

- 가환성(commutativity): a+b=b+a
- 결합성(associativity): (a+b)+c=a+(b+c)
- 영 벡터가 존재: a+0=a
- 덧셈 역원이 존재: a+(−a)=0

(2) 스칼라 관련 공리

벡터 공간 V는 스칼라 곱셈에 대해 닫혀 있음/닫힘성(closed under scalar multiplication), 즉 a가 V에 존재하고 α가 스칼라이면, αa도 V에 존재해야 합니다.

- 스칼라 결합성: α(βa)=(αβ)a
- 단위원: 1 a = a
- 분배성(distributivity): α (a+b)=αa+αb
- 분배성: (α+β) a=αa+βa

벡터 공간의 표현

2차원(성분이 x, y로 두 개) 벡터 공간은 다음과 같이 표현합니다.

$$R^2 = \left\{ \begin{bmatrix} x_1 \\ x_2 \end{bmatrix} \middle| x_1, x_2 \text{ 는 실수} \right\}$$

2차원 벡터 공간은 직관적으로 평면에 대한 표현으로 이해하면 쉽습니다. 성분이 세 개인 벡터 공간은 다음과 같이 표현합니다.

$$R^3 = \left\{ \begin{bmatrix} x_1 \\ x_2 \\ x_3 \end{bmatrix} \middle| x_1, x_2, x_3 \text{ 은 실수} \right\}$$

3차원 벡터 공간은 우리가 사는 공간으로 이해하면 됩니다. R^3의 벡터 $x = (x_1, x_2, x_3)$, $y = (y_1, y_2, y_3)$과 스칼라 $k \in R$에 대해 두 벡터의 합 $x+y$와 k에 의한 x의 스칼라 곱 $k \times x$를 정리하면 다음 수식이 성립합니다.

(1) $x + y = (x_1 + y_1,\ x_2 + y_2,\ x_3 + y_3)$

(2) $k \times x = (kx_1,\ kx_2,\ kx_3)$

즉, 앞의 두 연산과 함께 R^3은 이 연산에 관한 실수 집합 R 위의 벡터 공간을 이룹니다.

마지막으로 n차원 벡터 공간의 표현은 수식 10.6과 같습니다.

$$R^n = \left\{ \begin{bmatrix} x_1 \\ x_2 \\ \vdots \\ x_n \end{bmatrix} \middle| x_i \in R \right\},\ i \text{는 } 1,\ 2,\ \cdots,\ n$$

수식 10.6

4차원 이상을 시각적으로 표현하기는 어려우나 n차원의 벡터는 존재할 수 있으며, 선형 결합 등을 포함한 연산도 가능합니다.

부분 공간

다음과 같이 벡터 공간 R^n이 있을 때, R^n의 부분 공간(V)으로 만든 공간을 전체 공간의 부분 공간이라고 합니다.

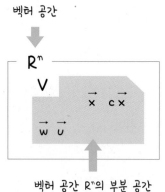

그림 10-26
부분 공간

또 부분 공간은 다음 조건을 만족해야 합니다.

(1) R^n의 부분 공간 V는 영 벡터를 포함해야 합니다.

예를 들어 다음 좌표로 (1)을 만족하는지 확인해 봅시다.

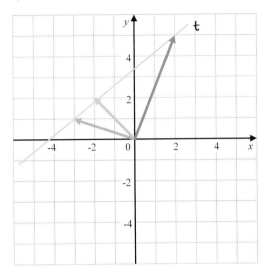

그림 10-27

영 벡터
만족 유무에 대한 좌표

그림 10-27에서 직선 t는 R^2의 부분 공간일까요? 결론부터 말하면, 부분 공간이 아닙니다. R^2의 부분 공간이 되려면 반드시 원점인 영 벡터(0, 0)를 지나야 하기 때문입니다. 부분 공간이 되려면 임의의 실수를 곱하거나 선형 결합 연산의 결과가 부분 공간 내에 존재해야 합니다.

하지만 그림 10-27에서 초록색 벡터 (-2, 2)에 0을 곱했을 때, 그 결과가 직선 t상에 존재하는지 생각하면 이해하기 쉽습니다. 혹은 회색 벡터 (2, 5)에 주황색 벡터 (-3, 1)을 더했을 때 그 결과가 직선 t상에 존재하는지 생각하면 됩니다. 두 가지 경우 모두 t 직선을 벗어난 결과를 얻습니다. 따라서 앞의 직선은 R^2의 부분 공간이 아닙니다.

(2) 벡터 $\vec{w}$가 벡터 공간 v에 포함되어 있다면, $\vec{w}$에 임의의 스칼라를 곱한 값 또한 v에 포함되어야 합니다. 즉, 다음 수식을 만족해야 합니다.

$$\vec{w} \in v \text{고, } c \text{가 스칼라이면 } c\vec{w} \in v \text{입니다.}$$

이때 '스칼라 곱셈에 대해 닫혀 있다'고 표현하기도 합니다.

다음 좌표로 (2)를 만족하는지 확인해 보겠습니다.

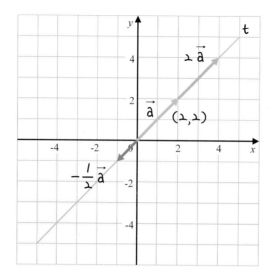

그림 10-28

곱셈에 닫혀 있는지
유무에 대한 좌표

스칼라 곱은 R^2의 부분 공간일까요? 우선 원점인 영 벡터를 지나야 하는 (1)의 조건은 만족합니다. 벡터 $\vec{a}$(2, 2)에 임의의 실수를 곱한 결과 역시 그림 10-28의 직선 t를 벗어나지 않기 때문에 R^2의 부분 공간이라고 할 수 있습니다.

벡터 $\vec{a}$ = (2, 2)라고 가정했을 때, 벡터 $\vec{a}$에 임의의 실수 2를 곱한 결과가 (4, 4)가 되기 때문에 직선 t를 벗어나지 않습니다. 또 벡터 $\vec{a}$에 임의의 실수 $-\dfrac{1}{2}$을 곱한 결과가 (−1, −1)이 되기 때문에 이 역시 직선 t를 벗어나지 않습니다. 따라서 '스칼라(임의의 실수) 곱셈' 결과는 벡터 공간 R^2의 부분 공간이 됩니다.

(3) 벡터 $\vec{w}$와 $\vec{u}$가 v에 포함되어 있다면, $\vec{w} + \vec{u}$도 v에 포함되어야 합니다.

$$\vec{w} \in v \text{이고, } \vec{u} \in v \text{이면 } \vec{w} + \vec{v} \in v \text{입니다.}$$

또 '덧셈에 대해 닫혀 있다'고 표현하기도 합니다.

다음 좌표로 (3)을 만족하는지 확인해 보겠습니다. 벡터 $\vec{a}$ = (−5, 6)과 벡터 $\vec{b}$ = (−10, 2)가 있을 때, $\vec{a} + \vec{b}$ 결과가 R^2의 부분 공간임을 확인하면 됩니다. 그림 10-29의 주황색 벡터 실선과 점선은 크기와 방향이 같으므로 같은 벡터입니다. 동일한 이유로 초록색 벡터 실선과 점선도 같은 벡터입니다.

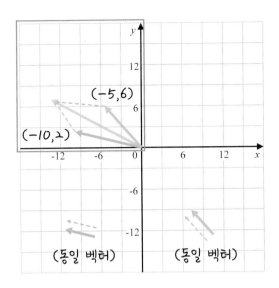

그림 10-29

덧셈 증명

주어진 $\vec{a}$, $\vec{b}$는 그림 10-29에서 2사분면의 파란색 테두리를 벗어나지 않습니다. $\vec{a} + \vec{b}$ 결과인 (−15, 8) 역시 그림 10-29에서 2사분면의 파란색 테두리를 벗어나지 않습니다. 따라서 $\vec{a}$, $\vec{b}$는 덧셈에 대해 닫혀 있으므로 벡터 공간 R^2의 부분 공간이 됩니다.

앞의 부분 공간 조건 중 (3)은 덧셈만 언급하고 있습니다. 아직 벡터 연산은 배우지 않았지만, 벡터 연산은 '덧셈, 뺄셈, 곱셈(내적, 외적)'으로 나눕니다. 이 세 가지 연산 중 덧셈 결과만 부분 공간의 형성 조건을 언급하고 있습니다.

그렇다면 뺄셈과 곱셈은 왜 부분 공간이 될 수 없을까요?

뺄셈의 부분 공간

벡터 $\vec{a}$ = (−5, 6)과 $\vec{b}$ = (−10, 2)가 있을 때, $\vec{a} - \vec{b}$ 결과가 왜 R^2의 부분 공간이 될 수 없는지 확인해 봅시다. 그림 10-30의 주황색 벡터 실선과 점선 역시 크기와 방향이 같으므로 동일 벡터입니다.

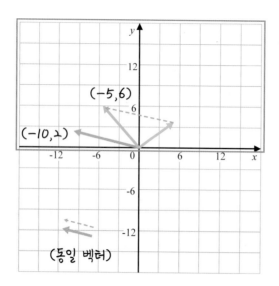

그림 10-30

뺄셈 증명

주어진 $\vec{a}$, $\vec{b}$는 그림 10-30에서 2사분면의 파란색 테두리를 벗어나지 않습니다. 하지만 $\vec{a} - \vec{b}$ 결과인 (5, 4)는 1사분면으로 확장되었습니다(기존 2사분면에 위치했던 벡터 $\vec{a}$, $\vec{b}$가 $\vec{a} - \vec{b}$에서는 1사분면으로 확장되었습니다). 따라서 두 벡터의 뺄셈에서는 닫혀 있지 않으므로 벡터 공간 R^2의 부분 공간이 아닙니다.

곱셈의 부분 공간

벡터 $\vec{a} = (-5, 6)$과 $\vec{b} = (-10, 2)$가 있을 때, $\vec{a} \cdot \vec{b}$ 결과가 왜 R^2의 부분 공간이 될 수 없는지 확인해 봅시다.

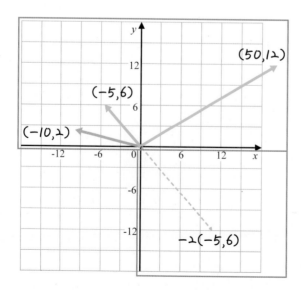

그림 10-31

곱셈 증명

주어진 $\vec{a}$, $\vec{b}$는 그림 10-31에서 2사분면의 파란색 테두리를 벗어나지 않습니다. 하지만 $\vec{a} \cdot \vec{b}$ 결과인 (50, 12)는 1사분면으로 확장되었습니다. 또 벡터 $\vec{b}$에 임의의 실수 −2를 곱했을 때 4사분면으로 확장되었습니다. 따라서 두 벡터의 곱셈에서는 닫혀 있지 않으므로 벡터 공간 R^2의 부분 공간이 아닙니다.

부분 공간의 기저

기저

선형대수학에서 기저(base)란 벡터 공간을 생성하는 일종의 '뼈대'라고 할 수 있습니다. 벡터 공간 V를 생성할 때 최소한으로 필요한 것의 집합을 기저라고 합니다. 어떤 벡터 공간의 기저는 그 벡터 공간을 선형 생성하는 선형 독립인 벡터들입니다.

기저의 특징은 다음과 같습니다.

- 한 공간을 구성할 수 있는 벡터의 집합입니다.
- 차원에 따라 기저 벡터의 개수가 정해져 있습니다.

요약하면, 기저는 벡터의 성분을 잘 결합하면 벡터 공간의 축(3차원 공간은 세 개)을 만들 수 있는 벡터 집합을 의미합니다.

좌표 평면에서 기저

기저는 정의하기가 어려운데, 좌표 평면에서 구체적인 예시로 살펴봅시다.

그림 10-32의 ①은 두 벡터는 $\vec{v}$ = (4, 0), $\vec{w}$ = (0, 2)로 구성되어 있고, ②는 두 벡터 $\vec{v}$ = (1, 0), $\vec{w}$ = (5, 0)으로 구성되어 있습니다.

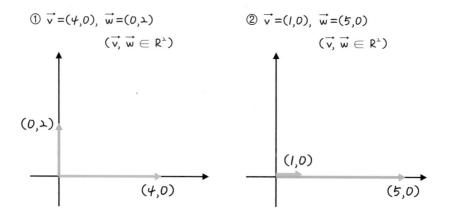

그림 10-32

좌표에서 기저

두 행렬은 좌표 평면에서 기저가 될 수 있을까요? 결론부터 말하면 ①은 가능하지만, ②는 가능하지 않습니다.

①은 가능한데 왜 ②는 가능하지 않을까요? 예를 들어 그림 10-33과 같이 (2, 6)이라는 점을 표현하고 싶다면 ①은 $\frac{1}{2}$ (4, 0) + 3(0, 2) = (2, 6)이 가능합니다. ②는 x축만 표현 가능합니다. 즉, 벡터 (1, 0)과 (5, 0) 두 개이지만 기저 벡터는 하나만 있는 것과 같습니다.

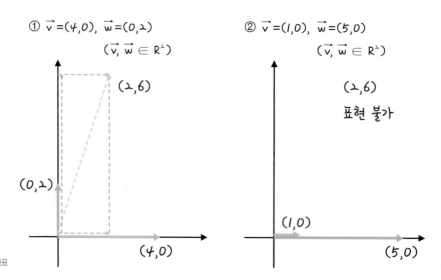

그림 10-33

그림 10-32에서
(2, 6)을 표현하는 좌표

따라서 ①을 구성하는 벡터 조합을 이용하면 좌표 평면 내의 모든 점을 나타낼 수 있기 때문에 기저가 될 수 있으나, ②는 불가능합니다.

그렇다면 기저는 그림 10-33에서 ①의 경우만 가능할까요? 이 역시 결론부터 말하면, 그렇지 않습니다. $(x, 0)$, $(0, y)$ 형태로 표현한다면 모두 가능합니다. 하지만 기저를 구성하는 벡터 개수는 유일합니다. 이는 차원(dimension)과 관련이 있는데, 2차원에서 기저 벡터는 두 개입니다.

표준기저 벡터

기저 벡터 중에서도 여러 원소 중 하나만 값이 1이고, 다른 값은 0인 다음과 같은 기저 벡터를 표준기저 벡터(standard basis vector)라고 합니다. 표준기저 벡터는 수식 10.7처럼 표현합니다.

$$v_1 = \begin{bmatrix} 1 \\ 0 \\ 0 \end{bmatrix}, \ v_2 = \begin{bmatrix} 0 \\ 1 \\ 0 \end{bmatrix}, \ v_3 = \begin{bmatrix} 0 \\ 0 \\ 1 \end{bmatrix} \qquad \text{수식 10.7}$$

수식 10.7은 3차원에 대한 표준기저 벡터입니다. 따라서 표준기저 벡터를 열로 가지는 행렬은 수식 10.8처럼 항등행렬이 됩니다.

$$\begin{bmatrix} v_1, v_2, v_3 \end{bmatrix} = \begin{pmatrix} 1 & 0 & 0 \\ 0 & 1 & 0 \\ 0 & 0 & 1 \end{pmatrix} = I \qquad \text{수식 10.8}$$

NOTE

항등행렬

항등행렬은 중심 대각선을 제외하고 모든 항목이 0인 행렬로, 중심 대각선의 항목은 모두 1입니다. 예를 들어 다음 행렬이 항등행렬입니다.

$$I = \begin{pmatrix} 1 & 0 & 0 \\ 0 & 1 & 0 \\ 0 & 0 & 1 \end{pmatrix}$$

항등행렬은 일반적으로 대문자 I로 표기하며, 다음과 같이 항등행렬과 다른 행렬을 곱하면 항상 같은 결과가 나옵니다.

$$MI = IM = M$$

---

(1) $\begin{bmatrix} 1 & 5 \\ 2 & 3 \end{bmatrix}$ 은 기저 벡터인가요?

(2) $\begin{bmatrix} 1 & 0 \\ 0 & 1 \end{bmatrix}$ 은 기저 벡터인가요?

(3) $\begin{bmatrix} 0 & 0 \\ 3 & 9 \end{bmatrix}$ 는 기저 벡터인가요?

문제 풀이

문제 풀이 원리: 앞서 $(x, 0)$, $(0, y)$ 형태만 기저 벡터라고 했습니다.

(1) $\begin{bmatrix} 1 & 5 \\ 2 & 3 \end{bmatrix}$ 은 기저 벡터가 아닙니다.

(2) $\begin{bmatrix} 1 & 0 \\ 0 & 1 \end{bmatrix}$ 은 기저 벡터입니다.

(3) $\begin{bmatrix} 0 & 0 \\ 3 & 9 \end{bmatrix}$ 는 기저 벡터가 아닙니다.

차원

일반적으로 차원은 수학에서 공간 내에 있는 점 등 위치를 나타내는 데 필요한 축의 개수를 의미합니다. **선형대수학적 차원에서 차원은 기저 벡터의 개수를 의미**합니다.

차원은 표 10–7과 같이 0차원, 1차원, 2차원, 3차원, 4차원 유형이 있습니다.

차원	표현		설명
0차원	점		점으로 표현합니다.
1차원	선		선으로 표현하며, 길이를 측정하는 데 사용합니다.
2차원	면		면으로 표현하며, 넓이를 측정하는 데 사용합니다.
3차원	입체		입체로 표현하며, 부피를 측정하는 데 사용합니다.
4차원	하이퍼큐브 (hypercube)		초입체로 표현하며, 초부피를 측정하는 데 사용합니다.

표 10-7

차원의 유형

연습 문제

(1) 3차원 공간에서 기저 벡터의 개수는 몇 개인가요?

(2) 12차원 공간에서 기저 벡터의 개수는 몇 개인가요?

문제 풀이

(1) 3

(2) 12

랭크

랭크(rank)는 행렬 A에서 선형 독립인 행 혹은 열의 개수를 의미합니다. 예를 들어 행렬 A를 1행과 2행의 선형 조합으로 3행을 만든다고 합시다. 즉, 다음과 같이 1행에서 2행을 빼서 3행을 만듭니다.

$$A = \begin{pmatrix} 3 & 1 & 3 \\ 4 & 0 & 3 \\ -1 & 1 & 0 \end{pmatrix}$$

이때 선형 독립인 행 개수는 2가 됩니다. 따라서 행렬 A의 랭크는 2입니다.

랭크를 정리하면 다음과 같습니다.

$$R^m \text{의 벡터 } n \text{개} \begin{bmatrix} a_{11} \\ a_{21} \\ \vdots \\ a_{m1} \end{bmatrix}, \begin{bmatrix} a_{12} \\ a_{22} \\ \vdots \\ a_{m2} \end{bmatrix}, \cdots, \begin{bmatrix} a_{1n} \\ a_{2n} \\ \vdots \\ a_{mn} \end{bmatrix} \text{ 중 선형 독립인 벡터 개수}$$

또 랭크는 다음과 같이 표현합니다.

$$rk(A) \text{ 혹은 } rank(A)$$

참고로 행렬에서 열 랭크(column rank)와 행 랭크(row rank)는 항상 같은 경우, 이를 랭크 정리(rank theorem)라고 합니다. 일반적으로 이 둘을 구분 없이 랭크 라고 합니다.

랭크의 성질

열 랭크와 행 랭크가 같다고 했기 때문에 다음 성질이 성립합니다.

$$rank(A) = rank(A^T)$$

이는 어떤 행렬 A의 랭크와 A의 전치행렬(transpose)이 같다는 의미입니다.

예를 들어 $y_1 = 2x_1 + 7x_2$, $y_2 = 5x_1 + 1x_2$일 때 랭크를 구해 봅시다.

$$\begin{bmatrix} y_1 \\ y_2 \end{bmatrix} = \begin{bmatrix} 2x_1 + 7x_2 \\ 5x_1 + 1x_2 \end{bmatrix} = \begin{bmatrix} 2 & 7 \\ 5 & 1 \end{bmatrix} \begin{bmatrix} x_1 \\ x_2 \end{bmatrix}$$

$$= x_1 \begin{bmatrix} 2 \\ 5 \end{bmatrix} + x_2 \begin{bmatrix} 7 \\ 1 \end{bmatrix}$$

두 벡터 $\begin{bmatrix} 2 \\ 5 \end{bmatrix}$과 $\begin{bmatrix} 7 \\ 1 \end{bmatrix}$은 선형 독립이므로 $rank \begin{bmatrix} 2 & 7 \\ 5 & 1 \end{bmatrix} = 2$가 됩니다.

또 다른 예를 들어 보겠습니다. $y_1 = 2x_1 + 4x_2$와 $y_2 = 3x_1 + 6x_2$일 때 랭크를 구합니다.

$$\begin{bmatrix} y_1 \\ y_2 \end{bmatrix} = \begin{bmatrix} 2x_1 + 4x_2 \\ 3x_1 + 6x_2 \end{bmatrix} = \begin{bmatrix} 2 & 4 \\ 3 & 6 \end{bmatrix} \begin{bmatrix} x_1 \\ x_2 \end{bmatrix}$$

$$= x_1 \begin{bmatrix} 2 \\ 3 \end{bmatrix} + x_2 \begin{bmatrix} 4 \\ 6 \end{bmatrix}$$

$$= x_1 \begin{bmatrix} 2 \\ 3 \end{bmatrix} + 2x_2 \begin{bmatrix} 2 \\ 3 \end{bmatrix}$$

$$= (x_1 + 2x_2) \begin{bmatrix} 2 \\ 3 \end{bmatrix}$$

두 벡터 $\begin{bmatrix} 2 \\ 3 \end{bmatrix}$와 $\begin{bmatrix} 4 \\ 6 \end{bmatrix}$은 선형 종속으로 $rank \begin{bmatrix} 2 & 4 \\ 3 & 6 \end{bmatrix} = 1$이 됩니다.

파이썬에서는 NumPy linalg 서브패키지의 matrix_rank( ) 함수로 행렬의 랭크를 계산할 수 있습니다.

In [13]:
```python
# 파이썬 NumPy 라이브러리를 호출합니다
import numpy as np


# matrix_rank() 함수로 rank를 계산합니다
X1 = np.array([[2, 7], [5, 1]])
np.linalg.matrix_rank(X1)
```

Out [13]:
```
2
```

In [14]:
```python
X1 = np.array([[2, 4], [3, 6]])
np.linalg.matrix_rank(X1)
```

Out [14]:
```
1
```

(1) $\vec{a} = \begin{bmatrix} 1 \\ 2 \end{bmatrix}$, $\vec{b} = \begin{bmatrix} 3 \\ 5 \end{bmatrix}$ 일 때, $\vec{a} + \vec{b}$의 랭크를 구하세요.

(2) $\vec{a} = \begin{bmatrix} 1 \\ 2 \end{bmatrix}$, $\vec{b} = \begin{bmatrix} 3 \\ 6 \end{bmatrix}$ 일 때, $\vec{a} + \vec{b}$의 랭크를 구하세요.

문제 풀이

(1) $\vec{a} + \vec{b} = \begin{bmatrix} 1 \\ 2 \end{bmatrix} + \begin{bmatrix} 3 \\ 5 \end{bmatrix}$

두 벡터 $\begin{bmatrix} 1 \\ 2 \end{bmatrix}$ 와 $\begin{bmatrix} 3 \\ 5 \end{bmatrix}$ 는 선형 독립으로 $rank \begin{bmatrix} 1 & 3 \\ 2 & 5 \end{bmatrix} = 2$입니다.

In [15]:
```python
import numpy as np
X1 = np.array([[1, 2], [3, 5]])
np.linalg.matrix_rank(X1)
```

Out [15]:
```
2
```

(2) $\vec{a} + \vec{b} = \begin{bmatrix} 1 \\ 2 \end{bmatrix} + \begin{bmatrix} 3 \\ 6 \end{bmatrix}$

두 벡터 $\begin{bmatrix} 1 \\ 2 \end{bmatrix}$ 와 $\begin{bmatrix} 3 \\ 6 \end{bmatrix}$ 은 선형 종속으로 $rank \begin{bmatrix} 1 & 3 \\ 2 & 6 \end{bmatrix} = 1$입니다.

In [16]:
```python
import numpy as np
X1 = np.array([[1, 2], [3, 6]])
np.linalg.matrix_rank(X1)
```

Out [16]:
```
1
```

UNIT 20 벡터의 내적과 외적

BASIC MATHEMATICS FOR ARTIFICIAL INTELLIGENCE

1 벡터의 덧셈과 뺄셈

벡터의 덧셈

벡터의 덧셈은 각 성분을 더하는 것으로 벡터의 덧셈과 뺄셈은 궁극적으로 위치 벡터를 찾는 계산입니다.

수식 10.9처럼 $\vec{v}$의 끝점과 $\vec{w}$의 시작점을 일치시켰을 때 $\vec{v}$의 시작점을 시작점 으로, $\vec{w}$의 끝점을 끝점으로 하는 벡터를 $\vec{v}$와 $\vec{w}$의 합이라고 하며, $\vec{v} + \vec{w}$로 나 타냅니다.

$$\vec{v} = \begin{bmatrix} x_1 \\ x_2 \\ \vdots \\ x_n \end{bmatrix}, \ \vec{w} = \begin{bmatrix} y_1 \\ y_2 \\ \vdots \\ y_n \end{bmatrix} \ \text{일 때, } \vec{v} + \vec{w} = \begin{bmatrix} x_1 + y_1 \\ x_2 + y_2 \\ \vdots \\ x_n + y_n \end{bmatrix} \qquad \text{수식 10.9}$$

벡터 합을 구하는 법칙에는 다음과 같이 평행사변형 법칙과 삼각형 법칙이 있습 니다.

표 10-8

평행사변형 법칙과
삼각형 법칙

평행사변형 법칙	삼각형 법칙
$\vec{a}$와 $\vec{b}$의 시작점이 일치할 때 평행사변형의 대각선은 두 벡터의 합을 의미합니다. 이때 $|\vec{a} + \vec{b}|$는 두 벡터 합의 크기가 됩니다.	$\vec{a}$의 끝점과 $\vec{b}$의 시작점을 연결할 때 시작점과 끝점을 연결한 벡터는 두 벡터의 합을 의미합니다. 이때 $|\vec{a} + \vec{b}|$는 두 벡터 합의 크기가 됩니다.

평행사변형 법칙과 삼각형 법칙에 대한 설명이 조금 어려운데, 예시로 확인해 보겠습니다. 예를 들어 두 벡터가 $\vec{a} = \begin{bmatrix} 5 \\ -2 \end{bmatrix}, \vec{b} = \begin{bmatrix} -3 \\ 3 \end{bmatrix} (\vec{a}, \vec{b} \in R^2)$일 때 평행사변형 법칙과 삼각형 법칙을 알아보겠습니다.

그림 10-34의 평행사변형 법칙은 먼저 두 벡터 $\vec{a}$, $\vec{b}$의 시작점을 일치시킵니다. 그러면 두 벡터를 각 변으로 하는 평행사변형을 그릴 수 있습니다. 이때 두 벡터와 시작점이 같고 평행사변형의 대각선이 되는 벡터가 두 벡터의 합입니다.

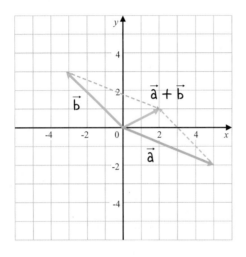

그림 10-34

평행사변형 법칙

그림 10-35의 삼각형 법칙은 벡터 $\vec{a}$의 끝점에 $\vec{b}$의 시작점을 일치시키면 삼각형을 그리 수 있습니다. 이때 $\vec{a}$의 시작점과 $\vec{b}$의 끝점을 연결한 벡터가 두 벡터의 합입니다.

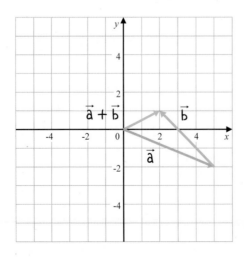

그림 10-35

삼각형 법칙

벡터 덧셈의 성질

벡터의 덧셈은 다음 성질이 있습니다.

(1) 교환 법칙: $A + B = B + A$

 $\vec{v} = (12, 17)$, $\vec{w} = (2, -5)$일 때,

$$\vec{v} + \vec{w} = (12, 17) + (2, -5) = (14, 12)$$

$$\vec{w} + \vec{v} = (2, -5) + (12, 17) = (14, 12)$$

따라서 $A + B = B + A$ 법칙이 성립함을 확인할 수 있습니다.

(2) 결합 법칙: $(A + B) + C = A + (B + C)$

 $\vec{v} = (12, 17)$, $\vec{w} = (2, -5)$, $\vec{u} = (4, -3)$일 때,

$$(\vec{v} + \vec{w}) + \vec{u} = ((12, 17) + (2, -5)) + (4, -3) = (18, 9)$$

$$\vec{v} + (\vec{w} + \vec{u}) = (12, 17) + ((2, -5) + (4, -3)) = (18, 9)$$

따라서 $(A + B) + C = A + (B + C)$ 법칙이 성립함을 확인할 수 있습니다.

(3) 벡터 덧셈의 항등원이 존재: $A + 0 = A$

(4) 벡터 덧셈의 역원이 존재: $A + (-A) = 0$

NOTE

역원

연산 결과로 항등원을 만드는 원소를 역원(inverse element)이라고 하며, 다음과 같이 표기합니다.

$$S^{-1}$$

그림 10-36과 같이 a + (−a) = 0에서 덧셈의 역원은 부호가 반대인 수(반수)입니다. 참고로 곱셈의 역원은 부호가 반대인 수(역수)입니다. 예를 들어 a의 역원은 $\frac{1}{a}$이 되므로 $a + \frac{1}{a} = 1$이 됩니다 (이때 $\frac{1}{a} = a^{-1}$으로 이해하면 됩니다).

그림 10-36 덧셈에 대한 역원

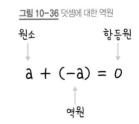

파이썬의 NumPy 라이브러리(고성능 수치 계산에 이용)를 사용하면 행렬이나
벡터 연산을 쉽게 할 수 있습니다. 먼저 파이썬의 기본 라이브러리를 사용했을
때 벡터의 덧셈을 알아봅시다.

```
In [17]:
# 파이썬 기본 라이브러리를 사용한 벡터의 덧셈
x = [2,3]
y = [3,1]

# zip() 함수를 사용하여 두 벡터의 첫 번째 원소끼리 더하고,
# 두 번째 원소끼리 더합니다
# 그리고 그 결과를 리스트 형태로 z 변수에 저장합니다
z = [i+j for i, j in zip(x,y)]
print(z)
```

[5, 4]

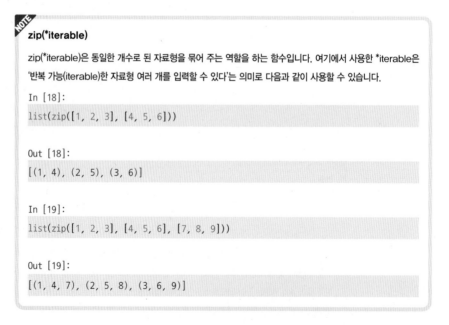

zip(*iterable)

zip(*iterable)은 동일한 개수로 된 자료형을 묶어 주는 역할을 하는 함수입니다. 여기에서 사용한 *iterable은
'반복 가능(iterable)한 자료형 여러 개를 입력할 수 있다'는 의미로 다음과 같이 사용할 수 있습니다.

```
In [18]:
list(zip([1, 2, 3], [4, 5, 6]))
```

```
Out [18]:
[(1, 4), (2, 5), (3, 6)]
```

```
In [19]:
list(zip([1, 2, 3], [4, 5, 6], [7, 8, 9]))
```

```
Out [19]:
[(1, 4, 7), (2, 5, 8), (3, 6, 9)]
```

다음은 NumPy 라이브러리를 이용하여 벡터의 덧셈을 간단하게 표현합니다.

In [20]:
# NumPy 라이브러리를 이용한 벡터의 덧셈
import numpy as np

# x, y 리스트를 NumPy의 Array 객체로 변화한 후 u, v 변수에 각각 저장합니다
u = np.array(x)
v = np.array(y)

# u, v 변수에 덧셈 연산자를 적용합니다
w = u+v
print(w)

[5 4]

연습 문제

(1) $\vec{v} = (-4, 5)$, $\vec{w} = (-2, 8)$
   $\vec{v} + \vec{w} =$

(2) $\vec{v} = (4, -3)$, $\vec{w} = (11, 2)$
   $\vec{w} + \vec{v} =$

(3) $\vec{v} = (-13, 53)$, $\vec{w} = (-25, -34)$
   $\vec{v} + \vec{w} =$

문제 풀이

(1) $\vec{v} + \vec{w} = (-4, 5) + (-2, 8)$
   $= ((-4) + (-2), 5 + 8) = (-6, 13)$

In [21]:
```
import numpy as np
x = [-4,5]
y = [-2,8]
u = np.array(x)
v = np.array(y)
w = u+v
```

```
print(w)
```

```
[-6 13]
```

(2) $\vec{w} + \vec{v} = (11, 2) + (4, -3)$
$= (11 + 4, 2 + (-3)) = (15, -1)$

In [22]:
```
import numpy as np
x = [11,2]
y = [4,-3]
u = np.array(x)
v = np.array(y)
w = u+v
print(w)
```

```
[15 -1]
```

(3) $\vec{v} + \vec{w} = (-13, 53) + (-25, -34)$
$= ((-13) + (-25), 53 + (-34)) = (-38, 19)$

In [23]:
```
import numpy as np
x = [-13,53]
y = [-25,-34]
u = np.array(x)
v = np.array(y)
w = u+v
print(w)
```

```
[-38  19]
```

벡터의 뺄셈

벡터의 뺄셈은 각 성분을 빼는 것으로, 벡터의 뺄셈으로 두 점 사이의 거리를 구할 때 사용하는 계산입니다.

벡터의 뺄셈은 두 벡터의 시작점을 같도록 평행 이동한 후 다음과 같이 빼는 벡터의 끝점을 시작점으로 하고, 빼지는 벡터의 끝점을 끝점으로 하는 벡터가 두 벡터의 뺄셈 결과입니다. 벡터의 뺄셈은 역벡터의 덧셈으로 생각해서 처리하는 것이 훨씬 이해하기 쉽습니다.

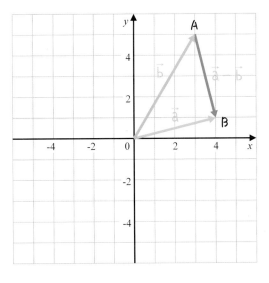

그림 10-37

벡터의 뺄셈

$a - b$를 다시 생각해 봅시다. $a - b = a + \{(-1) \times b\}$처럼 바꾸어서 생각한다면, 뺄셈도 덧셈처럼 계산할 수 있습니다. 벡터 A와 벡터 B의 뺄셈도 같은 방법으로 계산할 수 있으므로 다음과 같이 뺄셈을 덧셈으로 계산할 수 있습니다.

$$A - B = A + (-1)B$$

> **NOTE** 벡터의 뺄셈은 인공지능 외에 게임에서도 중요한 개념입니다. 캐릭터가 오브젝트를 바라보는 방향을 얻을 수 있기 때문에 많이 사용합니다.

벡터의 뺄셈 역시 파이썬의 NumPy 라이브러리를 사용하면 쉽게 계산할 수 있습니다. 먼저 파이썬의 기본적인 라이브러리를 사용했을 때의 뺄셈을 알아봅시다.

```
In [24]:
# 파이썬 기본 라이브러리를 사용한 벡터의 뺄셈
x = [2,3]
y = [3,1]
```

```
# zip() 함수를 사용하여 두 벡터의 첫 번째 원소끼리 더하고,
# 두 번째 원소끼리 뺍니다
# 그리고 그 결과를 리스트 형태로 z 변수에 저장합니다
z = [i-j for i, j in zip(x,y)]
print(z)
```

[-1, 2]

다음 코드는 NumPy 라이브러리를 이용하여 벡터의 뺄셈을 간단하게 표현한 것입니다.

```
In [25]:
# NumPy 라이브러리를 이용한 벡터의 뺄셈
import numpy as np

# x, y 리스트를 NumPy의 Array 객체로 변환한 후 u, v 변수에 각각 저장합니다
u = np.array(x)
v = np.array(y)

# u, v 변수에 뺄셈 연산자를 적용합니다
w = u-v
print(w)
```

[-1 2]

연습 문제

(1) $\vec{v} = (-7, 15)$, $\vec{w} = (-9, 4)$
$\vec{v} - \vec{w} =$

(2) $\vec{v} = (8, -14)$, $\vec{w} = (-11, 6)$
$\vec{w} - \vec{v} =$

(3) $\vec{v} = (-11, 14)$, $\vec{w} = (-19, -21)$
$\vec{v} - \vec{w} =$

(1) $\vec{v} - \vec{w} = (-7, 15) - (-9, 4)$
$= ((-7) - (-9), 15 - 4) = (2, 11)$

In [26]:

```python
import numpy as np
x = [-7,15]
y = [-9,4]
u = np.array(x)
v = np.array(y)
w = u-v
print(w)
```

[2 11]

(2) $\vec{w} - \vec{v} = (-11, 6) - (8, -14)$
$= ((-11) - 8, 6 - (-14)) = (-19, 20)$

In [27]:

```python
import numpy as np
x = [-11,6]
y = [8,-14]
u = np.array(x)
v = np.array(y)
w = u-v
print(w)
```

[-19 20]

(3) $\vec{v} - \vec{w} = (-11, 14) - (-19, -21)$
$= ((-11) - (-19), 14 - (-21)) = (8, 35)$

In [28]:

```python
import numpy as np
x = [-11,14]
y = [-19,-21]
u = np.array(x)
```

```
v = np.array(y)
w = u-v
print(w)
```

[8 35]

벡터의 곱셈

벡터의 곱셈은 크게 내적과 외적으로 구분할 수 있습니다.

벡터의 내적

내적은 벡터를 숫자처럼 곱하는 것으로, 한 벡터의 크기를 구하거나 두 벡터 사이의 거리를 측정하는 데 이용합니다. 벡터의 내적은 영문 표현으로 점곱(dot product)을 사용하는데, 수학적인 표현은 내적(inner product)이 옳습니다. 내적은 임의의 두 벡터에서 스칼라 값을 생성해 내는 연산입니다. 이와 같이 내적의 수학적 정의는 우리가 시각적으로 이해하기 어렵기 때문에 컴퓨터 그래픽에서 자주 쓰는 점곱이라는 용어를 더 많이 사용하곤 합니다. 즉, 내적을 설명할 때 등장하는 용어인 점곱과 내적은 동일한 의미라는 것만 이해하고 넘어가세요.

벡터의 내적을 배우기에 앞서 내적의 한 부류인 스칼라 곱셈부터 알아봅시다.

스칼라 곱셈

방향은 그대로이면서 크기를 키우는 것이 스칼라 곱셈입니다. 스칼라 곱셈은 다음과 같이 표현할 수 있습니다.

$$c \begin{bmatrix} x_1 \\ x_2 \\ \vdots \\ x_n \end{bmatrix} = \begin{bmatrix} cx_1 \\ cx_2 \\ \vdots \\ cx_n \end{bmatrix}$$

구체적인 예시를 좌표로 확인해 보겠습니다.

$\vec{a} = \begin{bmatrix} 1 \\ 2 \end{bmatrix}$일 때 그림 10-38의 ①에서 $2\vec{a} = \begin{bmatrix} 2 \\ 4 \end{bmatrix}$가 되어 같은 방향으로 확장하고,

②에서 $-2\vec{a} = \begin{bmatrix} -2 \\ -4 \end{bmatrix}$가 되어 반대 방향으로 확장합니다.

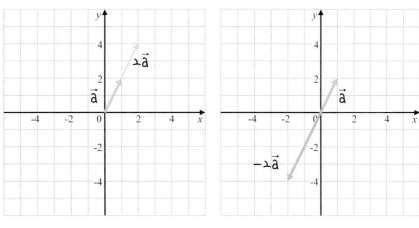

그림 10-38

벡터 양의 곱과 음의 곱

① 벡터 양의 곱   ② 벡터 음의 곱

이와 같이 스칼라 곱셈은 곱하는 값에 따라 벡터의 크기를 키우는 (양의 값이면 동일한 방향으로, 음의 값이면 반대 방향으로) 역할을 합니다.

스칼라 곱셈의 성질은 다음과 같습니다.

- 결합 법칙: $(ab)v = a(bv)$
- 분배 법칙: $(a + b)v = av + bv$, $a(v + w) = av + aw$
- 스칼라 곱셈의 항등원이 존재: $1\,v = v$

스칼라 곱셈 역시 벡터와 행렬의 연산이기 때문에 파이썬 NumPy 라이브러리를 사용합니다. 먼저 파이썬의 기본 라이브러리를 사용한 예제를 확인해 봅시다.

In [29]:

```
# 파이썬 기본 라이브러리를 사용한 벡터의 합
# x 변수에 원소 두 개를 갖는 리스트를 저장하고,
# c 변수에 스칼라 상수 8을 저장합니다
x = [3,4]
c = 8
```

```
# x 리스트의 원소 각각에 c 상수를 곱한 결과를 리스트로 변환합니다
z = [c*I for I in x]
print(z)
```

[24, 32]

다음은 NumPy를 이용하여 간단하게 작성한 예제입니다.

```
In [30]:
# NumPy 라이브러리를 이용한 벡터의 합
import numpy as np

# [3, 4] 리스트를 NumPy의 Array 객체로 변화한 후 u 변수에 저장합니다
u = np.array([3, 4])
c = 8

# 스칼라 값인 c와 벡터(행렬) 값인 u를 곱하면, 각 원소에 c 값을 곱해서
리스트로 반환합니다
w = u*c
print(w)
```

[24 32]

벡터의 내적

벡터의 내적은 벡터 공간에서 정의된 이중 선형함수의 일종으로 inner product 또는 dot product라고 합니다.

벡터의 내적을 구하는 방법은 두 가지입니다. 첫 번째 방법은 좌표 값의 각 성분을 곱해서 더하는 것입니다. 두 벡터 $\vec{a} = (a_1, a_2, a_3, \cdots, a_n)$, $\vec{b} = (b_1, b_2, b_3, \cdots, b_n)$의 내적은 수식 10.10처럼 정의합니다.

$$[a_1, a_2, \cdots, a_n] \cdot \begin{bmatrix} b_1 \\ b_2 \\ \vdots \\ b_n \end{bmatrix} = a_1b_1 + a_2b_2 + \cdots + a_nb_n = \text{스칼라}$$

수식 10.10

수식 10.10에 구체적인 숫자를 대입해 보겠습니다. 두 벡터 (6, 6)과 (12, 0)이 있을 때 벡터의 내적은 다음과 같이 구할 수 있습니다.

$$[6 \quad 6] \cdot \begin{bmatrix} 12 \\ 0 \end{bmatrix} = 6 \cdot 12 + 6 \cdot 0 = 72$$

파이썬에서는 벡터의 내적을 다음과 같이 구현합니다.

```
In [31]:
# NumPy 라이브러리를 이용한 벡터의 합
import numpy as np

# [6, 6] 리스트를 NumPy의 배열 객체로 변환한 후 u 변수에 저장합니다
# [12, 0] 리스트를 NumPy의 배열 객체로 변환한 후 v 변수에 저장합니다
u = np.array([6, 6])
v = np.array([12, 0])

# numpy.dot()으로 벡터의 내적을 구한 후 uv 변수에 저장합니다
uv = np.dot(u, v)
print(uv)
```

72

내적을 구하는 두 번째 방법은 벡터의 크기를 곱하는 것입니다.

내적을 구하기 전에 정사영을 먼저 알아봅시다. 정사영이란 '수직으로 투영된 그림자'로, 그림 10-39와 같이 어떤 (직)선이나 물체 위에서 빛을 비추었을 때 나타나는 그림자를 의미합니다.

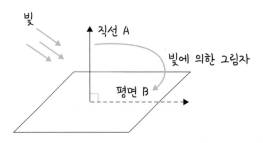

그림 10-39

정사영

내적을 구하는 데 왜 갑자기 정사영을 설명할까요? 벡터의 크기를 이용한 내적에 정사영을 사용하기 때문입니다. 그림 10-40의 A를 정사영시키면 빛에 의한 그림자라고 했으니 D가 될 것입니다. 따라서 A와 B의 내적은 B의 크기와 D의 크기를 곱하면 됩니다.

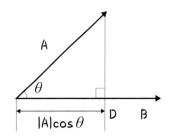

그림 10-40

벡터의 내적

벡터 A, B가 이루는 각이 θ일 때, 한 벡터(A)를 다른 벡터(B)로 정사영시켜서 ($|A|cos\theta$) 곱합니다(단 두 벡터의 방향이 같아야 합니다). 즉, A와 B의 내적 $\vec{A} \cdot \vec{B}$는 다음과 같습니다.

$\vec{A} \cdot \vec{B}$

$= B$의 크기 $\times D$의 크기

$= |B| \times |A|cos\theta$

$= |\vec{A}||\vec{B}|cos\theta$

이때 두 벡터가 이루는 각이 90도라면 직선과 평면이 평행하기 때문에 내적 값은 0입니다.

벡터 내적의 조건은 다음과 같습니다.

- 벡터 $\vec{x}$와 $\vec{y}$의 차원(길이)이 같아야 합니다.

  즉, 앞 벡터의 열 개수와 뒤 벡터의 행 개수가 일치해야 합니다.
- 앞의 벡터가 행 벡터고 뒤의 벡터가 열 벡터이어야 합니다.
- 두 벡터 $\vec{x}$와 $\vec{y}$의 내적 결과는 숫자 하나(스칼라(scalar))입니다.

  즉, 다음과 같은 수식이어야 벡터의 내적이 가능합니다.

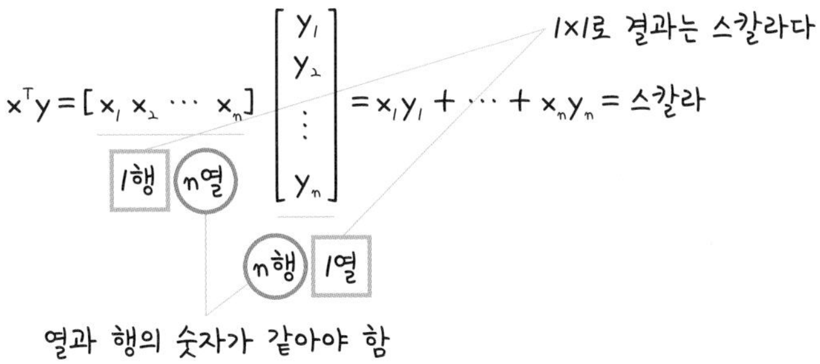

$$x^\top y = [\,x_1\ x_2\ \cdots\ x_n\,] \begin{bmatrix} y_1 \\ y_2 \\ \vdots \\ y_n \end{bmatrix} = x_1 y_1 + \cdots + x_n y_n = 스칼라$$

1×1로 결과는 스칼라다

[1행] [n열]

[n행] [1열]

열과 행의 숫자가 같아야 함

그림 10-41
벡터 내적의 조건

내적의 특성과 성질은 다음과 같습니다.

[내적의 특성]

- $\vec{a} \cdot \vec{b}$ 결과는 스칼라(실수)입니다. 따라서 $(\vec{a} \cdot \vec{b}) \cdot \vec{c}$ 같은 내적 연산은 불가능합니다.
- $\vec{a} = 0$이거나 $\vec{b} = 0$이면 $\vec{a} \cdot \vec{b} = 0$입니다.
- $\vec{a} \cdot \vec{b} = |\vec{a}|\,|\vec{b}|\cos\theta$입니다.

[내적의 성질]

- 교환 법칙: $\vec{a} \cdot \vec{b} = \vec{b} \cdot \vec{a}$
- 분배 법칙: $\vec{a} \cdot (\vec{b} + \vec{c}) = \vec{a} \cdot \vec{b} + \vec{a} \cdot \vec{c}$
- $(k\vec{a}) \cdot \vec{b} = \vec{a} \cdot (k\vec{b}) = k(\vec{a} \cdot \vec{b})$

벡터의 내적에서 교환 법칙과 분배 법칙이 성립하기 때문에 곱셈이나 인수분해와 같은 방법으로 계산할 수 있습니다.

인공지능에서 내적은 어떻게 사용하나요?

인공지능 알고리즘은 데이터 간 유사도나 비유사도를 측정하는 경우가 많습니다. 유사도의 기준은 벡터 간 거리를 이용하는데, 이때 내적을 씁니다. 예를 들어 K−최근접 이웃 역시 데이터 간 거리를 측정하고 가장 가까운 벡터끼리 그룹을 형성함으로써 데이터를 분류합니다.

파이썬에서는 NumPy 모듈의 numpy.dot()을 사용하여 벡터의 내적을 구할 수 있습니다. numpy.dot은 벡터, 행렬 또는 텐서의 곱연산을 위해 사용됩니다. a가 N차원 배열이고 b가 2 이상의 m차원 배열이라면, dot(a, b)는 a의 마지막 축과 b의 뒤에서 두 번째 축의 내적으로 계산합니다.

다음 예제로 내적의 원리를 살펴봅시다.

In [32]:

```
# NumPy 라이브러리를 호출합니다
import numpy as np


# A, B1, B2, B3, B4, B5, B6 변수에 벡터/행렬을 저장합니다
A = np.arange(1*2*3).reshape((1,2,3))
B1 = np.arange(1*2*3).reshape((1,2,3))
B2 = np.arange(1*2*3).reshape((1,3,2))
B3 = np.arange(1*2*3).reshape((2,1,3))
B4 = np.arange(1*2*3).reshape((2,3,1))
B5 = np.arange(1*2*3).reshape((3,1,2))
B6 = np.arange(1*2*3).reshape((3,2,1))


# numpy.dot()을 사용하여 벡터의 내적을 구합니다
np.dot(A, B1) # 결과는 오류가 맞습니다
```

ValueError: shapes (1,2,3) and (1,2,3) not aligned: 3 (dim 2) != 2 (dim 1)

In [33]:
```
np.dot(A, B2)
```

Out [33]:
```
array([[[[10, 13]],
        [[28, 40]]]])
```

In [34]:
```
np.dot(A, B3)  # 결과는 오류가 맞습니다
```

ValueError: shapes (1,2,3) and (2,1,3) not aligned: 3 (dim 2) != 1 (dim 1)

In [35]:
```
np.dot(A, B4)
```

Out [35]:
```
array([[[[ 5],
         [14]],
        [[14],
         [50]]]])
```

In [36]:
```
np.dot(A, B5)  # 결과는 오류가 맞습니다
```

ValueError: shapes (1,2,3) and (3,1,2) not aligned: 3 (dim 2) != 1 (dim 1)

In [37]:
```
np.dot(A, B6)  # 결과는 오류가 맞습니다
```

ValueError: shapes (1,2,3) and (3,2,1) not aligned: 3 (dim 2) != 2 (dim 1)

배열 A는 $(1, 2, 3)$, 배열 $B2$는 $(1, 3, 2)$, 배열 $B4$는 $(2, 3, 1)$차원을 갖습니다. 앞서 설명했듯이 첫 번째 배열의 마지막 축 $(1, 2, 3)$과 두 번째 배열의 뒤에서 두 번째 축 $(1, 3, 2)$ $(2, 3, 1)$의 크기가 같아야 하기 때문에 $B2$와 $B4$만 내적을 계산할 수 있습니다.

연습 문제

다음 문제에서 벡터의 내적을 계산하세요.

(1) $\begin{bmatrix} 3 \\ -6 \end{bmatrix}\begin{bmatrix} -7 \\ 9 \end{bmatrix}$

(2) $\begin{bmatrix} -3 & 4 & 7 \end{bmatrix}\begin{bmatrix} -4 \\ -9 \\ 5 \end{bmatrix}$

(3) $\begin{bmatrix} 3 \\ -11 \\ 7 \end{bmatrix}\begin{bmatrix} -4 \\ -13 \\ 9 \end{bmatrix}$

문제 풀이

(1) $\begin{bmatrix} 3 & -6 \end{bmatrix}^T \begin{bmatrix} -7 \\ 9 \end{bmatrix} = (3 \cdot (-7)) + ((-6) \cdot 9)$

$= ((-21) + (-54)) = -75$

In [38]:
```
import numpy as np
u = np.array([3, -6])
v = np.array([-7, 9])
uv = np.dot(u, v)
print(uv)
```

-75

(2) $\begin{bmatrix} -3 & 4 & 7 \end{bmatrix}\begin{bmatrix} -4 \\ -9 \\ 5 \end{bmatrix} = ((-3) \cdot (-4)) + (4 \cdot (-9)) + (7 \cdot 5)$

$= (12 + (-36) + 35) = 11$

```
In [39]:
import numpy as np
u = np.array([-3, 4, 7])
v = np.array([-4, -9, 5])
uv = np.dot(u, v)
print(uv)
```

11

(3)
$$\begin{bmatrix} 3 & -11 & 7 \end{bmatrix}^{T} \begin{bmatrix} -4 \\ -13 \\ 9 \end{bmatrix} = (3 \cdot (-4)) + ((-11) \cdot (-13)) + (7 \cdot 9)$$
$$= ((-12) + 143 + 63) = 194$$

```
In [40]:
import numpy as np
u = np.array([3, -11, 7])
v = np.array([-4, -13, 9])
uv = np.dot(u, v)
print(uv)
```

194

벡터의 외적

벡터의 외적은 3차원 공간에 있는 벡터 간 연산 중 하나입니다. 벡터 간 연산의 결과이기 때문에 벡터곱(vector product)이라고 합니다. 이때 두 3차원 벡터의 외적 결과가 3차원인 경우를 벡터곱(cross product)이라고 하며, 외적 결과가 행렬인 경우를 외적(outer product)이라고 합니다. 내적과 마찬가지로 벡터곱과 외적은 모두 동일한 의미로 사용합니다.

벡터의 외적은 내적과 달리 연산 결과가 벡터이기 때문에 다음과 같이 방향과 크기를 동시에 갖습니다.

- 방향: 두 벡터 $\vec{a}$와 $\vec{b}$에 동시에 수직
- 크기: $\vec{a}$와 $\vec{b}$ 크기를 변으로 하는 평행사변형의 넓이

따라서 벡터의 외적은 수식 10.11과 같은 공식이 성립합니다.

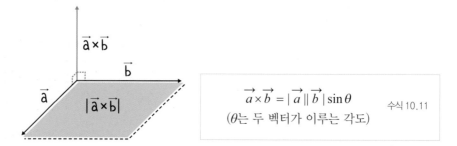

그림 10-42

벡터의 외적

$$\vec{a} \times \vec{b} = |\vec{a}||\vec{b}|\sin\theta$$
(θ는 두 벡터가 이루는 각도)

수식 10.11

벡터 외적의 성질은 다음과 같습니다.

[외적의 성질]

- 반대칭성: $\vec{a} \times \vec{b} = -\vec{b} \times \vec{a}$
- 분배 법칙: $\vec{a} \times (\vec{b} + \vec{c}) = \vec{a} \times \vec{b} + \vec{a} \times \vec{c}$
- $\vec{a} \cdot (\vec{b} \times \vec{c}) = (\vec{a} \times \vec{b}) \cdot \vec{c}$

참고로 외적에서는 내적의 교환 법칙이 성립하지 않습니다.

외적 구하기

$\vec{a} = (a_1,\ a_2,\ a_3)$, $\vec{b} = (b_1,\ b_2,\ b_3)$일 때 수식 10.12처럼 외적을 구할 수 있는데, 조금 복잡해 보입니다.

$$\vec{a} \times \vec{b} = (a_2 b_3 - a_3 b_2,\ a_3 b_1 - a_1 b_3,\ a_1 b_2 - a_2 b_1)$$

수식 10.12

수식을 다음과 같이 행렬로 이해하면 쉽습니다.

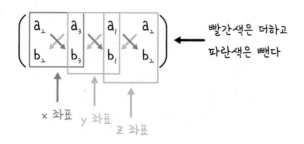

빨간색은 더하고
파란색은 뺀다

x 좌표   y 좌표   z 좌표

그림 10-43

외적의 행렬 표현

예를 들어 행렬 두 개의 외적을 구해 봅시다.

$$\begin{bmatrix} 1 & 3 & 5 \end{bmatrix} \begin{bmatrix} 2 \\ 4 \\ 6 \end{bmatrix} = \begin{bmatrix} 3 & 5 & 1 & 3 \\ 4 & 6 & 2 & 4 \end{bmatrix}$$

$$= \begin{bmatrix} 3 \times 6 - 5 \times 4, \ 5 \times 2 - 1 \times 6, \ 1 \times 4 - 3 \times 2 \end{bmatrix}$$

$$= \begin{bmatrix} -2 & 4 & -2 \end{bmatrix}$$

파이썬에서는 벡터의 외적을 계산하는 데 NumPy의 cross() 함수를 사용합니다. 외적은 일반적으로 3차원 벡터에서만 정의하기 때문에 벡터 a가 $[a_1, a_2]$로 주어질 때 NumPy는 $[a_1, a_2, 0]$과 같이 세 번째 차원에 0을 할당합니다.

```
In [41]:
# 외적에 대한 일반적(수학적) 계산
a = (1, 3, 5)
b = (2, 4, 6)

# 벡터의 외적을 위한 수식을 함수로 구현합니다
def cross(a, b):
    c = [a[1]*b[2] - a[2]*b[1],
        a[2]*b[0] - a[0]*b[2],
        a[0]*b[1] - a[1]*b[0]]
    return c

# 함수 호출로 벡터의 외적을 계산합니다
cross(a,b)
```

```
Out [41]:
[-2, 4, -2]
```

```
In [42]:
# NumPy를 이용한 벡터 외적 계산
import numpy as np
```

```
print(np.cross(a,b)) # cross() 함수를 이용한 결과
```

```
Out [42]:
[-2 4 -2]
```

지금까지 내적과 외적을 배웠는데, 표 10-9에서 이 둘의 차이를 다시 확인하고 넘어가세요.

구분	내적	외적
명칭	inner product, dot product, Scalar product	outer product, cross product, Vector product
표기	$\vec{A} \cdot \vec{B}$	$\vec{A} \times \vec{B}$
공식	$\vec{A} \cdot \vec{B} = \|\vec{A}\|\|\vec{B}\|cos\theta$	$\vec{A} \times \vec{B} = \|\vec{A}\|\|\vec{B}\|sin\theta$
대상 벡터	$\vec{A} \cdot \vec{B} \in R^n$	$\vec{A} \times \vec{B} \in R^3$ (3차원만 가능)
계산 결과	스칼라	벡터
최대, 최소	두 벡터가 평행일 때 최대, 수직일 때 최소	두 벡터가 수직일 때 최대, 평행일 때 최소
활용	벡터의 길이, 벡터 간 각도	삼각형, 평행사변형 넓이 계산

표 10-9
벡터의 내적과 외적

연습 문제

다음 문제에서 벡터의 외적을 계산하세요.

(1) $\begin{bmatrix} 5 \\ -13 \\ 8 \end{bmatrix} \times \begin{bmatrix} -2 \\ 11 \\ -14 \end{bmatrix}$

(2) $\begin{bmatrix} -7 \\ 8 \\ -16 \end{bmatrix} \times \begin{bmatrix} -8 \\ -5 \\ 2 \end{bmatrix}$

(1) $\begin{bmatrix} 5 \\ -13 \\ 8 \end{bmatrix} \times \begin{bmatrix} -2 \\ 11 \\ -14 \end{bmatrix}$

$= \begin{vmatrix} -13 & 8 & 5 & -13 \\ 11 & -14 & -2 & 11 \end{vmatrix}$

$= \left[(((-13) \times (-14)) - (8 \times 11)), ((8 \times (-2)) - (5 \times (-14))), ((5 \times 11) - ((-13) \times (-2))) \right]$

$= \left[(182 - 88), ((-16) - (-70)), (55 - 26) \right]$

$= \left[94, 54, 29 \right]$

In [43]:

```
import numpy as np
a = np.array([5, -13, 8])
b = np.array([-2, 11, -14])
print(np.cross(a,b))
```

[94 54 29]

(2) $\begin{bmatrix} -7 \\ 8 \\ -16 \end{bmatrix} \times \begin{bmatrix} -8 \\ -5 \\ 2 \end{bmatrix}$

$= \begin{vmatrix} 8 & -16 & -7 & 8 \\ -5 & 2 & -8 & -5 \end{vmatrix}$

$= \left[((8 \times 2) - ((-16) \times (-5))), (((-16) \times (-8)) - ((-7) \times 2)), \right.$

$\qquad \left. (((-7) \times (-5)) - (8 \times (-8))) \right]$

$= \left[(16 - 80), (128 - (-14)), (35 - (-64)) \right]$

$= \left[-64, 142, 99 \right]$

In [44]:

```
import numpy as np
a = np.array([-7, 8, -16])
b = np.array([-8, -5, 2])
print(np.cross(a,b))
```

[-64 142 99]

3 직교 벡터

두 벡터 사이의 각도가 90도를 이루는 것을 직교 벡터(orthogonal vector)라고 합니다. 그렇다면 우리는 왜 직교 벡터를 알아야 할까요? 앞서 잠깐 언급했던 SVM(Support Vector Machine) 알고리즘을 다시 살펴보겠습니다.

SVM은 다음과 같이 주어진 데이터가 어떤 범주에 속할지 판별하는 분류 모델로, 패턴 인식이나 자료 분석에 주로 사용합니다.

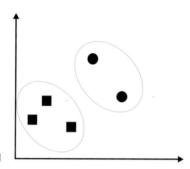

그림 10-44

SVM 데이터 범주 분리

SVM 원리는 그림 10-45의 ①과 같이 마진(margin)을 최대로 하는 결정 경계 (decision boundary)를 찾는 것입니다. 그렇다면 결정 경계는 어떻게 찾을까요? 이때 사용하는 것이 바로 벡터의 직교와 내적입니다. ②와 같이 결정 경계에 직교하는 벡터 $\vec{w}$와 임의의 벡터 $\vec{u}$를 그려 보겠습니다.

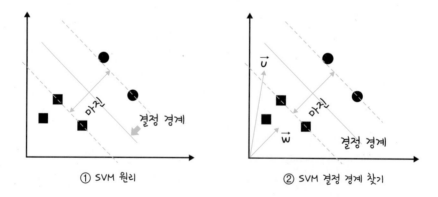

그림 10-45

SVM 원리와 SVM
결정 경계 찾기

이제 $\vec{w}$와 $\vec{u}$를 내적한 결과가 임의의 상수 k보다 큰지 확인합니다. $\vec{w} \cdot \vec{u} \geq k$ 이면 ● 범주에 속할 것이고, 그렇지 않다면 ■ 범주에 속할 것입니다. 이때 내적

투영

물체의 형상을 3차원
공간이나 2차원
평면에 똑같이
옮기는 작업을
의미합니다

한다는 의미는 $\vec{u}$를 $\vec{w}$에 투영(projection)하여 그 길이가 길어서 어떤 경계(결정 경계)를 넘으면 오른쪽, 짧으면 왼쪽에 속한다는 것으로 이해하면 됩니다. 이와 같이 직교는 알고리즘 원리를 이해하는 데 꼭 필요합니다.

벡터의 직교를 알아봅시다. 먼저 다음 그림을 보세요.

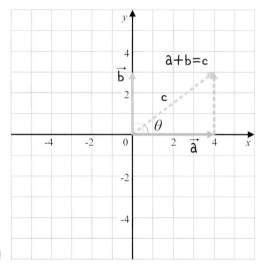

그림 10-46

직각삼각형의 벡터 표현

벡터 $\vec{a}$는 x축, 벡터 $\vec{b}$는 y축에 있습니다. 두 벡터가 이루는 각도는 직각이며, 두 벡터를 더했을 때 수식 10.13처럼 피타고라스 정리에 따라 직각삼각형이 됩니다.

$$\|\vec{a}\|^2 + \|\vec{b}\|^2 = \|\vec{a} + \vec{b}\|^2$$

수식 10.13

2차원 벡터의 직교는 그림 10-46과 같이 좌표 평면에서 쉽게 확인할 수 있으나 n차원에서 두 벡터가 직교인지는 내적으로 확인할 수 있습니다.

내적을 다시 정리하면 다음과 같습니다.

$$\vec{a} \cdot \vec{b} = |\vec{a}||\vec{b}|cos\theta$$

수식 10.14

수식 10.14에서 두 벡터 사이의 각도에 대한 코사인 때문에 두 벡터가 직교할 경우 그 결괏값이 0이 나오는 것입니다($\because cosine\ 90^0 = 0$). 따라서 다음과 같이 두 벡터가 직교일 경우 두 벡터의 내적은 0이 됩니다.

$$ab = \begin{bmatrix} a_1 & a_2 & \cdots & a_n \end{bmatrix} \begin{bmatrix} b_1 \\ b_2 \\ \vdots \\ b_n \end{bmatrix} = \begin{bmatrix} a_1 b_1 + a_2 b_2 + \cdots + a_n b_n \end{bmatrix}$$

그림 10-46에서 벡터와 삼각형을 수식으로 표현하면 다음과 같습니다.

$$\|\vec{a}\| + \|\vec{b}\| = \|\vec{a} + \vec{b}\|^2 \qquad \text{수식 10.15}$$

이때 벡터 x와 y의 크기를 제곱한 값은 벡터 $x + y$(삼각형의 대각선)의 크기를 제곱한 값과 같습니다.

예를 들어 두 벡터 x와 y를 사용하여 내적을 구해 봅시다.

$x = \begin{bmatrix} 2 \\ 1 \\ 3 \end{bmatrix}$, $y = \begin{bmatrix} 3 \\ 3 \\ -3 \end{bmatrix}$ 일 때, $\|\vec{a}\| + \|\vec{b}\| = \|\vec{a} + \vec{b}\|^2$을 적용하면 다음과 같습니다.

$$\left(\sqrt{2^2 + 1^2 + 3^2} \right)^2 + \left(\sqrt{3^2 + 3^2 + (-3)^2} \right)^2 = \left(\sqrt{5^2 + 4^2 + 0^2} \right)^2$$
$$= \left(\sqrt{14} \right)^2 + \left(\sqrt{27} \right)^2 = \left(\sqrt{41} \right)^2 \qquad \text{수식 10.16}$$
$$= 14 + 27 = 41$$

이때 직각삼각형에서 직교하는 벡터 사이에서만 앞의 식이 성립함을 알아 두세요. 앞의 풀이는 일반적인 방법이며, 선형대수적인 방법으로 표현하면 다음과 같습니다.

$$\|\vec{a}\| + \|\vec{b}\| = \|\vec{a} + \vec{b}\|^2$$
$$\downarrow \qquad \text{수식 10.17}$$
$$\vec{a}^T \vec{a} + \vec{b}^T \vec{b} = (\vec{a} + \vec{b})^T (\vec{a} + \vec{b})$$

수식 10.17에 구체적인 숫자를 대입해서 이해해 보겠습니다.

$x = \begin{bmatrix} 2 \\ 1 \\ 3 \end{bmatrix}$, $y = \begin{bmatrix} 3 \\ 3 \\ -3 \end{bmatrix}$ 일 때, $\vec{a}^T \vec{a} + \vec{b}^T \vec{b} = (\vec{a} + \vec{b})^T (\vec{a} + \vec{b})$를 적용하면 다음과 같습니다.

$$\begin{bmatrix} 2 & 1 & 3 \end{bmatrix} \begin{bmatrix} 2 \\ 1 \\ 3 \end{bmatrix} + \begin{bmatrix} 3 & 3 & -3 \end{bmatrix} \begin{bmatrix} 3 \\ 3 \\ -3 \end{bmatrix} = \begin{bmatrix} 5 & 4 & 0 \end{bmatrix} \begin{bmatrix} 5 \\ 4 \\ 0 \end{bmatrix}$$

수식 10.18

$$14 + 27 = 41$$

즉, 수식 10.16과 수식 10.18의 결과가 같다는 것을 알 수 있습니다. 이것으로 우리가 알고 있던 피타고라스 정리인 수식 10.15와 벡터 방식으로 표현한 수식 10.17이 같음을 확인할 수 있습니다.

벡터의 크기와 거리

벡터의 크기(norm)

벡터의 시작점과 끝점 거리를 벡터의 크기라고 합니다. 즉, 벡터의 크기 = 벡터의 길이 = 벡터의 norm = $|v|$ = $\|v\|$라고 표현할 수 있습니다. 벡터의 크기(길이)는 다음에 배울 벡터의 길이를 구할 때도 활용하므로 의미를 확실히 알아 두세요.

벡터의 크기는 다음과 같이 구할 수 있습니다.

두 벡터 $\vec{a} = (a_1, a_2)$, $\vec{b} = (b_1, b_2)$가 있을 때, $\vec{a}$의 크기는 $|\vec{a}|$ 또는 $\|\vec{a}\|$로 표현하며 $\vec{b}$의 크기는 $|\vec{b}|$ 또는 $\|\vec{b}\|$로 표현합니다. 이때 $|\vec{a}|$와 $|\vec{b}|$를 구하는 공식은 다음과 같습니다.

$$|\vec{a}| = \sqrt{a_1^2 + a_2^2}$$
$$|\vec{b}| = \sqrt{b_1^2 + b_2^2}$$
$$\vec{a} + \vec{b} = (a_1 + a_2, b_1 + b_2)$$
$$|\vec{a} + \vec{b}| = \sqrt{(a_1 + a_2)^2 + (b_1 + b_2)^2}$$

수식을 그림으로 표현하면 그림 10-47과 같습니다.

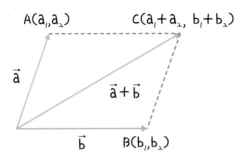

그림 10-47

벡터의 크기

파이썬에서도 벡터의 크기를 구할 수 있습니다.

벡터 공간에서 벡터의 크기 또는 길이를 측정하는 np.linalg.norm() 함수를 사용합니다. 벡터의 크기는 $L1$과 $L2$가 있으며, ord로 구분합니다.

- ord = 1: L1을 사용하며, 컴퓨터 비전에서 주로 씁니다.

  예 $\|\vec{x}\| = [1, 2, 3]$일 때 $\|\vec{x}\| = \|1\| + \|2\| + \|3\|$

- ord = 2: L2를 사용하며, K-평균 클러스터링(K-means clustering)과 K-최근접 이웃(K-nearest neighbor) 알고리즘에서 주로 씁니다.

  예 $\|\vec{x}\| = [1, 2, 3]$일 때 $\|\vec{x}\| = sqrt(1^2 + 2^2 + 3^2)$

벡터 $\vec{a} = (1, 2)$일 때 $\vec{a}$의 길이를 구해 봅시다.

In [45]:
```python
# NumPy 라이브러리를 호출합니다
import numpy as np

# 크기가 (1, 2)인 2차원 배열의 표현
a = np.array([1, 2])
print(a)
```

[1 2]

In [46]:
```python
np.linalg.norm(a) # a의 길이
```

```
Out [46]:
2.23606797749979
```

```
In [47]:
np.linalg.norm(a, ord=1) # L1 Norm 구하기
```

```
Out [47]:
3.0
```

```
In [48]:
np.linalg.norm(a, ord=2) # L2 Norm 구하기
```

```
Out [48]:
2.23606797749979
```

연습 문제

다음 문제에서 벡터의 크기를 구하세요.

(1) $\vec{v} = (-2, 12)$

(2) $\vec{w} = (\sqrt{5}, 12)$

(3) $\vec{v} = (3, -15, 8)$

(4) $\vec{v} = (-7, \sqrt{10}, 4)$

문제 풀이

(1) $\vec{v} = (-2, 12)$
$$= \sqrt{(-2)^2 + 12^2} = \sqrt{148}$$

In [49]:

```
import numpy as np
a = np.array([-2, 12])
np.linalg.norm(a)
```

Out [49]:

12.165525060596439

(2) $\vec{w} = (\sqrt{5}, 12)$

$= \sqrt{\sqrt{5}^2 + 12^2} = \sqrt{149}$

In [50]:

```
import numpy as np
a = np.array([5**0.5, 12])
np.linalg.norm(a)
```

Out [50]:

12.206555615733702

※ $\sqrt{x}$를 파이썬으로 표현할 때는 $x^{**}0.5$를 사용합니다.

(3) $\vec{v} = (3, -15, 8)$

$= \sqrt{3^2 + (-15)^2 + 8^2} = \sqrt{298}$

In [51]:

```
import numpy as np
a = np.array([3, -15, 8])
np.linalg.norm(a)
```

Out [51]:

17.26267650163207

(4) $\vec{v} = (-7, \sqrt{10}, 4)$

$\qquad = \sqrt{(-7)^2 + \sqrt{10}^2 + 4^2} = \sqrt{75}$

In [52]:
```python
import numpy as np
a = np.array([-7, 10**0.5, 4])
np.linalg.norm(a)
```

Out [52]:
```
8.660254037844387
```

벡터의 거리/유사도

벡터의 거리(distance)는 두 벡터 간 거리를 의미합니다. 예를 들어 개체 간(등산화와 썬크림)에 비슷한 정도를 나타낼 때는 벡터의 거리를 사용합니다. 그렇다면 거리는 왜 중요할까요? 거리는 일종의 유사도(similarity) 개념이기 때문입니다. 거리가 가까울수록 그 특성(feature)들이 비슷하다는 의미이기 때문에, 인공지능의 K-최근접 이웃 같은 알고리즘에서도 널리 사용합니다.

즉, 거리는 두 데이터가 얼마나 같은지를 나타내는 척도입니다. 거리를 어떻게 측정하느냐에 따라 데이터의 유사도 정도가 달라질 수 있기 때문에 유사도 측정이 매우 중요합니다. 유사도를 측정하는 기법은 다음과 같이 다양하기 때문에 상황에 맞는 적절한 기법을 선택하는 것이 중요합니다.

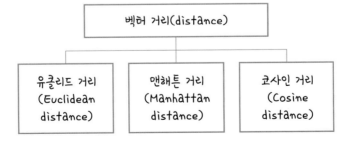

그림 10-48
벡터 거리(유사도)
측정 기법

유클리드 거리, 맨해튼 거리, 코사인 거리는 인공지능에서 어떻게 활용할까요?

유클리드 거리, 맨해튼 거리, 코사인 거리는 추천 시스템 및 문서의 유사도를 구하는 데 사용합니다.

추천 시스템은 아이템이나 사용자 간 유사성 개념을 기반으로 동작합니다. 예를 들어 등산화를 구매한 고객에게 등산 장비를 추천하려고 물건(품) 사이의 유사성을 측정할 때 사용합니다.

또 자연어 처리 분야에서 사용하는 문서 간 유사도는 검색 엔진이나 클러스터링 모델에서 많이 사용합니다. 즉, 유사 단어 검색을 지원하거나 데이터 분류에서 문서의 유사도를 측정하는 데 사용합니다.

■ 유클리드 거리

두 벡터 간 직선 거리를 유클리드 거리(Euclidean distance)라고 하며, 두 벡터의 유클리드 거리는 벡터의 차(뺄셈)로 구할 수 있습니다. 유클리드 거리는 상하좌우/대각선 어떤 방향이든 이동이 가능합니다. 따라서 다음과 같이 최단 거리는 대각선이 됩니다.

$$d(\vec{x}, \vec{y}) = \sqrt{(x_1 - y_1)^2 + (x_2 - y_2)^2}$$

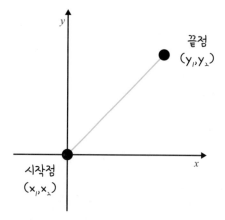

그림 10-49

유클리드 거리

파이썬에서는 유클리드 거리를 계산할 때 SciPy의 euclidean() 함수를 사용합니다.

```
In [53]:
# scipy.spatia 모듈에서 distance 함수를 호출합니다
from scipy.spatial import distance

# 두 점 P1과 P2를 명시합니다
p1 = (1, 2, 3)
p2 = (4, 5, 6)

# P1과 P2 사이의 유클리드 거리를 계산합니다
d = distance.euclidean(p1, p2)
print("Euclidean distance: ", d)
```

Euclidean distance: 5.196152422706632

■ 맨해튼 거리

맨해튼 거리(manhattan distance)는 사각형 격자로 된 지도에서 출발점부터 도 착점까지 가로지르지 않고 갈 수 있는 최단 거리를 구하는 공식입니다.

두 점이 도로 정비가 잘된 어떤 도시의 두 장소를 의미한다고 할 때, 한 장소에 서 다른 장소로 이동하는 최단 거리는 대각선으로 가로질러 가는 것입니다(유클 리드 거리). 하지만 도시에 있는 많은 건물 때문에 가로질러 갈 수 없고 건물들 을 피해 목적지를 찾아야 합니다. 가로질러 가는 것이 불가능하다면 그림 10-50 과 같은 다양한 방법이 존재할 것입니다. 일반적으로는 ②, ③이 ①보다 빠르다 고 생각하겠지만 ①, ②, ③ 모두 길이가 동일합니다(실제로 블록의 면 수를 세어 보면 동일하다는 것을 알 수 있습니다). ①, ②, ③ 길이가 모두 동일하기 때문에 계산의 편리성을 위해 ①의 길이를 이용하여 거리를 계산하게 되며, 계산 방법은 수식 10.19와 같습니다.

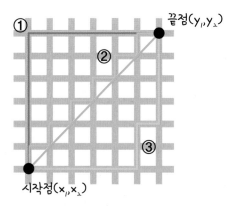

그림 10-50

맨해튼 거리

유클리드 거리가 상하좌우/대각선 어떤 방향이든지 이동이 가능했다면, 맨해튼 거리는 상하좌우로만 이동할 수 있습니다. 맨해튼 거리 측정은 수식 10.19처럼 단순히 두 점의 세로축 차이와 가로축 차이를 더하면 됩니다.

$$d(\overrightarrow{x}, \overrightarrow{y}) = |x_1 - y_1| + |x_2 - y_2|$$

수식 10.19

맨해튼 거리 역시 파이썬으로 구할 수 있습니다. 파이썬의 math 함수에는 수학과 관련된 다양한 함수와 상수가 미리 정의되어 있습니다. 맨해튼 거리도 math 함수를 사용해서 구현해 보겠습니다.

In [54]:

```
# math 함수를 호출합니다
from math import*

# 두 점 P1과 P2를 정의합니다
p1 = (1, 2, 3)
p2 = (4, 5, 6)

# 맨해튼 거리를 계산하는 사용자 정의 함수를 생성합니다
def manhattan_distance(x, y):
    return sum(abs(a-b) for a,b in zip(x,y))

# P1과 P2 사이의 맨해튼 거리를 계산합니다
manhattan_distance(p1,p2)
```

Out [54]:

9

■ 코사인 유사도

두 벡터의 방향이 같을수록 벡터가 비슷하다고 간주하여 두 벡터 간의 각인 코사인 값을 코사인 유사도(cosine similarity)라고 합니다. 코사인 값은 각도가 0일 때 가장 크므로 두 벡터가 같은 방향을 가리키고 있으면 코사인 유사도가 최댓값 1을 갖습니다. 코사인 유사도는 그림 10-51과 같이 두 벡터가 이루는 각도로 두 벡터의 유사도를 측정하는 방식입니다.

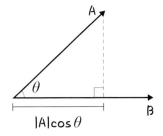

그림 10-51
코사인 유사도

두 벡터가 이루는 각이 작을수록 유사도가 높고, 각이 클수록 유사도가 낮습니다.

코사인 유사도 공식은 다음과 같습니다.

$$유사도 = \cos(\theta) = \frac{A \cdot B}{\|A\|\|B\|}$$

두 벡터가 이루는 각인 코사인 값으로 유사도를 측정하기 때문에 코사인 유사도는 각이 작을수록 1에 가까워지고, 각이 클수록 -1에 가까워집니다.

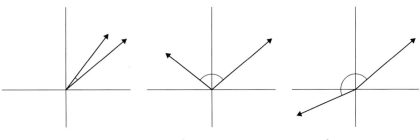

그림 10-52
코사인 유사도 측정

① 0°에 가까운 코사인 값   ② 90°에 가까운 코사인 값   ③ 180°에 가까운 코사인 값

그림 10-52의 ①은 이루는 각이 0도에 가깝기 때문에 코사인 유사도가 1에 가까운 반면, ③은 각이 180도에 가까워 코사인 유사도가 −1에 가깝습니다. ②는 각이 90도에 가깝기 때문에 코사인 유사도가 0에 가깝습니다.

코사인 유사도 공식을 이용하여 문서 간 유사도를 알아보는 파이썬 코드를 작성해 봅시다. 다음과 같이 문서가 세 개 있다고 가정합니다.

- 문서 1: 나는 과일과 채소를 좋아합니다.
- 문서 2: 나는 채소를 싫어합니다.
- 문서 3: 나는 과일을 좋아합니다. 그리고 나는 채소는 싫어합니다.

문서의 단어들을 행렬로 만들면 표 10-10과 같습니다.

구분	나는	과일	채소	좋아합니다.	싫어합니다.
문서 1	1	1	1	1	0
문서 2	1	0	1	0	1
문서 3	2	1	1	1	1

표 10-10

코사인 예제 테이블

NumPy를 이용해서 문서의 유사도를 구하면 다음과 같습니다.

In [55]:

```python
# NumPy 라이브러리를 호출하고 코사인 공식을 적용하려고
# 내적(dot)과 벡터의 크기(norm)를 호출합니다
# 또 공식을 적용할 수 있는 함수(def cos_sim())를 생성합니다
from numpy import dot
from numpy.linalg import norm
import numpy as np


def cos_sim(A, B):
    return dot(A, B)/(norm(A)*norm(B))


# 표 10-10의 행렬을 배열로 저장합니다
doc1 = np.array([1, 1, 1, 1, 0])
doc2 = np.array([1, 0, 1, 0, 1])
```

```
doc3 = np.array([2, 1, 1, 1, 1])

# 코사인 함수에 배열 값을 적용한 후 유사도 정도를 출력합니다
print(cos_sim(doc1, doc2)) # 문서 1과 문서 2의 코사인 유사도
print(cos_sim(doc1, doc3)) # 문서 1과 문서 3의 코사인 유사도
print(cos_sim(doc2, doc3)) # 문서 2와 문서 3의 코사인 유사도
```

0.5773502691896258
0.8838834764831843
0.8164965809277259

따라서 문서 1과 문서 3의 유사도가 가장 높습니다.

UNIT 21 열 공간과 영 공간

BASIC MATHEMATICS FOR ARTIFICIAL INTELLIGENCE

1 행렬-벡터의 곱

행렬과 벡터도 숫자의 연산처럼 덧셈, 뺄셈, 곱셈 등 연산이 가능합니다. 특히 행렬-벡터의 연산은 일반 숫자의 연산과 달리 대용량 데이터를 계산할 수 있도록 해 줍니다. 다음과 같이 왼쪽 행렬의 행 벡터들과 오른쪽 행렬의 열 벡터들을 곱하면서 한 칸씩 채워 나가는 것이 행렬-벡터의 곱입니다.

$$A\vec{x} = \begin{bmatrix} a_{11} & a_{12} & \cdots & a_{1n} \\ a_{21} & a_{22} & \cdots & a_{2n} \\ \vdots & \vdots & \ddots & \vdots \\ a_{m1} & a_{m2} & \cdots & a_{mn} \end{bmatrix} \begin{bmatrix} x_1 \\ x_2 \\ \vdots \\ x_n \end{bmatrix} = \begin{bmatrix} a_{11}x_1 & + & a_{12}x_2 & + & \cdots & + & a_{1n}x_n \\ a_{21}x_1 & + & a_{22}x_2 & + & \cdots & + & a_{2n}x_n \\ \vdots & & \vdots & & \ddots & & \vdots \\ a_{m1}x_1 & + & a_{m2}x_2 & + & \cdots & + & a_{mn}x_n \end{bmatrix} = \begin{bmatrix} b_1 \\ b_2 \\ \vdots \\ b_n \end{bmatrix}$$

즉, 행렬 A는 $m \times n$이고, 벡터 x는 $n \times 1$일 때, 그 결과는 $m \times 1$입니다. 또 행렬 A와 벡터 x의 곱을 다음과 같이 간단히 정리할 수도 있습니다.

$$A\vec{x} = b$$

예를 들어 행렬 A는 2×3이고, 벡터 $\vec{x}$가 3×1일 때, 그 결과는 2×1입니다. 이 부분은 추후 머신 러닝에서 데이터를 훈련용(train)과 테스트용(test)으로 분리(split)한 후 내적할 때 에러가 많이 발생하는 부분이기도 합니다. 행과 열이 내적을 위한 조건을 충족하지 않을 경우 곱셈이 진행되지 않는다는 것만 주의합시다.

원리

$A = 3 \times 4$, $\vec{x} = 4 \times 1$일 때, $A\vec{x}$는 다음과 같은 원리로 곱합니다.

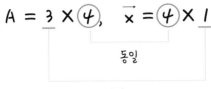

그림 10-53

행렬-벡터에 대한
곱의 원리

그림 10-53과 같이 행렬의 '열'과 벡터의 '행'이 같아야 곱이 가능합니다. 예를 들어 행렬-벡터의 곱은 다음과 같이 도출할 수 있습니다.

$A = \begin{bmatrix} -2 & 4 & 2 \\ 6 & -3 & 8 \end{bmatrix}$, $\vec{x} = \begin{bmatrix} 3 \\ -3 \\ 5 \end{bmatrix}$일 때, 행렬 A는 2×3이고 $\vec{x}$는 3×1이므로 곱셈이 가능합니다.

따라서 $A\vec{x}$는 다음과 같은 곱셈을 할 수 있습니다.

$$A\vec{x} = \begin{bmatrix} -2 & 4 & 2 \\ 6 & -3 & 8 \end{bmatrix} \begin{bmatrix} 3 \\ -3 \\ 5 \end{bmatrix}$$

$$= \begin{bmatrix} (-2) \cdot 3 + 4 \cdot (-3) + 2 \cdot 5 \\ 6 \cdot 3 + (-3) \cdot (-3) + 8 \cdot 5 \end{bmatrix} = \begin{bmatrix} -8 \\ 67 \end{bmatrix}$$

 행렬의 열 공간

행렬 A의 열 공간(column space)은 행렬 A의 열을 선형 조합하여 생성한 벡터 공간입니다.

2×2 행렬에 벡터 $\vec{x}$를 곱하는 예를 살펴봅시다. 다음과 같이 행렬과 벡터의 곱은 항 두 개로 나뉘고, 각 항은 행렬의 열 벡터와 곱이 됩니다. 따라서 행렬과 벡터의 곱은 행렬의 열에 대한 선형 조합과 같습니다.

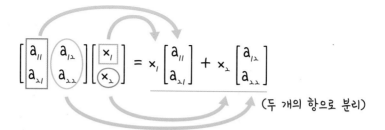

그림 10-54

행렬과 벡터의 곱은
행렬의 열에 대한
선형 조합

$$\left[\begin{bmatrix} a_{11} & a_{12} \\ a_{21} & a_{22} \end{bmatrix}\right]\begin{bmatrix} x_1 \\ x_2 \end{bmatrix} = x_1 \begin{bmatrix} a_{11} \\ a_{21} \end{bmatrix} + x_2 \begin{bmatrix} a_{12} \\ a_{22} \end{bmatrix}$$

(두 개의 항으로 분리)

구체적인 예시로 확인해 볼게요.

$$A_{\vec{x}} = \begin{bmatrix} -2 & 4 & 2 \\ 6 & -3 & 3 \\ 5 & -3 & 2 \end{bmatrix}\begin{bmatrix} x_1 \\ x_2 \\ x_3 \end{bmatrix} = \begin{bmatrix} b_1 \\ b_2 \\ b_3 \end{bmatrix}$$

수식 10.20

행렬 A는 열을 세 개 가졌고, 각 열은 원소 세 개로 이루어져 있는 3차원 공간 R^3의 부분 공간입니다. A의 열을 선형 결합 형태로 표현하기 위해 A의 열 부분 공간을 상세히 살펴봅시다.

$$x_1 \begin{bmatrix} -2 \\ 6 \\ 5 \end{bmatrix} + x_2 \begin{bmatrix} 4 \\ -3 \\ -3 \end{bmatrix} + x_3 \begin{bmatrix} 2 \\ 3 \\ 2 \end{bmatrix} = \begin{bmatrix} b_1 \\ b_2 \\ b_3 \end{bmatrix}$$

수식 10.20의 $A_{\vec{x}} = b$는 방정식 세 개와 미지수 세 개를 갖습니다. 미지수 세 개는 $x = [x_1, x_2, x_3]$을 의미합니다. 벡터 b가 어떤 값을 가져야 해를 구할 수 있을까요? 쉽게 생각할 수 있는 답은 b 벡터가 모두 0인 경우입니다. 즉, $b = [0\ 0\ 0]$일 때입니다.

$$x_1 \begin{bmatrix} -2 \\ 6 \\ 5 \end{bmatrix} + x_2 \begin{bmatrix} 4 \\ -3 \\ -3 \end{bmatrix} + x_3 \begin{bmatrix} 2 \\ 3 \\ 2 \end{bmatrix} = \begin{bmatrix} 0 \\ 0 \\ 0 \end{bmatrix}$$

또 다른 경우는 $b = [-2\ 6\ 5]$일 때 $x = [1\ 0\ 0]$이 되며, 이때 b는 A의 첫 번째 열과 같습니다. 같은 방법으로 $x = [0\ 1\ 0]$과 $x = [0\ 0\ 1]$이 되는 경우도 가능합니다. 따라서 그림 10-55와 같이 정리할 수 있습니다.

$$\begin{bmatrix} -2 & 4 & 2 \\ 6 & -3 & 3 \\ 5 & -3 & 2 \end{bmatrix}\begin{bmatrix} 1 \\ 0 \\ 0 \end{bmatrix} = \begin{bmatrix} -2 \\ 6 \\ 5 \end{bmatrix}, \quad \begin{bmatrix} -2 & 4 & 2 \\ 6 & -3 & 3 \\ 5 & -3 & 2 \end{bmatrix}\begin{bmatrix} 0 \\ 1 \\ 0 \end{bmatrix} = \begin{bmatrix} 4 \\ -3 \\ -3 \end{bmatrix}, \quad \begin{bmatrix} -2 & 4 & 2 \\ 6 & -3 & 3 \\ 5 & -3 & 2 \end{bmatrix}\begin{bmatrix} 0 \\ 0 \\ 1 \end{bmatrix} = \begin{bmatrix} 2 \\ 3 \\ 2 \end{bmatrix}$$

첫 번째 열   두 번째 열   세 번째 열

그림 10-55

$A_{\vec{x}} = b$에 대한 해

그림 10-55의 결론에 따라 선형방정식 $A_{\vec{x}} = b$에 대해 벡터 b가 A의 열 공간에 존재할 때만 해를 구할 수 있습니다. 즉, 벡터 b가 행렬 A의 열을 선형 결합으로 표현할 수 있을 때만 $A_{\vec{x}} = b$에 대한 해를 구할 수 있습니다. 결국 벡터 b가 행렬 A의 열 공간에 존재해야만 해를 구할 수 있는 것입니다. 다시 정리하면, 행렬 A의 열에 대한 선형 결합은 선형방정식 $A_{\vec{x}}$ 그 자체라고 할 수 있습니다.

참고로 $m \times m$ 행렬 $A = \begin{bmatrix} a_{11} & a_{12} & \cdots & a_{1n} \\ a_{21} & a_{22} & \cdots & a_{2n} \\ \vdots & \vdots & \ddots & \vdots \\ a_{m1} & a_{m2} & \cdots & a_{mn} \end{bmatrix}$ 에서 열 공간은 col(A) = span{A의

선형 독립} 혹은 A: span{col(A)}처럼 표현합니다.

3 행렬의 영 공간

행렬의 영 공간(null space)은 행렬 A와 벡터 x를 곱했을 때 그 결과가 0이 되는 모든 열 벡터 x의 집합을 의미합니다. 즉, 선형방정식 $A_{\vec{x}} = 0$의 해(solution)들이 이루는 공간을 의미합니다. 예를 들어 다음과 같이 행렬 A 곱하기 벡터 x가 0이 되는 모든 열 벡터 x의 집합을 영 공간이라고 합니다.

$$A_x = \begin{bmatrix} -2 & 4 & 2 \\ 6 & -3 & 3 \\ 5 & -3 & 2 \end{bmatrix}\begin{bmatrix} x_1 \\ x_2 \\ x_3 \end{bmatrix} = \begin{bmatrix} 0 \\ 0 \\ 0 \end{bmatrix}$$

이때 생각해 볼 수 있는 x 값은 영 벡터, 즉 $x = [0\ 0\ 0]$입니다. 또 다른 영 공간의 조건을 생각해 볼까요? 행렬 A의 첫 번째 열(col1)과 두 번째 열(col2)을 더하고, 세 번째 열(col3)에 −1을 곱하면 그 결과는 영 벡터가 됩니다. 즉, $x = [1\ 1\ -1]$

입니다. 또 다른 해는 $x = [1\ 1\ -1]$에 c 상수를 곱하는 것입니다.

$$A_x = c \begin{bmatrix} 1 \\ 1 \\ -1 \end{bmatrix}$$

이것으로 영 공간은 3차원 공간 R^3의 부분 공간이라는 것을 확인할 수 있습니다. 참고로 3차원 공간에서 영 공간은 직선으로 표현합니다.

그렇다면 영 공간은 어떻게 구할까요? 영 공간을 구하려면 먼저 추축을 알아야 합니다.

추축(pivot)은 행렬의 원소가 1을 가지면서 1 밑의 원소들이 0이 되는 것입니다 (예를 들어 그림 10-56에서 U_{11}은 1을 가지면서 1 밑의 원소(U_{21}, U_{31})들은 0을 갖습니다). 이 추축을 포함하는 열 벡터가 추축열(pivot column)이 되고, 없는 열 벡터들은 자유열(free column)이 됩니다.

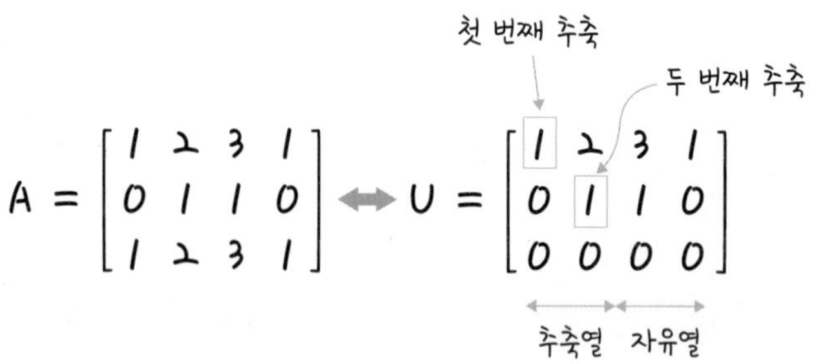

그림 10-56

추축열과 자유열

영 공간을 구하려면 먼저 추축을 찾아야 합니다. 행렬 A를 다음과 같이 상삼각행렬 U(Upper triangular)로 변환한 후 자유열 중에서 하나에는 1을 대입하고, 나머지에는 0을 대입합니다. 다음 번에는 또 다른 자유변수에 1을 대입하고 나머지에는 0을 대입합니다. 이것을 반복해서 특수해(special solution) 혹은 완전해 (complete solution)들을 찾습니다.

완전해

일반적으로 방정식을 풀었을 때 나오는 값입니다

상삼각행렬

그림 10-57 상삼각행렬

그림 10-57과 같이 대각선 아래 성분이 모두 0인 행렬을 의미합니다.

$$A = \begin{bmatrix} 1 & 2 & 3 & 1 \\ 0 & 1 & 1 & 0 \\ 0 & 0 & 1 & 2 \end{bmatrix}$$

대각선 아래가 모두 '0'

구체적으로 다음 예제를 활용하여 영 공간을 구해 봅시다.

(1) $\begin{bmatrix} 1 & 2 & 4 & 4 \\ 0 & 1 & 2 & 0 \\ 1 & 2 & 3 & 2 \end{bmatrix} \begin{bmatrix} x_1 \\ x_2 \\ x_3 \\ x_4 \end{bmatrix} = \begin{bmatrix} 0 \\ 0 \\ 0 \end{bmatrix}$ 에서 행렬 A가 상삼각행렬이 아니므로, 상삼각행렬

로 변환하기 위해 첫 번째 행에서 세 번째 행을 빼면 다음과 같습니다.

$$\begin{bmatrix} 1 & 2 & 4 & 4 \\ 0 & 1 & 2 & 0 \\ 0 & 0 & 1 & 2 \end{bmatrix} \begin{bmatrix} x_1 \\ x_2 \\ x_3 \\ x_4 \end{bmatrix} = \begin{bmatrix} 0 \\ 0 \\ 0 \end{bmatrix}$$

따라서 첫 번째 열과 두 번째 열은 추축열이며, 세 번째 열과 네 번째 열은 자유열이 됩니다. 자유열에 1과 0을 대입하려고 식을 풀어 쓰면 다음과 같습니다.

$$x_1 \begin{bmatrix} 1 \\ 0 \\ 0 \end{bmatrix} + x_2 \begin{bmatrix} 2 \\ 1 \\ 0 \end{bmatrix} + x_3 \begin{bmatrix} 4 \\ 2 \\ 1 \end{bmatrix} + x_4 \begin{bmatrix} 4 \\ 0 \\ 2 \end{bmatrix} = \begin{bmatrix} 0 \\ 0 \\ 0 \end{bmatrix}$$

(2) 자유열(세 번째 열과 네 번째 열)에 $x_3 = 1$, $x_4 = 0$을 대입하세요.

그림 10-58

$x_3 = 1$, $x_4 = 0$일 때 x 값 구하기

$$x_1 \begin{bmatrix} 1 \\ 0 \\ 0 \end{bmatrix} + x_2 \begin{bmatrix} 2 \\ 1 \\ 0 \end{bmatrix} + 1 \begin{bmatrix} 4 \\ 2 \\ 1 \end{bmatrix} + 0 \begin{bmatrix} 4 \\ 0 \\ 2 \end{bmatrix} = \begin{bmatrix} 0 \\ 0 \\ 0 \end{bmatrix}$$

$\leftarrow (x_1 \times 1) + (x_2 \times 2) + (1 \times 4) + (0 \times 4) = 0$

$\leftarrow (x_1 \times 0) + (x_2 \times 1) + (1 \times 2) + (0 \times 0) = 0$

$\leftarrow (x_1 \times 0) + (x_2 \times 0) + (1 \times 1) + (0 \times 2) = 0$

앞의 식을 정리하면 다음과 같습니다.

$$x_1 + 2x_2 + 4 = 0$$
$$x_2 + 2 = 0$$

따라서 $x_1 = 0$, $x_2 = -2$이기 때문에 첫 번째 해는 $x = \begin{bmatrix} 0 \\ -2 \\ 1 \\ 0 \end{bmatrix}$ 입니다.

(3) 또 동일한 방법으로 두 번째 해를 구하려고 $x_3 = 0$, $x_4 = 1$을 대입하면 다음과 같습니다.

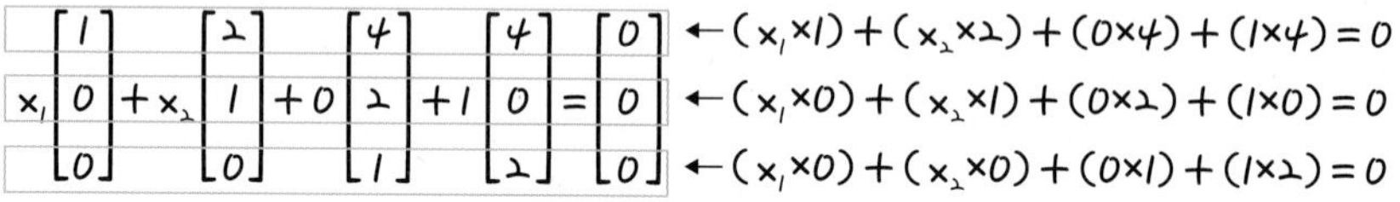

그림 10-59

$x_3 = 0$, $x_4 = 1$일 때 x 값 구하기

$$x_1 \begin{bmatrix} 1 \\ 0 \\ 0 \end{bmatrix} + x_2 \begin{bmatrix} 2 \\ 1 \\ 0 \end{bmatrix} + 0 \begin{bmatrix} 4 \\ 2 \\ 1 \end{bmatrix} + 1 \begin{bmatrix} 4 \\ 0 \\ 2 \end{bmatrix} = \begin{bmatrix} 0 \\ 0 \\ 0 \end{bmatrix}$$

$\leftarrow (x_1 \times 1) + (x_2 \times 2) + (0 \times 4) + (1 \times 4) = 0$

$\leftarrow (x_1 \times 0) + (x_2 \times 1) + (0 \times 2) + (1 \times 0) = 0$

$\leftarrow (x_1 \times 0) + (x_2 \times 0) + (0 \times 1) + (1 \times 2) = 0$

앞의 식을 정리하면 다음과 같습니다.

$$x_1 + 2x_2 + 4 = 0$$
$$x_2 = 0$$

따라서 $x_1 = -4$, $x_2 = 0$이기 때문에 두 번째 해는 $x = \begin{bmatrix} -4 \\ 0 \\ 0 \\ 1 \end{bmatrix}$ 입니다.

즉, x 값들에 대한 선형 조합이 완전해가 되고, 그것이 행렬 A의 영 공간을 나타냅니다.

## 11장

행렬
변환

데이터를 벡터로 표현한 후에는 벡터끼리 변환하고자 복잡한 계산(덧셈, 뺄셈, 곱셈)을 합니다. 이 장에서는 벡터의 합성을 쉽게 이해할 수 있도록 좌표상에서 벡터 간 연산 과정을 예시로 자세히 알아보겠습니다.

UNIT 22 함수와 선형 변환

BASIC MATHEMATICS FOR ARTIFICIAL INTELLIGENCE

1 함수의 이해

함수란

함수는 두 집합 사이의 대응 관계입니다. 즉, 다음과 같이 A의 성분을 B의 성분으로 변환하는 것을 함수라고 합니다.

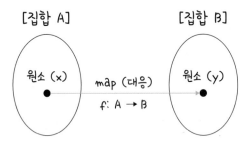

그림 11-1
함수

함수의 수학적 표현은 다음과 같습니다.

$$f: X \to Y \text{ 혹은 } f: X \mapsto Y$$

참고로 f가 'x로부터 y로의 함수'라면 y를 x의 상(image)이라고 하며, x를 y의 원상(preimage)이라고 합니다.

정의역, 공역, 치역

정의역, 공역, 치역은 다음과 같이 정의할 수 있습니다.

- 정의역(domain)은 함수 f로 관계 지은 집합 X와 Y에서 집합 X를 의미합니다. 즉, $f: X \rightarrow Y$에서 집합 X가 정의역에 속합니다.
- 공역(co-domain)은 집합 X와 Y 중에 집합 Y를 의미합니다. 즉, $f: X \rightarrow Y$에서 집합 Y가 공역에 속합니다.
- 치역(range)은 공역의 부분 집합으로 X 값에 대응되는 Y 값 중에서 X와 연결된 값들을 의미합니다.

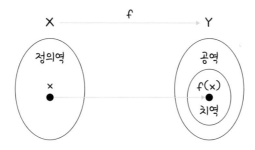

그림 11-2

정의역, 공역, 치역

구체적인 예시로 정의역, 공역, 치역을 알아봅시다. 예를 들어 $f: R^2 \rightarrow R$에서 $f(x_1, x_2) = 2$라고 가정한다면 $f: x_1, x_2 \rightarrow 2$와 같은 표현도 가능합니다. 이때 정의역은 R^2, 공역은 R, 치역은 2입니다.

또 다른 예로, $f: R^2 \rightarrow R^3$에서 $f(x_1, x_2) = (x_1 + x_2, x_2 - x_1, 2x_1)$이라고 가정한다면 정의역은 R^2, 공역은 R^3이라는 결론을 얻게 됩니다.

그렇다면 치역은 어떨까요? 구체적인 사례로 치역을 확인해 보겠습니다. 예를 들어 $F: (3, 2) \rightarrow (5, -1, 6)$은 다음과 같이 표현할 수 있습니다.

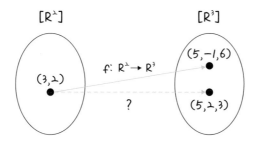

그림 11-3

F: (3, 2) →
(5, −1, 6)

집합 R^3에서 (5, 2, 3)은 치역이 될 수 있을까요? 결론부터 말하면, (5, −1, 6)만 치역이 가능합니다. 치역은 X 값에 대응되는 Y 값 중에서 X와 연결된 값들이라고 정의했습니다. 그림 11–3의 함수 $f(x_1, x_2) = (x_1 + x_2, x_2 - x_1, 2x_1)$에 대해 Y 값의 결과는 다음과 같습니다.

$$f(x_1, x_2) = (x_1 + x_2, x_2 - x_1, 2x_1) \rightarrow f(3, 2) = (3 + 2, 2 - 3, 2 \times 3) = (5, -1, 6)$$

따라서 Y 값 $(5, -1, 6)$에 대해서는 치역이 가능합니다. $(5, 2, 3)$이 치역이 될 수 없는 이유는 함수 $f(x_1, x_2) = (x_1 + x_2, x_2 - x_1, 2x_1)$의 결과로 $(5, 2, 3)$이 나올 수 없기 때문입니다. 즉, $(5, 2, 3)$은 공역은 될 수 있으나 치역은 될 수 없습니다.

연습 문제

$f: A \rightarrow B$에서 $x \rightarrow x^2$일 때 정의역, 공역, 치역, 2의 상, 1의 원상, 9의 원상을 구하세요.

문제 풀이

(1) 정의역: A

(2) 공역: B

(3) 치역: $f(A) = \{f(x) \mid x \in A\}$

(4) 2의 상: 4

(5) 1의 원상: 1

(6) 9의 원상: 3

2 벡터의 변환

벡터의 변환을 진행하기 전에 앞서 배운 함수를 다시 살펴볼게요. 함수는 한 집합의 원소에서 다른 집합의 원소 사이의 관계를 의미합니다. 여기에서 집합의 원소를 벡터라고 합니다. 따라서 벡터는 다음과 같이 표현할 수 있습니다.

$$\vec{x} \in R^n \ (R^n = \{x_1, x_2, \cdots, x_n \mid n\text{–튜플}, \ x_1, x_2, \cdots, x_n \in R^n\})$$

또는 다음과 같이 표현할 수 있습니다.

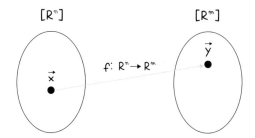

그림 11-4

두 집합 사이의 변환

그렇다면 벡터의 변환은 무엇일까요? 벡터의 변환은 3D 공간상에서 벡터에 여러 가지 변환을 수행하는 것입니다. 예시로 정확한 의미를 확인해 보겠습니다.

예시 1

$f: R^3 \mapsto R^2$으로 변환에서 $f(x_1, x_2, x_3) = (x_1 + 3x_2, 2x_3)$이라고 할 때

$$f\begin{pmatrix} x_1 \\ x_2 \\ x_3 \end{pmatrix} = \begin{bmatrix} x_1 + 3x_2 \\ 2x_3 \end{bmatrix}$$ 처럼 표현할 수 있습니다.

이때 (1) $x_1 = x_2 = x_3 = 1$이라고 가정한다면 $f\begin{pmatrix} 1 \\ 1 \\ 1 \end{pmatrix} = \begin{bmatrix} 1+(3\times1) \\ 2\times1 \end{bmatrix} = \begin{bmatrix} 4 \\ 2 \end{bmatrix}$가 되고,

(2) $x_1 = x_2 = x_3 = 2$라고 가정한다면 $f\begin{pmatrix} 2 \\ 2 \\ 2 \end{pmatrix} = \begin{bmatrix} 2+(3\times2) \\ 2\times2 \end{bmatrix} = \begin{bmatrix} 8 \\ 4 \end{bmatrix}$가 됩니다.

(1)과 (2)를 그래프로 나타내면 다음과 같습니다.

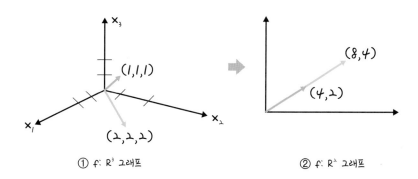

그림 11-5

(1)과 (2)의 그래프

① $f: R^3$ 그래프   ② $f: R^2$ 그래프

이때 (1)에서 (2)로 변환을 '벡터의 변환(Transformation)'이라고 합니다. 즉, x_1, x_2, x_3의 값에 따라 다양한 형태로 변할 수 있습니다.

또 다른 예시를 살펴봅시다. 다음과 같이 벡터 $\vec{v}$와 집합 M이 있을 때, $M\vec{v}$를 계산하여 그래프로 표현하면 다음과 같습니다.

$$\vec{v} = \begin{bmatrix} 1 \\ 1 \\ 0 \end{bmatrix}, \quad M = \begin{bmatrix} 2 & 0 & 1 \\ 1 & 1 & 3 \\ 0 & 2 & 2 \end{bmatrix} \text{일 때,}$$

$$M\vec{v} = \begin{bmatrix} 2 & 0 & 1 \\ 1 & 1 & 3 \\ 0 & 2 & 2 \end{bmatrix} \begin{bmatrix} 1 \\ 1 \\ 0 \end{bmatrix} = \begin{bmatrix} (2 \times 1) + (0 \times 1) + (1 \times 0) \\ (1 \times 1) + (1 \times 1) + (3 \times 0) \\ (0 \times 1) + (2 \times 1) + (2 \times 0) \end{bmatrix} = \begin{bmatrix} 2 \\ 2 \\ 2 \end{bmatrix} = \vec{v'}$$

이때 $\vec{v}$와 $\vec{v'}$를 그래프로 그리면 그림 11-6과 같습니다.

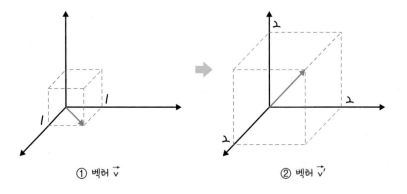

① 벡터 $\vec{v}$ ② 벡터 $\vec{v'}$

벡터 $\vec{v}$가 벡터 $\vec{v'}$(벡터 $\vec{v}$와 집합 M의 곱셈)로 변형된 것 역시 '벡터의 변환'이라고 합니다. 참고로 벡터의 변환은 다음과 같이 대문자 T로 표기합니다.

$$T: R^n \to R^m$$

벡터의 변환은 비디오 게임 등 3D 공간에서 포인트 혹은 벡터의 회전 및 이동 등을 수행하는 데 사용합니다.

3 선형 변환

'선형적이다'는 영어로 'linear하다'고 표현합니다. linear란 line(선)의 형용사 형태로, '선형적이다'는 결국 어떤 성질이 변하는 데 그 변수가 1차원적이라는 의미로 유추할 수 있습니다. 즉, 선형성이란 직선과 같은 도형 또는 그와 성질이 비슷한 대상이라는 것으로, 함수에서는 그 모양이 '직선'이라는 의미로 사용합니다. 수학에서 선형성은 임의의 수 x, y와 함수 f에 대해 다음 두 조건을 동시에 만족해야 합니다.

- 중첩성: $f(x + y) = f(x) + f(y)$
- 동질성: 임의의 수 a에 대해 $f(ax) = af(x)$

그렇다면 선형 변환이란 무엇일까요? 선형 변환은 선형 결합을 보존하는 두 벡터 공간 사이의 함수입니다. 즉, (1) 선형 결합을 보존하는 (2) 두 벡터 공간 사이의 함수에 대한 의미를 이해해야 합니다.

선형 결합이란 다음 두 조건을 만족해야 함을 의미합니다.

- 합의 법칙: $T(\vec{a}+\vec{b}) = T(\vec{a}) + T(\vec{b})$
- 스칼라 곱의 법칙: $T(\vec{ca}) = cT(\vec{a})$

그리고 (1) 선형 결합을 보존한다는 것은 이러한 성질이 보존된다는 의미입니다. 쉽게 말해 '덧셈과 곱셈에 닫혀 있다'고 보면 됩니다. '닫혀 있다'는 '덧셈과 곱셈을 사용할 수 있다'는 의미로 이해합니다.

또 (2) 두 벡터 공간 사이의 함수는 무엇을 의미할까요? 선형 변환은 결국 '함수'라는 의미가 중요합니다. 함수란 첫 번째 집합의 임의의 한 원소를 두 번째 집합의 한 원소에만 대응시키는 이항 관계라고 했습니다. 따라서 한 점을 한 벡터 공간에서 다른 벡터 공간으로 이동시키는데, 그 이동 규칙을 선형 변환이라고 할 수 있습니다. 그리고 이때 한 벡터 공간에서 다른 벡터 공간으로 이동하는 함수를 두 벡터 공간 사이의 함수라고 합니다.

예시로 선형 변환의 의미를 살펴봅시다. 행렬 A와 B가 있다고 가정합니다.

$$A = \begin{bmatrix} 1 & 2 & 3 \\ 3 & 4 & 5 \end{bmatrix}, \ B = \begin{bmatrix} 5 \\ 6 \\ 7 \end{bmatrix}$$

이때 행렬 A와 B를 곱하면 다음과 같습니다.

$$\begin{aligned} AB &= \begin{bmatrix} (1 \times 5) + (2 \times 6) + (3 \times 7) \\ (3 \times 5) + (4 \times 6) + (5 \times 7) \end{bmatrix} \\ &= \begin{bmatrix} 5 + 12 + 21 \\ 15 + 24 + 35 \end{bmatrix} \\ &= \begin{bmatrix} 38 \\ 74 \end{bmatrix} \end{aligned}$$

행렬 A에 임의의 행렬 B를 곱하는 AB는 벡터 B를 3차원에서 2차원으로 변환시키는 것을 의미합니다. 즉, 선형 변환은 3차원에서 2차원으로 변환처럼 한 벡터 공간에서 다른 벡터 공간으로 이동하는 규칙 정도로 이해합니다.

선형 변환도 일종의 함수이기 때문에 선형 변환 역시 합성 개념으로 이해할 수 있습니다. 다음과 같은 선형 변환을 가정해 볼게요(T_1의 공역은 T_2의 정의역과 같습니다).

$$T_1 \colon R^n \to R^k, \ T_2 \colon R^k \to R^m$$

여기에서 R^n상의 벡터 $\vec{x}$에 대해 $T_1(\vec{x})$를 계산하고, 그 후 R^k상의 벡터 $T_1(\vec{x})$를 가지고 R^m상의 최종적인 벡터 $T_2(T_1(\vec{x}))$를 계산해 봅시다. 즉, 다음과 같은 선형 변환의 합성이 가능합니다.

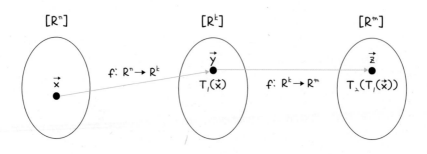

그림 11-7

선형 변환의 합성

계산 과정은 R^n상의 벡터 $\vec{x}$에 T_1을 적용한 후, T_2를 적용하는 과정으로 결국 전체 과정은 **$R^n \rightarrow R^m$인 변환**으로 볼 수 있습니다. 이러한 $R^n \rightarrow R^m$으로 변환을 T_2와 T_1의 합성이라고 하며, 다음과 같이 표기합니다(T_2 서클(circle) T_1이라고 읽습니다).

$$T_2 \circ T_1$$

또 앞의 함수를 사용할 경우 다음 결론을 도출할 수 있습니다.

$$T_2 \circ T_1 : R^n \rightarrow R^m$$

이때 T_2와 T_1의 순서가 매우 중요합니다. 순서가 바뀔 경우 다른 변환이 될 수 있기 때문입니다. 즉, $T_2 \circ T_1$은 다음 식을 만족합니다.

$$(T_2 \circ T_1)(\vec{x}) = T_2(T_1(\vec{x}))$$

연습 문제

$$X = \begin{bmatrix} 2 \\ 3 \\ 5 \end{bmatrix}, \ Y = \begin{bmatrix} 4 \\ 1 \\ 2 \end{bmatrix}, \ X + Y = \begin{bmatrix} 6 \\ 4 \\ 7 \end{bmatrix} \text{일 때,}$$

$f(x, y, z) = (3x + 3y, 3z, 8y + 2x, 4z)$가 선형 변환임을 증명하세요.

문제 풀이

선형 변환을 만족하려면 다음 조건을 충족해야 합니다.

(1) 합의 법칙: $T(\vec{a} + \vec{b}) = T(\vec{a}) + T(\vec{b})$

(2) 스칼라 곱의 법칙: $T(c\vec{a}) = cT(\vec{a})$

(1)　　$T(X) = f(2, 3, 5) = (15, 15, 28, 20)$

　　　　$T(Y) = f(4, 1, 2) = (15, 6, 16, 8)$

　　$T(X + Y) = f(6, 4, 7) = (30, 21, 44, 28)$

즉, 다음 합의 법칙을 만족합니다.

$$T(X + Y) = T(X) + T(Y)$$
$$(30, 21, 44, 28) = (15, 15, 28, 20) + (15, 6, 16, 8)$$

(2) 또 X에 임의의 실수 값 2를 곱하면 다음과 같습니다.

$$2X = 2\begin{bmatrix} 2 \\ 3 \\ 5 \end{bmatrix} = \begin{bmatrix} 4 \\ 6 \\ 10 \end{bmatrix}$$
$$= f(4, 6, 10) = 2 \times f(2, 3, 5)$$

따라서 스칼라 곱의 법칙 $T(2X) = 2T(X)$를 만족하기 때문에 주어진 함수는 선형 변환입니다.

4 정사영

정사영(orthogonal projection)은 특정 도형(또는 선분)에 빛을 비추었을 때, 그 빛과 수직인 평면에 생기는 그림자를 의미합니다. 그림 11-8에서 $\vec{A'}$를 $\vec{A}$의 정사영이라고 합니다.

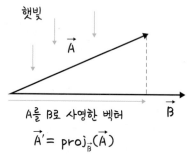

햇빛

$\vec{A}$

A를 B로 사영한 벡터

$\vec{B}$

$$\vec{A'} = proj_{\vec{B}}(\vec{A})$$

그림 11-8

정사영

※ $Proj$는 projection의 약자로 '사영'을 뜻하며, 프로젝션 벡터라고 읽습니다.

정사영의 수학적 표현은 다음과 같습니다.

두 벡터 $\vec{A}$, $\vec{B}$에 대해 $\vec{A}$를 $\vec{B}$로 정사영($proj_{\vec{B}}(\vec{A})$)하면 다음 수식으로 표현할 수 있습니다.

$$proj_{\vec{B}}(\vec{A}) = \frac{\vec{A} \cdot \vec{B}}{|\vec{A}|}\vec{A}$$

정사영 역시 벡터이기 때문에 벡터의 크기와 방향을 이용하여 앞의 수식을 도출할 수 있습니다(여기에서는 수식을 도출하는 과정은 생략하지만, 앞서 배운 벡터의 크기를 구하는 공식을 이용하면 쉽게 도출할 수 있습니다).

공식을 어렵게 느낄 수 있기 때문에 다음 좌표를 이용해서 이해해 보겠습니다. "어떤 것을 정사영한다는 것은 광선이 도달한 곳을 보고 있다."는 것이라고 했습니다. 그림 11-9에서 벡터 $\vec{v}$에 임의의 스칼라(c)를 곱한 결과가 직선 L이라고 할게요. 이때 벡터 $\vec{x}$의 직선 L로의 정사영($proj_L(\vec{x})$)을 정의해 봅시다.

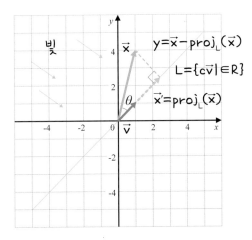

그림 11-9
좌표에서 정사영

직선 L에 대해 수직으로 빛이 비춘다고 할 때 빛과 L이 직교하므로 L에 정사영한 $\vec{x}$를 $\vec{x}'$라고 할 수 있습니다. 즉, 벡터 $\vec{x}'$는 직선(L)에 대한 $\vec{x}$의 정사영입니다. 또 벡터 y가 직선에 수직이라는 것은 직선상에 있는 모든 벡터에 수직이라는 것을 의미합니다.

따라서 다음과 같이 표현할 수 있습니다.

$$\vec{x} - proj_L(\vec{x}) = \frac{직선에 \; 수직}{직교}$$

정사영은 공식보다 의미를 아는 것이 더 중요하므로 앞의 그래프를 보면서 이해할 수 있으면 충분합니다.

UNIT 23 역함수와 역변환

BASIC MATHEMATICS FOR ARTIFICIAL INTELLIGENCE

1 함수의 역이란

역함수

역함수는 변수와 함수 값을 서로 뒤바꾸어 얻는 함수입니다.

역함수는 영어로 inverse function이라고 하며, $f^{-1}(x)$를 f 역함수 x 또는 f 인버스(inverse) x라고 읽습니다.

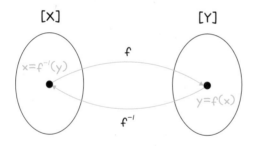

그림 11-10

역함수

그림 11-10에서 f와 f^{-1}은 일대일 대응에서 정의역과 공역을 바꾼 함수이기 때문에 서로가 서로의 역함수가 됩니다. 즉, 다음과 같이 표현할 수 있습니다.

$$(f^{-1})^{-1} = f$$

예를 들어 두 집합 $X = \{1, 2, 3, 4, 5\}$, $Y = \{a, b, c, d, e\}$가 있고, 다음과 같이 X에 대한 Y의 함수 f가 있을 때 f는 일대일 대응입니다.

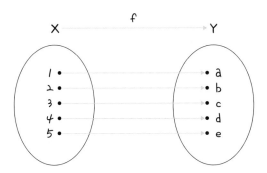

그림 11-11

y = f(x)

이때 다음과 같이 Y를 정의역으로 하고 X를 공역으로 하는 함수도 생각해 볼 수 있습니다. 이 함수를 g라고 가정할 때, 이 역시 일대일 대응이 됩니다.

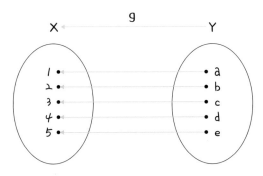

그림 11-12

x = g(y)

함수 $f: X \to Y$가 일대일 대응일 때, Y의 임의의 원소 y에 대해 $y = f(x)$인 X의 원소 x는 하나만 있습니다. 이때 y에 대해 x를 대응시키면 Y를 정의역, X를 공역으로 하는 새로운 함수를 만들 수 있는데, 이를 f의 역함수라고 하며 다음과 같이 표현합니다.

$$f^{-1}: Y \to X$$

따라서 다음 공식이 성립합니다.

$$y = f(x) \Leftrightarrow x = g(y) \Leftrightarrow x = f^{-1}(y)$$

다음은 역함수의 추가적인 성질입니다.

[역함수의 성질]

(1) $(f^{-1})^{-1} = f$

(2) $(f^{-1} \circ f)(\vec{x}) = \vec{x}(\vec{x} \in X)$

$(f^{-1} \circ f)(\vec{x}) = f^{-1}(f(\vec{x})) = f^{-1}(\vec{y}) = \vec{x}$에서 $(f^{-1} \circ f)$는 X에서의 항등함수를 의미합니다.

(3) $(f \circ f^{-1})(\vec{y}) = \vec{y}(\vec{y} \in X)$

$(f \circ f^{-1})(\vec{y}) = f(f^{-1}(\vec{y})) = f(\vec{x}) = \vec{y}$에서 $(f \circ f^{-1})$은 Y에서의 항등함수를 의미합니다.

정의역 X와 공역 Y가 실수 전체의 집합일 때 (2), (3)을 구분하는 것은 의미가 없습니다. 따라서 $f \circ f^{-1} = f^{-1} \circ f = I$가 됩니다($I$는 항등함수의 표현입니다).

참고로 모든 함수가 역함수를 갖는 것은 아닙니다. 앞의 성질을 만족할 때 역함수를 가지며, 이때 함수를 **가역함수**라고 합니다.

> **NOTE**
> **일대일 함수와 일대일 대응**
>
> · 일대일 함수: 집합 X의 임의의 원소 x_1, x_2에 대해 $x_1 \neq x_2$일 때 $f(x_1) \neq f(x_2)$인 함수
> · 일대일 대응: 일대일 함수 + (공역 = 치역)
>
> 이제 일대일 함수와 일대일 대응을 한번 구분해 볼까요? 집합 X의 원소 x_1에 대해 $f(x_1) \in Y$이면 함수입니다. 이때 $x_1 \neq x_2$일 때 $f(x_1) \neq f(x_2)$이면 일대일 함수고, 공역 = 치역이면 일대일 대응입니다.
> 그림 11-13은 집합 X의 원소 다섯 개에 Y의 원소 두 개가 대응하므로 함수입니다($f(1) = f(2)$이므로 그냥 함수가 됩니다).
>
>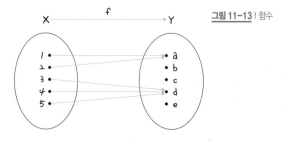
>
> 그림 11-13 f 함수

그림 11-14는 집합 X의 원소에 대응하는 집합 Y의 원소가 다 다릅니다. 그런데 공역은 {a, b, c, d, e}고 치역은 {a, b, c, d}로 공역 ≠ 치역이므로 일대일 함수입니다.

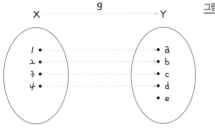

<u>그림 11-14</u> g 함수

항등함수와 상수함수

항등함수는 집합 X의 임의의 원소 x에 대해 f(x)=x인 함수로, 집합 X의 원소와 이에 대응하는 집합 Y의 원소가 항상 같습니다. 즉, 집합 X의 원소 1에는 집합 Y의 원소 1이 대응하고, 2에는 2가 대응합니다. 항상 자기 자신과 같은 값을 대응합니다.

<u>그림 11-15</u> 항등함수

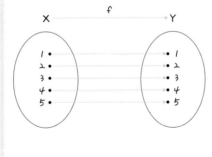

<u>그림 11-16</u> 항등함수 그래프

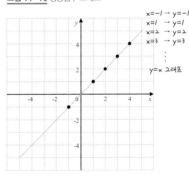

참고로 항등함수는 수학적 기호로 다음과 같이 표현합니다.

$$\underset{\substack{Identity \\ Function}}{I_x} = \underset{y=x}{f(x)} = x$$

또 결국 자기 자신의 값과 같으므로 다음과 같이 표현할 수도 있습니다.

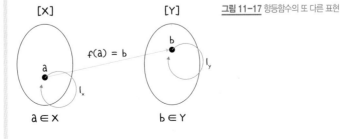

<u>그림 11-17</u> 항등함수의 또 다른 표현

상수함수는 집합 X의 임의의 원소 x에 대해 f(x)=c인 함수로, X의 모든 원소가 Y의 한 원소에만 대응합니다.

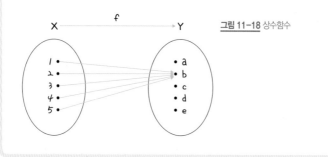

그림 11-18 상수함수

역함수를 구하는 방법

역함수를 구하는 방법은 정의역과 치역만 바꾸면 됩니다. 이때 중요한 조건이 있는데, 원래 함수는 꼭 일대일 대응이어야 한다는 것입니다. Y가 정의역이 되었을 때 Y의 모든 원소가 X의 원소에 대응하려면 공역 = 치역이어야 합니다. 또 Y의 임의의 원소 y에 대응하는 x가 하나만 있어야 하므로 일대일 함수이어야 합니다. 이 두 가지를 만족하는 경우는 일대일 대응밖에 없습니다. 일대일 대응이 아닌 함수는 역함수를 구할 수 없습니다.

이를 정리하면 다음과 같습니다.

(1) 함수 $y=f(x)$가 일대일 대응인지 확인합니다.

(2) $y=f(x)$를 x에 대해 풉니다. ← $x=f^{-1}(y)$

(3) x와 y를 바꿉니다. ← $y=f^{-1}(x)$

(4) 함수 f의 정의역과 치역을 서로 바꿉니다.

연습 문제

다음 함수의 역함수를 구하세요.

(1) $y=x+1$

(2) $y=x^2+1$

(1) $y = x + 1$

일대일 대응이 맞기 때문에 역함수를 구할 수 있습니다.

$y = x + 1$

$x = y - 1$ ($\leftarrow y = f(x)$를 x에 대해 풉니다.)

$y = x - 1$ ($\leftarrow x$와 y를 바꿉니다.)

(2) $y = x^2 + 1$

일대일 대응이 아니라서 역함수를 구할 수 없습니다.

$x = 1$일 때 $y = 2$, $x = -1$일 때 $y = 2$이므로 역함수를 구할 수 없습니다.

전사함수, 단사함수, 전단사함수

전사함수

전사함수는 공역이 있는 모든 원소에 대해 한 **공역의 원소를 y라고 한다면 집합 X에 적어도 x가 하나 존재하는 함수**를 의미합니다. 집합 Y의 모든 원소를 집합 X의 원소에 모두 대응해야 합니다. 화살에 비유하자면, 집합 Y의 원소에 화살이 두 개 이상 꽂히는 것은 상관없으나, 빈 과녁은 없어야 합니다. 즉, 다음과 같이 $|X|$ (정의역 개수) $\geq |Y|$ (공역 개수)가 됩니다.

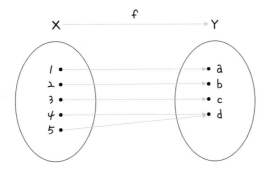

그림 11-19

전사함수

단사함수

단사함수는 집합 X의 모든 원소를 집합 Y의 원소에 모두 대응해야 합니다. 화살에 비유하자면, 집합 Y의 원소에 빈 과녁이 있어도 되나 화살이 두 개 이상 꽂히는 것은 없어야 합니다.

즉, 다음과 같이 $|X|$(정의역 개수) $\leq$ $|Y|$(공역 개수)가 됩니다.

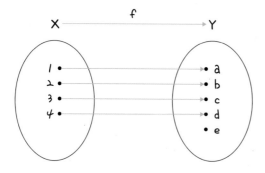

그림 11-20

단사함수

전단사함수

전단사함수를 화살에 비유하자면, 집합 Y의 원소에 한 개씩만 화살이 꽂혀야 하고 빈 과녁도 없어야 합니다. 즉, 다음과 같이 $|X|$(정의역 개수) = $|Y|$(공역 개수)가 됩니다.

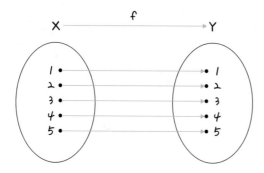

그림 11-21

전단사함수

다음은 전사함수인가요? 단사함수인가요?

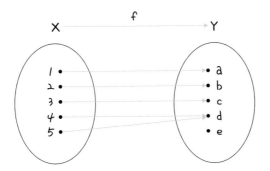

그림 11-22

y = f(x) 함수

빈 과녁이 없어야 하므로 전사함수는 아닙니다. 또 화살이 두 개 이상 꽂힐 수 없으므로 단사함수도 아닙니다. 따라서 그림 11-22는 전사함수, 단사함수 모두 아닙니다.

가역성과 전단사함수의 관계

앞서 역함수를 갖는 함수를 가역함수(invertible function)라고 했습니다. 즉, 다음 식이 있을 때 이를 f의 역함수라고 하며, 역이 존재하는 함수를 가역함수라고 합니다.

$$f^{-1} : X \rightarrow Y$$

어떤 함수가 가역함수일 필요충분조건은 전단사함수입니다. 전단사함수가 아닌 함수는 역함수를 만들 수 없으므로 비가역함수(not invertible function)라고 합니다.

(1) $X = \{1, 2, 3\}$에서 $Y = \{x, y, z\}$로의 함수 f가 $f(1) = z$, $f(2) = x$, $f(3) = y$일 때 이 함수는 가역함수인가요? 가역함수라면 그 역함수를 구하세요.

(2) 다음과 같이 g 함수가 주어졌을 때, 이 함수는 가역함수인가요?

$g : R \to R$

$x \to x^2$

(1) 함수 f는 다음과 같이 전단사함수이므로 가역함수입니다.

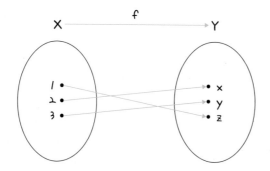

그림 11-23

연습 문제 f 함수

역함수는 $f^{-1}(z) = 1$, $f^{-1}(x) = 2$, $f^{-1}(y) = 3$입니다.

(2) 함수 f는 다음과 같이 전단사함수가 아니므로 가역함수가 아닙니다.

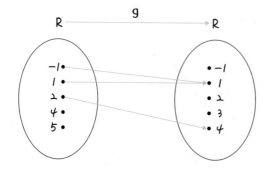

그림 11-24

연습 문제 g 함수

2 역행렬

수에 역수가 있다면 행렬에는 역행렬이 있습니다. 어떤 행렬 A와 곱했을 때 곱셈에 대한 항등원인 단위행렬 I가 나오게 하는 행렬을 행렬 A의 역행렬이라고 합니다.

$$AB = BA = I$$

앞의 식처럼 A와 곱해서 I가 나오게 하는 행렬 B를 A의 역행렬이라고 하며, A^{-1}로 표기합니다(A 인버스(inverse)라고 읽습니다).

$$B = A^{-1}$$

다음 예시로 역행렬을 알아봅시다.

$$A = \begin{bmatrix} 4 & 3 \\ 3 & 2 \end{bmatrix}, \ B = \begin{bmatrix} -2 & 3 \\ 3 & -4 \end{bmatrix}$$

$$AB = \begin{bmatrix} 4 & 3 \\ 3 & 2 \end{bmatrix}\begin{bmatrix} -2 & 3 \\ 3 & -4 \end{bmatrix} = \begin{bmatrix} (4\times(-2))+(3\times3) & (4\times3)+(3\times(-4)) \\ (3\times(-2))+(2\times3) & (3\times3)+(2\times(-4)) \end{bmatrix} = \begin{bmatrix} 1 & 0 \\ 0 & 1 \end{bmatrix}$$

$$BA = \begin{bmatrix} -2 & 3 \\ 3 & -4 \end{bmatrix}\begin{bmatrix} 4 & 3 \\ 3 & 2 \end{bmatrix} = \begin{bmatrix} ((-2)\times4)+(3\times3) & ((-2)\times3)+(3\times2) \\ (3\times4)+((-4)\times3) & (3\times3)+((-4)\times2) \end{bmatrix} = \begin{bmatrix} 1 & 0 \\ 0 & 1 \end{bmatrix}$$

$AB = I$라는 단위행렬을 도출했고, $BA = I$ 역시 단위행렬이 도출했습니다. 따라서 두 행렬을 곱했을 때 단위행렬을 도출했기 때문에 B는 A의 역행렬입니다.

참고로 숫자에서는 $a^{-1} = \dfrac{1}{a}$이 성립하지만, 행렬에서는 $A^{-1} = \dfrac{1}{A}$이 성립하지 않습니다. 또 일반적으로 행렬의 곱셈에 대한 성질에서는 $AB \neq BA$이지만, 행렬과 그 역행렬에서는 $AA^{-1} = A^{-1}A$가 성립합니다(동일하게 단위행렬을 도출하므로 $AA^{-1} = A^{-1}A$가 성립합니다).

행렬 A가 2×3이고, A^{-1}이 3×2라면 $AA^{-1} = I$가 되는데, 이때 I는 2차 정사각행렬이 됩니다.

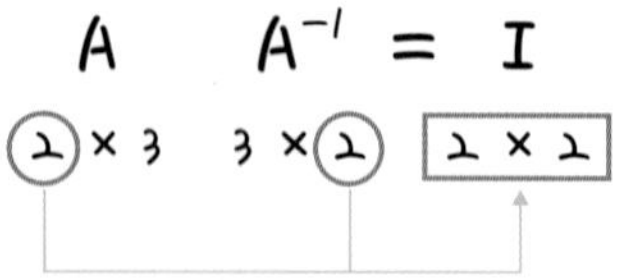

$$A \quad A^{-1} = I$$

그림 11-25

역행렬

②×3　3×②　②×②

반대로 $A^{-1}A = I$에서 E는 3차원 정사각행렬이 됩니다. AA^{-1}과 $A^{-1}A$ 모두 단위행렬 I를 갖지만 서로 다른 행렬입니다. 따라서 곱셈 결과가 똑같은 n차 단위행렬이 되려면 A와 A^{-1}도 n차 정사각행렬이어야 합니다.

역행렬 공식

역행렬 공식은 다음과 같습니다.

$$\begin{bmatrix} a & b \\ c & d \end{bmatrix}\begin{bmatrix} d & -b \\ -c & a \end{bmatrix} = \begin{bmatrix} ad-bc & 0 \\ 0 & ad-bc \end{bmatrix} = (ad-bc)\begin{bmatrix} 1 & 0 \\ 0 & 1 \end{bmatrix}$$

$$A^{-1} = \frac{1}{ad-bc}\begin{bmatrix} d & -b \\ -c & a \end{bmatrix} \ (ad-bc \neq 0)$$

이때 $ad-bc = 0$이면 A의 역행렬은 없습니다.

예를 들어 행렬 $A = \begin{bmatrix} 3 & 4 \\ 6 & 8 \end{bmatrix}$의 역행렬이 존재할까요? $ad-bc = 24-24 = 0$이므로 역행렬은 존재하지 않습니다.

정리하면 다음과 같습니다.

[역행렬의 공식]

2차 정사각행렬 $A = \begin{bmatrix} a & b \\ c & d \end{bmatrix}$에 대해

- $ad-bc \neq 0$이면 $A^{-1} = \dfrac{1}{ad-bc}\begin{bmatrix} d & -b \\ -c & a \end{bmatrix}$입니다.

- $ad-bc = 0$이면 행렬 A의 역행렬은 없습니다.

[역행렬의 성질]

(1) $\left(A^{-1}\right)^{-1} = A$

(2) $(kA)^{-1} = \dfrac{1}{k}A^{-1}$

(3) $(AB)^{-1} = B^{-1}A^{-1}$

[역행렬의 활용]

역행렬은 선형방정식을 풀 때 유용합니다.

다음과 같은 식이 있다고 합시다.

$$a_{11}x_1 + a_{12}x_2 + \cdots + a_{1n}x_n = b_1$$
$$a_{21}x_1 + a_{22}x_2 + \cdots + a_{2n}x_n = b_2$$
$$\vdots$$
$$a_{n1}x_1 + a_{n2}x_2 + \cdots + a_{nn}x_n = b_n$$

앞의 x에 대한 선형방정식을 행렬로 표현하면 다음과 같습니다(a, b는 상수입니다).

$$\begin{bmatrix} a_{11} & \cdots & a_{1n} \\ \vdots & \ddots & \vdots \\ a_{n1} & \cdots & a_{nn} \end{bmatrix} \begin{bmatrix} x_1 \\ \vdots \\ x_n \end{bmatrix} = \begin{bmatrix} b_1 \\ \vdots \\ b_n \end{bmatrix}$$

이를 더 간단히 표현하면 다음과 같습니다.

$$AX = B$$

A의 역행렬만 계산할 수 있다면 이 연립방정식의 해는 다음과 같이 손쉽게 계산할 수 있습니다.

$$X = A^{-1}B$$

파이썬에서도 다음과 같이 역행렬을 계산하여 연립방정식을 구현할 수 있습니다.

In [56]:
```
# NumPy 라이브러리를 호출합니다
import numpy as np

# A에 4x4 행렬을 배치합니다
A = np.matrix([[1, 0, 0, 0], [2, 1, 0, 0], [3, 0, 1, 0], [4, 0, 0, 1]])

# A 행렬을 역행렬로 변환하기 위해 numpy.linalg.inv()를 사용합니다
print(np.linalg.inv(A))
```

```
[[ 1,  0,  0,  0]
 [-2,  1,  0,  0]
 [-3,  0,  1,  0]
 [-4, -0, -0,  1]]
```

연습 문제

다음 행렬의 역행렬을 구하세요.

(1) $A = \begin{bmatrix} 1 & 2 \\ 3 & 4 \end{bmatrix}$

(2) $B = \begin{bmatrix} 2 & 3 \\ 4 & 6 \end{bmatrix}$

문제 풀이

(1) $ad - bc \neq 0$임을 확인하여 역행렬이 있는지 살펴봅니다.

$(1 \times 4) - (2 \times 3) = -2$로 0이 아니기 때문에 역행렬이 존재합니다.

따라서 $A^{-1} = \dfrac{1}{ad-bc}\begin{bmatrix} d & -b \\ -c & a \end{bmatrix} = \dfrac{1}{4-6}\begin{bmatrix} 4 & -2 \\ -3 & 1 \end{bmatrix} = -\dfrac{1}{2}\begin{bmatrix} 4 & -2 \\ -3 & 1 \end{bmatrix}$이 됩니다.

In [57]:
```
import numpy as np
A = np.matrix([[1,2],[3,4]])
print(np.linalg.inv(A))
```

```
[[-2.    1. ]
 [ 1.5 -0.5]]
```

(2) $ad - bc \neq 0$임을 확인하여 역행렬이 있는지 살펴봅니다.

$(2 \times 6) - (3 \times 4) = 0$으로 결과가 0이기 때문에 역행렬이 존재하지 않습니다.

In [58]:

```
import numpy as np
A = np.matrix([[2,3],[4,6]])
print(np.linalg.inv(A))
```

LinAlgError: Singular matrix --- 역행렬이 존재하지 않기 때문에 오류 발생

전치행렬

1 전치행렬이란

전치행렬(transposed matrix)은 열과 행을 바꾼 행렬입니다. 즉, $m \times n$ 행렬을 $n \times m$ 행렬로 바꾼 것입니다.

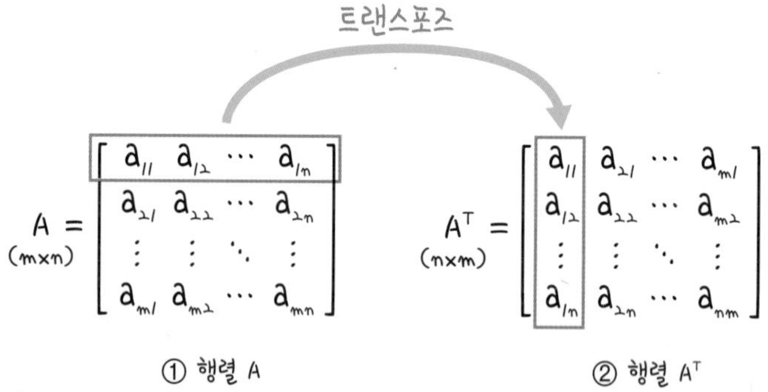

트랜스포즈

$$A = \begin{bmatrix} a_{11} & a_{12} & \cdots & a_{1n} \\ a_{21} & a_{22} & \cdots & a_{2n} \\ \vdots & \vdots & \ddots & \vdots \\ a_{m1} & a_{m2} & \cdots & a_{mn} \end{bmatrix} \qquad A^T = \begin{bmatrix} a_{11} & a_{21} & \cdots & a_{m1} \\ a_{12} & a_{22} & \cdots & a_{m2} \\ \vdots & \vdots & \ddots & \vdots \\ a_{1n} & a_{2n} & \cdots & a_{nm} \end{bmatrix}$$

그림 11-26

행렬 A와 A^T

① 행렬 A   ② 행렬 A^T

그림 11-26과 같이 $m \times n$의 행렬 A가 A^T에서는 $n \times m$ 행렬이 되었습니다. 전치행렬은 다음과 같이 표기하고 트랜스포즈(Transpose)라고 읽습니다.

$$A_{m \times n} = A^T{}_{n \times m}$$

다음은 전치행렬의 다양한 예시입니다.

(1) $\begin{bmatrix} 2 \\ 4 \end{bmatrix} = \begin{bmatrix} 2 & 4 \end{bmatrix}^T$

(2) $\begin{bmatrix} 2 & 3 \\ 5 & 1 \end{bmatrix} = \begin{bmatrix} 2 & 5 \\ 3 & 1 \end{bmatrix}^T$

$$(3) \begin{bmatrix} 2 & 4 & 5 \\ 3 & 1 & 6 \end{bmatrix} = \begin{bmatrix} 2 & 3 \\ 4 & 1 \\ 5 & 6 \end{bmatrix}^T$$

참고로 전치행렬은 다음 성질을 갖습니다.

[전치행렬의 성질]

(1) $(A^T)^T = A$

(2) $(A+B)^T = A^T + B^T$

(3) $(AB)^T = B^T A^T$

(4) $(kA)^T = kA^T$ (k는 임의의 실수)

전치행렬은 열 벡터와 행 벡터 변환, 이미지 프로세싱에서 사진 변환 등 다양한 곳에 활용합니다.

파이썬에서는 NumPy를 이용하여 전치행렬을 계산하는데, NumPy는 전치행렬을 계산할 때 다음 세 가지 방법을 사용합니다.

- a.T
- np.transpose(a)
- np.swapaxes(a, 0, 1): a 뒤의 인자 0과 1은 축을 의미합니다. 0은 가장 높은 차수의 축인 2차원이고, 1은 그다음 높은 차수의 축인 1차원을 의미합니다. 즉, 원소의 행과 열을 바꾸라는 의미입니다((1,3) → (3,1)).

In [59]:
```python
# NumPy 라이브러리를 호출합니다
import numpy as np
# 원소가 총 15개 들어 있는 배열 a를 3x5로 배치합니다
a = np.arange(15).reshape(3, 5)
print(a)
```

```
[[ 0  1  2  3  4],
 [ 5  6  7  8  9],
 [10 11 12 13 14]]
```

```
In [60]:
# a 행렬을 전치행렬로 변환합니다
np.transpose(a)
```

```
Out [60]:
array([[ 0,  5, 10],
       [ 1,  6, 11],
       [ 2,  7, 12],
       [ 3,  8, 13],
       [ 4,  9, 14]])
```

 ## 2 전치행렬의 행렬식

행렬식이란 행 개수와 열의 개수가 같은 행렬, 즉 정사각행렬에 수를 대응시키는 함수를 의미합니다. 행렬 $A = \begin{bmatrix} a & b \\ c & d \end{bmatrix}$에 대한 행렬식은 $A = ad - bc$고 det A라고 씁니다. 그리고 행렬식 $A = ad - bc$가 0이면 행렬의 역행렬은 존재하지 않습니다.

$m \times n$ 행렬에서 행렬식은 다음과 같이 정리할 수 있습니다.

$$\det A = a_{11} \det A_{11} - a_{12} \det A_{12} + \cdots + (-1)^{1+n} \det A_{1n}$$
$$= \sum_{j=1}^{n} (-1)^{1+j} a_{1j} \det A_{1j}$$

이 정리를 사용하면 크기가 1, 2, 3인 정방행렬의 행렬식은 다음과 같습니다.

- 1×1 행렬의 행렬식: $\det[a] = a$
- 2×2 행렬의 행렬식: $\det \begin{bmatrix} a & b \\ c & d \end{bmatrix} = ad - bc$
- 3×3 행렬의 행렬식: $\det \begin{bmatrix} a & b & c \\ d & e & f \\ g & h & i \end{bmatrix} = aei + bfg + cdh - ceg - bdi - afh$

수식이 어렵게 보일 수 있기 때문에 예시로 알아봅시다. 다음과 같이 행렬 A가 있다고 할게요.

$A = \begin{bmatrix} 1 & 2 & 0 \\ 2 & 3 & -1 \\ 0 & 5 & 0 \end{bmatrix}$ 일 때, $\det A$는 다음과 같이 계산할 수 있습니다.

$$\begin{aligned} \det A &= aei + bfg + cdh - ceg - bdi - afh \\ &= (1 \times 3 \times 0) + (2 \times (-1) \times 0) + (0 \times 2 \times 5) - (0 \times 3 \times 0) - (2 \times 2 \times 0) - (1 \times (-1) \times 5) \\ &= 0 + 0 + 0 - 0 - 0 + 5 \\ &= 5 \end{aligned}$$

전치행렬과 행렬식을 이용하면 다음과 같은 전치행렬 성질을 도출할 수 있습니다.

$$\det(A^T) = \det(A)$$

예를 들어 행렬 $A = \begin{bmatrix} 2 & 7 \\ 5 & -3 \end{bmatrix}$ 이고, $A^{-T} = \begin{bmatrix} 2 & 5 \\ 7 & -3 \end{bmatrix}$ 이면,

$\det(A) = ad - bc = -6 - 35 = -41$, $\det(A^T) = ad - bc = -6 - 35 = -41$입니다.

따라서 $\det(A) = \det(A^T)$이 성립합니다.

행렬식은 정사각행렬이 나타내는 선형 변환이 부피를 확대시키는 정도를 표현할 때 주로 사용합니다.

연습 문제

$A = \begin{bmatrix} 1 & 2 & -4 \\ -2 & 3 & -1 \\ 6 & 5 & 8 \end{bmatrix}$ 의 $\det A$를 구하세요.

문제 풀이

$$\begin{aligned} \det A &= aei + bfg + cdh - ceg - bdi - afh \\ &= (1 \times 3 \times 8) + (2 \times (-1) \times 6) + ((-4) \times (-2) \times 5) - ((-4) \times 3 \times 6) - (2 \times (-2) \times 8) - (1 \times (-1) \times 5) \\ &= 24 - 12 + 40 + 72 + 32 + 5 \\ &= 161 \end{aligned}$$

3 전치행렬의 역

전치행렬과 역행렬의 관계에서 임의의 행렬이 가역성을 가진다면 전치행렬 역시 가역성을 갖습니다. 따라서 다음 성질이 성립합니다.

$$(A^T)^{-1} = (A^{-1})^T$$

이것에 대한 증명을 예시로 살펴봅시다.

$A = \begin{bmatrix} 5 & 7 \\ -4 & 3 \end{bmatrix}$이 있을 때,

(1) $(A^T)^{-1}$ 값은 다음과 같이 과정을 두 번 거칩니다.

$$A^T = \begin{bmatrix} 5 & -4 \\ 7 & 3 \end{bmatrix}$$

$$(A^T)^{-1} = \frac{1}{ad-bc}\begin{bmatrix} d & -b \\ -c & a \end{bmatrix}$$

$$= \frac{1}{15-(-28)}\begin{bmatrix} 3 & 4 \\ -7 & 5 \end{bmatrix} = \frac{1}{43}\begin{bmatrix} 3 & 4 \\ -7 & 5 \end{bmatrix}$$

(2) $(A^{-1})^T$ 값 역시 다음과 같이 과정을 두 번 거칩니다.

$$A^{-1} = \frac{1}{ad-bc}\begin{bmatrix} d & -b \\ -c & a \end{bmatrix}$$

$$= \frac{1}{15-(-28)}\begin{bmatrix} 3 & -7 \\ 4 & 5 \end{bmatrix} = \frac{1}{43}\begin{bmatrix} 3 & -7 \\ 4 & 5 \end{bmatrix}$$

$$(A^{-1})^T = \frac{1}{43}\begin{bmatrix} 3 & 4 \\ -7 & 5 \end{bmatrix}$$

따라서 $(A^T)^{-1} = (A^{-1})^T$이 성립합니다.

상호좌표계

이 장에서 학습할 고유 값과 고유 벡터는 특이 값 분해, 선형연립방정식의 풀이 및 PCA (주성분 분석) 등을 응용할 때 주로 사용합니다. 따라서 고유 값과 고유 벡터, 고유 공간의 개념 및 원리를 예제로 자세히 살펴보겠습니다.

UNIT 25 고유 값, 고유 벡터, 고유 공간

UNIT 25 고유 값, 고유 벡터, 고유 공간

BASIC MATHEMATICS FOR ARTIFICIAL INTELLIGENCE

1 고유 값과 고유 벡터란

고유 벡터(eigenvector)는 선형 변환을 취했을 때 방향(direction)은 변하지 않고 크기(magnitude)만 변하는 벡터를 의미합니다.

여기에서 고유 벡터의 크기가 변한다고 했는데, 얼마나 변할까요? 바로 그 변한 크기가 고유 값(eigenvalue)을 의미합니다. 고유 값이 2라면 기존 벡터 크기의 2배만큼 길어진 것이고, 고유 값이 $\frac{1}{3}$이라면 기존 벡터 크기의 $\frac{1}{3}$만큼 줄어든 것입니다.

이를 수학적으로 정리하면 다음과 같습니다.

> 정방행렬
>
> 행의 개수와 열의 개수가 같은 행렬 (n×n 행렬)을 의미합니다

정방행렬 A에 대해 $\vec{Ax} = \lambda\vec{x}$ (λ는 상수)가 성립하는 0이 아닌 벡터 $\vec{x}$가 존재할 때, λ 상수를 행렬 A의 고유 값이라고 하며, $\vec{x}$를 이에 대응하는 고유 벡터라고 합니다.

$$\vec{Ax} = \lambda\vec{x} \ (\lambda\text{는 상수})$$

이 수식을 행렬로 표현하면 다음과 같습니다.

그림 12-1

고유 값과 고유 벡터

$$\begin{bmatrix} a_{11} & a_{12} & \cdots & a_{1n} \\ a_{21} & a_{22} & \cdots & a_{2n} \\ \vdots & \vdots & \ddots & \vdots \\ a_{n1} & a_{n2} & \cdots & a_{nn} \end{bmatrix} \begin{bmatrix} x_1 \\ x_2 \\ \vdots \\ x_n \end{bmatrix} = \lambda \begin{bmatrix} x_1 \\ x_2 \\ \vdots \\ x_n \end{bmatrix}$$

이때 λ 상수를 행렬 A의 고유 값이라고 하며, $\vec{x}$를 이에 대응하는 고유 벡터라고 합니다. 좀 더 쉽게 이해할 수 있도록 고유 값과 고유 벡터가 가지는 의미를 예시로 알아봅시다.

예시 1

정방행렬 $A = \begin{bmatrix} 2 & 4 \\ 5 & 3 \end{bmatrix}$, 고유 값 $\lambda = 7$, 고유 벡터 $\vec{x} = \begin{bmatrix} 4 \\ 5 \end{bmatrix}$일 때 $A\vec{x} = \lambda\vec{x}$를 만족하는지 알아봅시다.

$$A\vec{x} = \begin{bmatrix} 2 & 4 \\ 5 & 3 \end{bmatrix}\begin{bmatrix} 4 \\ 5 \end{bmatrix} = \begin{bmatrix} (2 \times 4) + (4 \times 5) \\ (5 \times 4) + (3 \times 5) \end{bmatrix} = \begin{bmatrix} 28 \\ 35 \end{bmatrix} = 7\begin{bmatrix} 4 \\ 5 \end{bmatrix}$$
$$\lambda\vec{x} = 7\begin{bmatrix} 4 \\ 5 \end{bmatrix}$$

따라서 $A\vec{x} = \lambda\vec{x}$를 만족합니다.

또 다른 예시를 살펴볼게요.

예시 2

정방행렬 $A = \begin{bmatrix} 2 & 4 \\ 5 & 3 \end{bmatrix}$, 고유 값 $\lambda = -2$, 고유 벡터 $\vec{x} = \begin{bmatrix} 1 \\ -1 \end{bmatrix}$일 때 $A\vec{x} = \lambda\vec{x}$를 만족하는지 알아봅시다.

$$A\vec{x} = \begin{bmatrix} 2 & 4 \\ 5 & 3 \end{bmatrix}\begin{bmatrix} 1 \\ -1 \end{bmatrix} = \begin{bmatrix} (2 \times 1) + (4 \times (-1)) \\ (5 \times 1) + (3 \times (-1)) \end{bmatrix} = \begin{bmatrix} -2 \\ 2 \end{bmatrix} = -2\begin{bmatrix} 1 \\ -1 \end{bmatrix}$$
$$\lambda\vec{x} = -2\begin{bmatrix} 1 \\ -1 \end{bmatrix}$$

따라서 $A\vec{x} = \lambda\vec{x}$를 만족합니다.

앞의 결과를 좌표에 나타내면 그림 12-2와 같습니다. 고유 벡터 (4, 5), (1, -1) 의 R^2 공간이 정방행렬 A에 의해 R^2 공간으로 변환될 때 '방향'은 똑같고 '배율'만 고유 값 λ 배수(7배, 2배)만큼 변했다는 것을 알 수 있습니다.

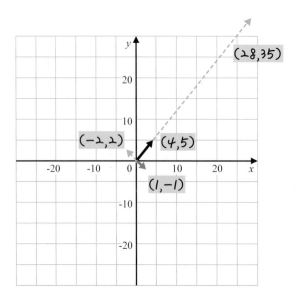

그림 12-2

예시 그래프

벡터 $\vec{x}$에 대해 n차 정방행렬 A를 곱하는 결과와 λ 상수를 곱하는 결과가 같습니다. 즉, 행렬 곱의 결과가 원래 벡터와 '방향'은 같고, '배율'만 λ 상수만큼 비례해서 변했다는 것을 의미합니다.

고유 값을 구하는 과정을 살펴봅시다. 고유 값을 구하는 공식은 다음과 같습니다.

$$A\vec{x} = \lambda\vec{x} \Leftrightarrow (A - \lambda I)\vec{x} = 0 \Leftrightarrow \det(A - \lambda I) = 0$$

이때 값이 변하지 않고 행렬이 그대로 나오게 하고자 단위행렬(I)을 곱합니다. 따라서 λ를 단위행렬과 곱합니다.

앞의 2차 정방행렬 $A = \begin{bmatrix} 2 & 4 \\ 5 & 3 \end{bmatrix}$을 이용하여 고유 값을 구해 봅시다.

2차 정방행렬 $A = \begin{bmatrix} 2 & 4 \\ 5 & 3 \end{bmatrix}$에 대해 $A\vec{x}$는 $\begin{bmatrix} 2 & 4 \\ 5 & 3 \end{bmatrix}\begin{bmatrix} x_1 \\ x_2 \end{bmatrix} = \lambda\begin{bmatrix} x_1 \\ x_2 \end{bmatrix}$고, 이것을 풀어 보면 다음과 같습니다.

$$\begin{bmatrix} 2 & 4 \\ 5 & 3 \end{bmatrix}\begin{bmatrix} x_1 \\ x_2 \end{bmatrix} - \lambda\begin{bmatrix} x_1 \\ x_2 \end{bmatrix} = 0$$

$$\left(\begin{bmatrix} 2 & 4 \\ 5 & 3 \end{bmatrix} - \lambda\begin{bmatrix} 1 & 0 \\ 0 & 1 \end{bmatrix}\right)\begin{bmatrix} x_1 \\ x_2 \end{bmatrix} = 0$$

$$\begin{bmatrix} 2-\lambda & 4 \\ 5 & 3-\lambda \end{bmatrix}\begin{bmatrix} x_1 \\ x_2 \end{bmatrix} = 0$$

$(A-\lambda I)\vec{x}=0$이므로 다음과 같이 고유 값을 구할 수 있습니다.

$$\begin{bmatrix} 2-\lambda & 4 \\ 5 & 3-\lambda \end{bmatrix} = 0$$

$(2-\lambda)(3-\lambda)-4\times 5 = 0$ ◀——— 행렬식 적용

$\lambda^2 - 5\lambda - 14 = 0$

$(\lambda - 7)(\lambda + 2) = 0$

$\therefore \ \lambda = 7, -2$

따라서 고유 값과 행렬식 간에는 다음 관계가 성립합니다.

$$\text{행렬} \begin{bmatrix} a_{11} & a_{12} & \cdots & a_{1n} \\ a_{21} & a_{22} & \cdots & a_{2n} \\ \vdots & \vdots & \ddots & \vdots \\ a_{n1} & a_{n2} & \cdots & a_{nn} \end{bmatrix} \text{의 고유 값} \Leftrightarrow \det \begin{vmatrix} a_{11}-\lambda & a_{12} & \cdots & a_{1n} \\ a_{21} & a_{22}-\lambda & \cdots & a_{2n} \\ \vdots & \vdots & \ddots & \vdots \\ a_{n1} & a_{n2} & \cdots & a_{nn}-\lambda \end{vmatrix} = 0$$

참고로 $A-\lambda I$를 특성행렬(characteristic matrix)이라고 하며, $D(\lambda)$는 행렬 A의 특성행렬식(characteristic determinant)이라고 합니다. 그리고 $A-\lambda I=0$은 특성방정식(characteristic equation) 혹은 고유방정식(eigenvalue equation)이라고 합니다.

n차 정방행렬 A의 고유 값은 적어도 하나 이상, 최대 n개의 서로 다른 고유 값을 갖게 됩니다.

다음 식에 특성방정식을 적용하여 고유 값을 구해 보겠습니다.

$A = \begin{bmatrix} 2 & 4 \\ 5 & 3 \end{bmatrix}$에 대해 $(A-\lambda)\vec{x} = 0$ 을 만족하는 고유 값을 구합니다.

$$\begin{aligned} D(\lambda) = \det(A - \lambda I) &= \begin{vmatrix} 2-\lambda & 4 \\ 5 & 3-\lambda \end{vmatrix} \\ &= (2-\lambda)(3-\lambda)-4\times 5 \\ &= (\lambda - 2)(\lambda - 3)-4\times 5 \\ &= \lambda^2 - 5\lambda + 6 - 20 \\ &= \lambda^2 - 5\lambda - 14 \\ &= (\lambda - 7)(\lambda + 2) = 0 \\ \therefore \ \lambda &= 7, -2 \end{aligned}$$

가우스 소거법

연립일차방정식을 풀이하는 알고리즘으로, 풀이하는 과정에서 일부 미지수가 차츰 소거되어 결국 남은 미지수에 대해 선형 결합으로 표현하면서 풀이를 완성합니다. 가우스 소거법은 보통 행렬을 사용합니다

고유 값과 고유 벡터를 구하는 순서는 먼저 고유 값을 구한 후 가우스 소거법을 사용하여 고유 값에 대응하는 고유 벡터를 구합니다.

앞서 행렬 A의 고유 값을 구한 결과 $\lambda = 7$, $\lambda = -2$였습니다. $\lambda = 7$, $\lambda = -2$의 고유 값에 대응하는 고유 벡터를 풀어 볼게요.

(1) $\lambda = 7$에 대응하는 고유 벡터 $\vec{x}$를 구하세요.

$$\begin{vmatrix} 2-\lambda & 4 \\ 5 & 3-\lambda \end{vmatrix} \begin{bmatrix} x_1 \\ x_2 \end{bmatrix} = \begin{bmatrix} 0 \\ 0 \end{bmatrix}$$

$$\begin{vmatrix} 2-7 & 4 \\ 5 & 3-7 \end{vmatrix} \begin{bmatrix} x_1 \\ x_2 \end{bmatrix} = \begin{bmatrix} 0 \\ 0 \end{bmatrix}$$

식을 방정식으로 풀이하면 다음과 같습니다.

$$-5x_1 + 4x_2 = 0$$

$$5x_1 - 4x_2 = 0$$

따라서 $x_1 = 4$, $x_2 = 5$가 됩니다.

$\therefore$ 고유 벡터는 $\begin{bmatrix} x_1 \\ x_2 \end{bmatrix} = \begin{bmatrix} 4 \\ 5 \end{bmatrix}$ 입니다.

(2) $\lambda = -2$에 대응하는 고유 벡터 $\vec{x}$를 구하세요.

$$\begin{vmatrix} 2-\lambda & 4 \\ 5 & 3-\lambda \end{vmatrix} \begin{bmatrix} x_1 \\ x_2 \end{bmatrix} = \begin{bmatrix} 0 \\ 0 \end{bmatrix}$$

$$\begin{vmatrix} 2-(-2) & 4 \\ 5 & 3-(-2) \end{vmatrix} \begin{bmatrix} x_1 \\ x_2 \end{bmatrix} = \begin{bmatrix} 0 \\ 0 \end{bmatrix}$$

$$\begin{bmatrix} 4x_1 + 4x_2 \\ 5x_1 + 5x_2 \end{bmatrix} = \begin{bmatrix} 0 \\ 0 \end{bmatrix}$$

$$\begin{bmatrix} x_1 + x_2 \end{bmatrix} \begin{bmatrix} 4 \\ 5 \end{bmatrix} = \begin{bmatrix} 0 \\ 0 \end{bmatrix}$$

$\therefore x_1 + x_2 = 0 \Leftrightarrow x_1 = -x_2$

이때 x_1이 1일 때 x_2는 -1이 되므로 고유 벡터는 다음과 같습니다.

$\therefore$ 고유 벡터는 $\begin{bmatrix} x_1 \\ x_2 \end{bmatrix} = \begin{bmatrix} 1 \\ -1 \end{bmatrix}$ 입니다.

따라서 2차 정방행렬 A에 대한 특성방정식을 이용하여 고유 값 λ는 {7, −2}이며, 고유 벡터는 각각 [4 5]와 [1 −1]입니다.

파이썬에서는 다음과 같이 고유 벡터와 고유 값을 구할 수 있습니다.

In [61]:
```python
# NumPy 라이브러리를 호출합니다
import numpy as np

# 2차원 행렬 A
# np.linalg.eig(a)는 고유 값과 고유 벡터 도출을 위한 함수입니다
a = np.array([[5, -1], [-2, 1]])
w, v = np.linalg.eig(a)

# 고유 값 구하기
print(w)
print(v)
```

```
[5.44948974 0.55051026]     --- 고유 값에 대한 결괏값
[[ 0.91209559  0.21927526]  --- 고유 벡터에 대한 결괏값
 [-0.40997761  0.97566304]]
```

참고로 고유 벡터의 수학적 계산과 파이썬의 고유 벡터 결과가 다른 이유는 고유 벡터를 표시할 때는 보통 길이가 1인 단위 벡터가 되도록 정규화(normalization)하기 때문입니다.

잠깐만요

가우스 소거법의 계산 방법

가우스 소거법은 다음과 같이 네 단계를 거쳐 계산합니다.

(1) 주어진 방정식을 첨가행렬로 변환합니다.

(2) 행 변환 방법을 적용하여 첨가행렬을 RRF(RowReduced Form)로 변환합니다.

계속 ▶

(3) 첨가행렬의 결과를 방정식으로 표현합니다.

(4) 방정식에 대입법을 적용하여 해를 구합니다.

다음 방정식으로 가우스 소거법을 적용해 봅시다.

$$\begin{cases} x + 2y + z = 3 \\ 2x + 3y - z = -6 \\ 3x - 2y - 4z = -2 \end{cases}$$

(1) 주어진 방정식을 첨가행렬로 변환합니다.

$$\left[\begin{array}{ccc|c} 1 & 2 & 1 & 3 \\ 2 & 3 & -1 & -6 \\ 3 & -2 & -4 & -2 \end{array}\right]$$

(2) 행 변환 방법을 적용하여 첨가행렬을 RRF(RowReduced Form)로 변환합니다.

$$\xrightarrow{R_2 : -2R_1 + R_2} \left[\begin{array}{ccc|c} 1 & 2 & 1 & 3 \\ 0 & -1 & -3 & -12 \\ 3 & -2 & -4 & -2 \end{array}\right]$$

$$\xrightarrow{R_3 : -3R_1 + R_3} \left[\begin{array}{ccc|c} 1 & 2 & 1 & 3 \\ 0 & -1 & -3 & -12 \\ 0 & -8 & -7 & -11 \end{array}\right]$$

$$\xrightarrow{R_2 : R_2 \times (-1)} \left[\begin{array}{ccc|c} 1 & 2 & 1 & 3 \\ 0 & 1 & 3 & 12 \\ 0 & -8 & -7 & -11 \end{array}\right]$$

$$\xrightarrow{R_3 : 8R_2 + R_3} \left[\begin{array}{ccc|c} 1 & 2 & 1 & 3 \\ 0 & 1 & 3 & 12 \\ 0 & 0 & 17 & 85 \end{array}\right]$$

$$\xrightarrow{R_3 : R_3 \times 1/17} \left[\begin{array}{ccc|c} 1 & 2 & 1 & 3 \\ 0 & 1 & 3 & 12 \\ 0 & 0 & 1 & 5 \end{array}\right]$$

(3) 첨가행렬의 결과를 방정식으로 표현합니다.

$$\begin{cases} x + 2y + z = 3 \\ y + 3z = 12 \\ z = 5 \end{cases}$$

계속 ▶

(4) 방정식에 대입법을 적용하여 해를 구합니다.

세 번째 방정식으로 z = 5가 됩니다.
두 번째 방정식에 z = 5를 대입하면 y + 15 = 12가 됩니다. 따라서 y = −3입니다.
첫 번째 방정식에 y = −3, z = 5를 대입하면 x − 6 + 5 = 3이 됩니다. 따라서 x = 4입니다.
∴ x = 4, y = −3, z = 5

연습 문제

행렬 $A = \begin{bmatrix} 1 & 3 \\ 4 & 2 \end{bmatrix}$에 대해 행렬 A의 고유 값과 고유 벡터를 구하세요.

문제 풀이

(1) 고유 값 구하기

$$D(\lambda) = \det(A - \lambda I) = \begin{vmatrix} 1-\lambda & 3 \\ 4 & 2-\lambda \end{vmatrix}$$
$$= (1-\lambda)(2-\lambda) - 3 \times 4$$
$$= \lambda^2 - 3\lambda + 2 - 12$$
$$= \lambda^2 - 3\lambda - 10$$
$$= (\lambda - 5)(\lambda + 2) = 0$$
$$\therefore \lambda = 5, -2$$

(2) 고유 벡터 구하기

① $\lambda = 5$일 때는 다음과 같습니다.

$$\begin{vmatrix} 1-\lambda & 3 \\ 4 & 2-\lambda \end{vmatrix} \begin{bmatrix} x_1 \\ x_2 \end{bmatrix} = \begin{bmatrix} 0 \\ 0 \end{bmatrix}$$
$$\begin{vmatrix} 1-5 & 3 \\ 4 & 2-5 \end{vmatrix} \begin{bmatrix} x_1 \\ x_2 \end{bmatrix} = \begin{bmatrix} 0 \\ 0 \end{bmatrix}$$
$$\begin{bmatrix} -4 & 3 \\ 4 & -3 \end{bmatrix} \begin{bmatrix} x_1 \\ x_2 \end{bmatrix} = \begin{bmatrix} 0 \\ 0 \end{bmatrix}$$

식을 방정식으로 풀면 다음과 같습니다.

$$-4x_1 + 3x_2 = 0$$

$$4x_1 - 3x_2 = 0$$

따라서 $x_1 = 3$, $x_2 = 4$가 됩니다.

$\therefore$ 고유 벡터는 $\begin{bmatrix} x_1 \\ x_2 \end{bmatrix} = \begin{bmatrix} 3 \\ 4 \end{bmatrix}$입니다.

② $\lambda = -2$일 때는 다음과 같습니다.

$$\begin{vmatrix} 1-\lambda & 3 \\ 4 & 2-\lambda \end{vmatrix} \begin{bmatrix} x_1 \\ x_2 \end{bmatrix} = \begin{bmatrix} 0 \\ 0 \end{bmatrix}$$

$$\begin{vmatrix} 1-(-2) & 3 \\ 4 & 2-(-2) \end{vmatrix} \begin{bmatrix} x_1 \\ x_2 \end{bmatrix} = \begin{bmatrix} 0 \\ 0 \end{bmatrix}$$

$$\begin{bmatrix} 3 & 3 \\ 4 & 4 \end{bmatrix} \begin{bmatrix} x_1 \\ x_2 \end{bmatrix} = \begin{bmatrix} 0 \\ 0 \end{bmatrix}$$

$$\begin{bmatrix} 3x_1 + 3x_2 \\ 4x_1 + 4x_2 \end{bmatrix} = \begin{bmatrix} 0 \\ 0 \end{bmatrix}$$

$$[x_1 + x_2] \begin{bmatrix} 3 \\ 4 \end{bmatrix} = \begin{bmatrix} 0 \\ 0 \end{bmatrix}$$

$$x_1 + x_2 = 0 \Leftrightarrow x_1 = -x_2$$

이때 x_1이 1일 때 x_2는 −1이 되므로 고유 벡터는 다음과 같습니다.

$\therefore$ 고유 벡터는 $\begin{bmatrix} x_1 \\ x_2 \end{bmatrix} = \begin{bmatrix} 1 \\ -1 \end{bmatrix}$입니다.

In [62]:

```python
import numpy as np
a = np.array([[1, 3], [4, 2]])
w, v = np.linalg.eig(a)
print(w)
print(v)
```

```
[-2.  5.]                    --- 고유 값에 대한 결괏값
[[-0.70710678 -0.6        ]   --- 고유 벡터에 대한 결괏값
 [ 0.70710678 -0.8        ]]
```

2 고유 공간

고유 공간은 특정 고유 값에 대응되는 무수히 많은 고유 벡터가 이루는 공간입니다.
고유 공간은 다음 성질이 있습니다.

- '고유 값 λ에 대응하는 모든 고유 벡터'에 '영 벡터'를 첨가하여 구성된 집합입니다.
- 각각의 고유 값 λ에 대응하는 행렬 A의 고유 공간이 있습니다.

예제로 고유 공간을 확인해 볼게요.

$A = \begin{bmatrix} 4 & 1 \\ 1 & 4 \end{bmatrix}$ 일 때, $\vec{Ax} = \lambda\vec{x}$를 적용하면 $\begin{bmatrix} 4 & 1 \\ 1 & 4 \end{bmatrix}\begin{bmatrix} x_1 \\ x_2 \end{bmatrix} = \lambda\begin{bmatrix} x_1 \\ x_2 \end{bmatrix}$ 와 같은 수식이 성립합니다. 이때 x_1과 x_2에 다음과 같이 값을 대입하면 표 12-1과 같은 결과가 나옵니다.

표 12-1

x_1과 x_2에 값을 대입한 결과

(x_1, x_2)	(1, 0)	(0, 1)	(1, 1)	(–1, 0)	(0, –1)	(–1, 1)	(–1, –1)	(1, –1)
결과	(4, 1)	(1, 4)	(5, 5)	(–4, –1)	(–1, –4)	(–3, 3)	(–5, –5)	(3, –3)
λ 값			5			3	5	3

다음은 x_1과 x_2의 다양한 값에 대한 결괏값입니다.

$$\begin{bmatrix} 4 & 1 \\ 1 & 4 \end{bmatrix}\begin{bmatrix} 1 \\ 0 \end{bmatrix} = \begin{bmatrix} 4 \\ 1 \end{bmatrix}$$

$$\begin{bmatrix} 4 & 1 \\ 1 & 4 \end{bmatrix}\begin{bmatrix} 0 \\ 1 \end{bmatrix} = \begin{bmatrix} 1 \\ 4 \end{bmatrix}$$

$$\begin{bmatrix} 4 & 1 \\ 1 & 4 \end{bmatrix}\begin{bmatrix} 1 \\ 1 \end{bmatrix} = \begin{bmatrix} 5 \\ 5 \end{bmatrix} = 5\begin{bmatrix} 1 \\ 1 \end{bmatrix} \quad \therefore \lambda = 5$$

$$\begin{bmatrix} 4 & 1 \\ 1 & 4 \end{bmatrix}\begin{bmatrix} -1 \\ 0 \end{bmatrix} = \begin{bmatrix} -4 \\ -1 \end{bmatrix}$$

$$\begin{bmatrix} 4 & 1 \\ 1 & 4 \end{bmatrix}\begin{bmatrix} 0 \\ -1 \end{bmatrix} = \begin{bmatrix} -1 \\ -4 \end{bmatrix}$$

$$\begin{bmatrix} 4 & 1 \\ 1 & 4 \end{bmatrix}\begin{bmatrix} -1 \\ 1 \end{bmatrix} = \begin{bmatrix} -3 \\ 3 \end{bmatrix} = 3\begin{bmatrix} -1 \\ 1 \end{bmatrix} \quad \therefore \lambda = 3$$

$$\begin{bmatrix} 4 & 1 \\ 1 & 4 \end{bmatrix}\begin{bmatrix} -1 \\ -1 \end{bmatrix} = \begin{bmatrix} -5 \\ -5 \end{bmatrix} = 5\begin{bmatrix} -1 \\ -1 \end{bmatrix} \quad \therefore \lambda = 5$$

$$\begin{bmatrix} 4 & 1 \\ 1 & 4 \end{bmatrix}\begin{bmatrix} 1 \\ -1 \end{bmatrix} = \begin{bmatrix} 3 \\ -3 \end{bmatrix} = 3\begin{bmatrix} 1 \\ -1 \end{bmatrix} \quad \therefore \lambda = 3$$

표 12-1을 그래프 좌표로 나타내면 다음과 같습니다. 즉, 고유 공간의 성질 중 '고유 값 λ에 대응하는 모든 고유 벡터'라고 했으므로 λ 값 (3, 5)에 대응하는 고유 벡터들이 고유 공간이 되며, 다음 그래프에서는 붉은색 직선이 고유 공간이 됩니다.

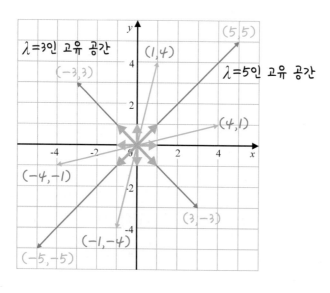

그림 12-3

고유 공간

확률과
통계

인공지능의 궁극적 목적은 어떤 데이터를 분류하거나 값을 예측하는 것입니다. 이때 분류나 값의 예측은 확률과 통계를 토대로 합니다. 따라서 확률과 통계는 인공지능으로 결과(분류 혹은 예측)를 도출하는 과정을 이해하는 것이 기본이라고 할 수 있습니다.

## 13장

순열과 조합

사람들이 즐겨 하는 로또, 윷놀이 등도 모두 확률과 관련되어 있습니다. 특히 순열과 조합은 확률을 구하는 전 단계라고 할 수 있습니다. 즉, 확률과 통계를 이해하려면 먼저 그 기본이 되는 순열과 조합부터 이해해야 합니다.

UNIT 26 수열

1 수열의 개념 및 종류

수열이란

수열(sequence)은 규칙성이 있는 숫자의 나열입니다. 수열을 수학적으로 정의하면, 자연수를 정의역으로 갖는 함수나 그 함수의 결과로 얻는 원소들을 나열하는 것입니다. 수열을 이루는 각 수를 항(term)이라고 하며, 순서대로 첫째 항(제1항), 둘째 항(제2항) 등으로 읽습니다. 또 n번째 항을 제n항이라고 하며, 이것을 수열의 일반항이라고 합니다.

예를 들어 다음과 같은 함수 $f: X \rightarrow Y$에서 함수 값 $f(1), f(2), f(3), f(4)$를 수열의 항이라고 합니다.

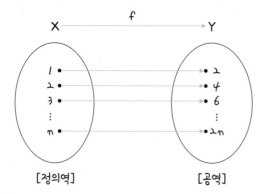

그림 13-1
함수 f(x) = 2x

따라서 수열은 2, 4, 6, ⋯, 2n이 되고 집합 기호를 사용하여 $\{a_n\}$으로 표현합니다. 즉, 다음 두 수열 표현은 같습니다.

$$\{2,\ 4,\ 6,\ \cdots,\ 2n\} \Leftrightarrow a_n = 2n$$

이때 2는 첫째 항, 4는 둘째 항, $2n$은 일반항입니다.

수열은 규칙성이 있는 숫자의 나열이라고 했는데, 그 규칙에 따라 등차수열, 등비수열 등으로 구분할 수 있습니다. 수열은 원소가 순서를 가지며 중복이 허용된다는 점에서 집합과는 구별해야 한다는 것에 주의하세요.

등차수열과 등비수열

등차수열(arithmetic sequence)은 연속하는 두 항의 차이가 모두 일정한 수열입니다. 이때 두 항의 차이는 이 수열의 모든 항에 대해 공통적으로 나타나는 차이이므로 공차(common difference)라고 합니다. 예를 들어 $\{1,\ 3,\ 5,\ 7,\ \cdots\}$ 수열은 첫 항이 1이고, 공차가 2인 등차수열입니다.

그렇다면 첫 항이 2고 공차가 3인 등차수열은 어떻게 표현할 수 있을까요? $\{2,\ 5,\ 8,\ 11,\ 14,\ \cdots\}$ 또는 $\{3n-1\}$으로 표현할 수 있습니다.

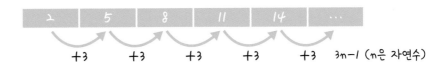

그림 13-2
등차수열

등비수열(geometric sequence)은 수열의 각 항이 그 앞의 항에 일정한 수를 곱한 것으로 이루어진 수열입니다. 따라서 첫 항은 0이 되어서는 안 되며, 곱하는 일정한 수를 공비(common ratio)라고 합니다. 예를 들어 첫 항이 1이고 공비가 2인 등비수열은 $\{2,\ 4,\ 8,\ 16,\ 32,\ \cdots\}$ 또는 $\{2^n\}$으로 표현할 수 있습니다.

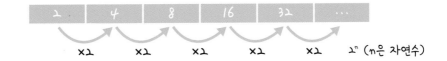

그림 13-3
등비수열

표 13-1로 등차수열과 등비수열을 비교해 봅시다.

구분	등차수열	등비수열
정의	어떤 수에 차례로 일정한 수를 더해서 얻는 수열	어떤 수에 일정한 수를 곱해서 얻는 수열
일반항	$a_n = a + (n-1)d$ (a: 수열, d: 공차)	$a_n = ar^{n-1}$ (a: 수열, r: 공비)

표 13-1

등차수열과
등비수열의 비교

2 수열의 극한과 발산

수열의 수렴과 극한

수열의 극한과 발산은 '둘째마당 미분'에서 학습했던 함수의 극한과 발산 개념과 동일합니다. 수열 $\{a_n\}$에서 n이 무한하게 커질 때, a_n의 값이 a에 한없이 가까워지면, 수열 $\{a_n\}$은 a에 수렴한다고 표현합니다. 이때 a를 수열 $\{a_n\}$의 극한값 또는 극한이라고 합니다.

이때 극한값은 매우 가까워서 차이가 없을 정도로 거의 같은 값을 의미합니다. 수열의 극한은 다음과 같이 표현합니다.

$$\lim_{n \to \infty} a_n = a \text{ 또는 } n \to \infty \text{일 때, } a_n \to a$$

예를 들어 다음과 같은 수열 $\{a_n\}$과 $\{b_n\}$이 있다고 가정합니다.

$$\{a_n\} : 1, \frac{1}{2}, \frac{1}{3}, \frac{1}{4}, \cdots, \frac{1}{n}, \cdots$$
$$\{b_n\} : 0, \frac{1}{2}, \frac{2}{3}, \frac{3}{4}, \cdots, \frac{n-1}{n}, \cdots$$

이때 n이 커짐에 따라 일반항 a_n과 b_n 값의 변화는 그림 13-4와 같습니다.

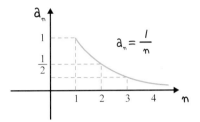 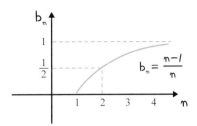

그림 13-4

수열의 수렴

그림 13-4에서 알 수 있듯이 수열 $\{\dfrac{1}{n}\}$은 n이 한없이 커질 때, 0에 수렴하고 다음과 같이 표현합니다.

$$\lim_{n \to \infty} \frac{1}{n} = 0$$

수열 $\{\dfrac{n-1}{n}\}$은 n이 한없이 커질 때, 1에 수렴하고 다음과 같이 표현합니다.

$$\lim_{n \to \infty} \frac{n-1}{n} = 1$$

수열의 발산

수열의 발산은 극한과는 반대되는 개념입니다. 즉, 어떤 값에도 수렴하지 않는 수열을 발산이라고 합니다. 수열의 발산 유형에는 양의 발산, 음의 발산, 진동이 있습니다.

예를 들어 다음과 같이 수열 $\{a_n\}$과 $\{b_n\}$이 있다고 가정합니다.

$\{a_n\}$: 2, 4, 6, 8, $\cdots$, $2n$, $\cdots$
$\{b_n\}$: -2, -4, -8, -16, $\cdots$, -2^n, $\cdots$

이때 n 값이 커짐에 따라 일반항 a_n과 b_n 값의 변화를 그래프로 그리면 그림 13-5 와 같습니다.

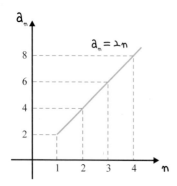
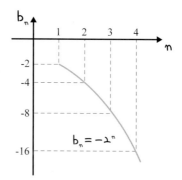

그림 13-5

수열의 발산

그림 13-5에서 알 수 있듯이, 수열 $\{a_n\}$과 $\{b_n\}$은 일정한 수에 수렴하지 않습니다. 이와 같이 어떤 수열이 수렴하지 않을 때 그 수열은 '발산한다'고 합니다.

일반적으로 수열 $\{a_n\}$에서 n 값이 한없이 커질 때, 일반항 a_n 값이 양수이면서 그 값이 한없이 커지면 수열 $\{a_n\}$은 양의 무한대로 발산한다고 하며 다음과 같이 나타냅니다.

$$\lim_{n\to\infty} a_n = \infty \text{ 또는 } n \to \infty \text{일 때, } a_n \to \infty$$

또 수열 $\{b_n\}$에서 n 값이 한없이 커질 때, 일반항 b_n 값이 음수이면서 그 절댓값이 한없이 커지면 수열 $\{b_n\}$은 음의 무한대로 발산한다고 하며 다음과 같이 나타냅니다.

$$\lim_{n\to\infty} b_n = -\infty \text{ 또는 } n \to \infty \text{일 때, } b_n \to -\infty$$

예를 들어 수열 $\{\dfrac{n}{3}\}$은 양의 무한대로 발산하므로 다음과 같이 표현할 수 있습니다.

$$\lim_{n\to\infty} \frac{n}{3} = \infty \text{ 또는 } n \to \infty \text{일 때, } \frac{n}{3} \to \infty$$

또 수열 $\{-n^2\}$은 음의 무한대로 발산하므로 다음과 같이 표현합니다.

$$\lim_{n\to\infty}(-n^2) = -\infty \text{ 또는 } n \to \infty \text{일 때, } -n^2 \to -\infty$$

수열의 수렴과 발산을 정리하면 다음과 같습니다.

(1) 수렴: $\lim_{n \to \infty} a_n = a$ (단 a는 실수)

(2) 발산

- 양의 무한대로 발산: $\lim_{n \to \infty} a_n = \infty$
- 음의 무한대로 발산: $\lim_{n \to \infty} a_n = -\infty$
- 진동

수열의 진동

발산하는 수열 중에서 양의 무한대나 음의 무한대로 발산하지 않는 수열을 **수열의 진동**이라고 합니다. 예를 들어 다음과 같은 수열 $\{a_n\}$과 $\{b_n\}$이 있다고 가정합니다.

$\{a_n\}: -1, 1, -1, 1, \cdots, (-1)^n, \cdots$

$\{b_n\}: -\dfrac{1}{2}, 1, -\dfrac{3}{2}, 2, \cdots, (-1)^n \dfrac{n}{2}, \cdots$

n 값이 커짐에 따라 일반항 a_n과 b_n 값의 변화를 그래프로 그리면 그림 13-6과 같습니다.

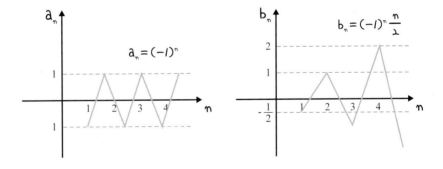

그림 13-6

수열의 진동

그림 13-6에서 알 수 있듯이 n 값이 무한대로 커질 때 수열 $\{a_n\}$의 일반항 $(-1)^n$ 값은 1과 -1이 교대로 나타납니다. 또 n 값이 한없이 커질 때 수열 $\{b_n\}$의 일반항 $(-1)^n \dfrac{n}{2}$은 그 절댓값이 한없이 커지면 각 항의 부호는 음과 양이 교대로 나타납니다. 따라서 두 수열 $\{(-1)^n\}$, $\{(-1)^n \dfrac{n}{2}\}$은 모두 수렴하지 않고, 양의 무한대나 음의 무한대로도 발산하지 않습니다.

일반적으로 수열 $\{a_n\}$이 수렴하지도 않고, 양의 무한대나 음의 무한대로도 발산하지 않을 때 수열 $\{a_n\}$은 진동한다고 합니다. 즉, 앞의 두 수열 $\{(-1)^n\}$, $\{(-1)^n\frac{n}{2}\}$ 은 모두 진동합니다.

 3 ## 수열 극한에 대한 성질

수렴하는 수열의 극한에서는 다음 성질이 성립합니다.

예를 들어 두 수열 $\{a_n\}$, $\{b_n\}$이 수렴하고 $\lim\limits_{n\to\infty} a_n = \alpha$, $\lim\limits_{n\to\infty} b_n = \beta$일 때 다음이 성립합니다.

(1) $\lim\limits_{n\to\infty} c a_n = c \lim\limits_{n\to\infty} a_n = c\alpha$ (단 c는 상수)

(2) $\lim\limits_{n\to\infty} (a_n + b_n) = \lim\limits_{n\to\infty} a_n + \lim\limits_{n\to\infty} b_n = \alpha + \beta$

(3) $\lim\limits_{n\to\infty} (a_n - b_n) = \lim\limits_{n\to\infty} a_n - \lim\limits_{n\to\infty} b_n = \alpha - \beta$

(4) $\lim\limits_{n\to\infty} a_n b_n = \lim\limits_{n\to\infty} a_n \cdot \lim\limits_{n\to\infty} b_n = \alpha\beta$

(5) $\lim\limits_{n\to\infty} \dfrac{a_n}{b_n} = \dfrac{\lim\limits_{n\to\infty} a_n}{\lim\limits_{n\to\infty} b_n} = \dfrac{\alpha}{\beta}$ ($b_n \neq 0,\ \beta \neq 0$)

인공지능을 이용하여 데이터 분석을 진행하는 과정에서 수열 극한에 대한 성질로 수학 문제를 직접 풀지는 않기 때문에 원리만 이해하고 넘어갑시다.

연습 문제

다음 극한값을 구하세요.

(1) $\lim\limits_{n\to\infty} \dfrac{2n+1}{n+2}$

(2) $\lim\limits_{n\to\infty} \dfrac{3n+4}{n^2+2n}$

문제 풀이

(1) 다음 과정으로 문제를 풉니다.

- 분자와 분모를 각각 분모의 최고차항인 n으로 나눕니다.

$$\lim_{n \to \infty} \frac{2n+1}{n+2} = \lim_{n \to \infty} \frac{2 + \dfrac{1}{n}}{1 + \dfrac{2}{n}}$$

- n은 0으로 수렴하기 때문에 n에 0을 대입한 후 수열 극한의 성질 (5)를 적용합니다.

$$\lim_{n \to \infty} \frac{2 + \dfrac{1}{n}}{1 + \dfrac{2}{n}} = \frac{\lim(2 + \dfrac{1}{n})}{\lim(1 + \dfrac{2}{n})} = \frac{2+0}{1+0} = 2$$

(2) 다음 과정으로 문제를 풉니다.

- 분자와 분모를 각각 분모의 최고차항인 n^2으로 나눕니다.

$$\lim_{n \to \infty} \frac{3n+4}{n^2+2n} = \lim_{n \to \infty} \frac{\dfrac{3}{n} + \dfrac{4}{n^2}}{1 + \dfrac{2}{n}}$$

- n은 0으로 수렴하기 때문에 n에 0을 대입한 후 수열 극한의 성질 (5)를 적용합니다.

$$\lim_{n \to \infty} \frac{\dfrac{3}{n} + \dfrac{4}{n^2}}{1 + \dfrac{2}{n}} = \frac{\lim_{n \to \infty}(\dfrac{3}{n} + \dfrac{4}{n^2})}{\lim_{n \to \infty}(1 + \dfrac{2}{n})} = \frac{0+0}{1+0} = 0$$

4 등비수열의 수렴과 발산

앞서 등비수열은 $a_n = ar^{n-1}$이라고 언급한 적이 있습니다. 이때 등비수열의 수렴과 발산은 a와 r에 따라 달라집니다.

a와 r의 값에 따라 수렴과 발산의 유형은 다음과 같습니다.

(1) $a = 0$인 경우는 $\lim\limits_{n \to \infty} ar^{n-1} = 0$으로 수렴합니다.

(2) $a \neq 0$인 경우는 r 값에 따라 발산과 수렴이 달라집니다.

- $r > 1$일 때 $\lim\limits_{n \to \infty} ar^{n-1} = \infty$로 발산합니다.
- $r = 1$일 때 $\lim\limits_{n \to \infty} ar^{n-1} = a$로 수렴합니다.
- $-1 < r < 1$일 때 $\lim\limits_{n \to \infty} ar^{n-1} = 0$으로 수렴합니다.
- $r = -1$일 때 $\lim\limits_{n \to \infty} ar^{n-1} = a, -a$로 발산(진동)합니다.
- $r < -1$일 때 $\lim\limits_{n \to \infty} ar^{n-1} = \infty, -\infty$로 발산합니다.

연습 문제

다음 문제에서 극한값을 구하세요.

(1) $\lim\limits_{n \to \infty} \dfrac{2^{n+1} + 3^n}{2^n + 5^n}$

(2) $\lim\limits_{n \to \infty} \dfrac{x^n}{x^n + 1}$

문제 풀이

(1) $\lim\limits_{n \to \infty} \dfrac{2^{n+1} + 3^n}{2^n + 5^n}$ 에 대한 극한값을 구하려면 분모의 최고차항 2^n으로 분모와 분자를 나눕니다.

$$\lim\limits_{n \to \infty} \frac{2^{n+1} + 3^n}{2^n + 5^n} = \lim\limits_{n \to \infty} \frac{2 + \left(\dfrac{3}{2}\right)^n}{1 + \left(\dfrac{5}{2}\right)^n} = 2 \left(\because \frac{2^{n+1}}{2^n} = \frac{2^n \cdot 2^1}{2^n} = 2 \right)$$

(2) $\lim\limits_{n \to \infty} \dfrac{x^n}{x^n + 1}$ 에 대한 극한값을 구하려면 공비가 미지수이므로 등비수열의 극한과 같이 경우의 수에 따라 계산합니다.

- $x > 1,\ \lim\limits_{n \to \infty} \dfrac{x^n}{x^n + 1} = \lim\limits_{n \to \infty} \dfrac{1}{1 + \dfrac{1}{x^n}} = 1$
- $x = 1,\ \lim\limits_{n \to \infty} \dfrac{x^n}{x^n + 1} = \lim\limits_{n \to \infty} \dfrac{1}{1 + 1} = \dfrac{1}{2}$

- $-1 < x < 1$, $\lim\limits_{n \to \infty} \dfrac{x^n}{x^n + 1} = 0$

- $x < -1$, $\lim\limits_{n \to \infty} \dfrac{x^n}{x^n + 1} = \lim\limits_{n \to \infty} \dfrac{1}{1 + \dfrac{1}{x^n}} = 1$

- $x = -1$, $\lim\limits_{n \to \infty} \dfrac{x^n}{x^n + 1}$ 에서 분모가 '0'이므로 값이 없습니다.

UNIT 27 순열과 조합

BASIC MATHEMATICS FOR ARTIFICIAL INTELLIGENCE

 1   순열

순열이란

서로 다른 n개에서 서로 다른 r개를 선택하여 일렬로 나열하는 것을 n개에서 r개를 택한 순열이라고 하며, 이 순열의 수를 다음과 같이 표기합니다.

$$_nP_r$$

서로 다른 n개에서 서로 다른 r개를 택하는 순열의 수는 다음과 같이 표현합니다.

$$_nP_r = \underbrace{n(n-1)(n-2) \cdots (n-r+1)}_{r개} \text{ (단 } 0 < r \le n)$$

이때 서로 다른 n개를 나열하는 경우의 수를 팩토리얼(factorial)이라고 합니다. 기호로는 $n!$(n 팩토리얼이라고 읽습니다)로 나타내며 계산은 n부터 1씩 줄여 나가면서 1이 될 때까지의 모든 수를 곱합니다.

$$n! = n(n-1)(n-2) \cdots 3 \cdot 2 \cdot 1$$

팩토리얼을 이용하여 수식을 좀 더 간단히 하면 다음과 같습니다.

$$_nP_r = \frac{n!}{(n-r)!}$$

예를 들어 1, 2, 3, 4, 5처럼 숫자 다섯 개에서 세 개를 선택하여 세 자리 자연수를 만드는 방법의 수를 구해 봅시다.

(1) 일반 수식을 이용한 경우: $_5P_3 = 5 \times 4 \times 3 = 60$

(2) 팩토리얼을 이용한 경우: $_5P_3 = \dfrac{5!}{(5-3)!} = \dfrac{5 \times 4 \times 3 \times 2 \times 1}{2 \times 1} = 60$

파이썬의 itertools 라이브러리를 이용하면 순열과 조합을 쉽게 구현할 수 있습니다. 즉, itertools.permutation을 이용하면, for 문을 사용하지 않고도 다음과 같이 순열을 구할 수 있습니다.

In [1]:
```python
from itertools import permutations
# 1, 2, 3 숫자가 적힌 카드가 있을 때,
lists = [1, 2, 3]
# 카드 중 두 장을 꺼내는 경우의 수
a = list(permutations(lists, 2)) # 순열은 permutations() 함수를 사용합니다
print(list(a))
```

[(1, 2), (1, 3), (2, 1), (2, 3), (3, 1), (3, 2)]

연습 문제

트럼프 카드가 열 장 있습니다. 열 장 중 임의로 세 장을 뽑을 수 있는 방법의 수를 구하세요.

문제 풀이

(1) 일반 수식을 이용할 경우: $_{10}P_3 = 10 \times 9 \times 8 = 720$

(2) 팩토리얼을 이용할 경우: $_{10}P_3 = \dfrac{10!}{(10-3)!} = \dfrac{10 \times 9 \times 8 \times 7 \times 6 \times 5 \times 4 \times 3 \times 2 \times 1}{7 \times 6 \times 5 \times 4 \times 3 \times 2 \times 1} = 720$

순열과 관련된 연산 성질

$_nP_r = \dfrac{n!}{(n-r)!}$ 조건은 $0 < r \leq n$이라고 했습니다. $r = n$이어도 수식이 성립할까요? 실제로 $r = n$을 대입하여 알아봅시다.

$$_nP_n = \frac{n!}{(n-r)!}$$

$$_nP_n = n! = \frac{n!}{(n-n)!} = \frac{n!}{0!}$$

$$n! = \frac{n!}{0!}$$

따라서 좌변과 우변이 같으려면 0! = 1이 되어야 합니다.

$r = 0$이라면 어떻게 될까요?

$$_nP_0 = \frac{n!}{(n-0)!}$$

$$_nP_0 = \frac{n!}{n!} = 1$$

$$_nP_0 = 1$$

따라서 $_nP_0 = 1$로 정의할 수 있습니다. 이를 정리하면 다음과 같습니다.

팩토리얼 표현이 $n! = n(n-1)(n-2) \cdots 3 \cdot 2 \cdot 1$과 같을 때 $_nP_r = \frac{n!}{(n-r)!}$ (단 $0 < r \leq n$) 수식이 성립하며, 다음도 가능합니다.

- $0! = 1$
- $_nP_0 = 1$

중복순열

순열이 서로 다른 n개에서 중복을 허락하지 않고 r개를 일렬로 나열하는 수였다면 중복순열은 중복을 허락하고 r개를 일렬로 나열하는 수를 의미합니다. 다음과 같이 표현합니다.

$$_n\Pi_r = n^r$$

(1) 1, 2, 3, 4, 5, 6을 사용하여 중복을 허락하지 않고 세 자리 자연수를 만드는 방법의 수를 구하세요.

(2) 1, 2, 3, 4, 5, 6을 사용하여 중복을 허락하고 세 자리 자연수를 만드는 방법의 수를 구하세요.

문제 풀이

(1) 중복을 허락하지 않고 세 자리 자연수를 만드는 문제로, 순열로 풀어야 합니다.

$_6P_3 = 6 \times 5 \times 4 = 120$

(2) 중복을 허락하고 세 자리 자연수를 만드는 문제로, 중복순열로 풀어야 합니다.

$_6\Pi_3 = 6^3 = 6 \times 6 \times 6 = 216$

2 조합

조합이란

서로 다른 n개에서 순서를 생각하지 않고 r개를 선택하는 것을 n개에서 r개를 택한 조합이라고 하며, 이 조합의 수를 기호로 다음과 같이 표현합니다.

$$_nC_r$$

팩토리얼을 이용하여 수식을 풀어 보면 다음과 같습니다.

$$_nC_r = \frac{_nP_r}{r!} = \frac{\dfrac{n!}{(n-r)!}}{\dfrac{r!}{1}} \quad \boxed{} \text{ 곱한 후 분모} \qquad \text{곱한 후 분자}$$

$$= \frac{n!}{r!(n-r)!} \ (\text{단 } 0 < r \le n)$$

참고로 n개를 선택하면 $(n-r)$개가 남으므로 $_nC_r = {}_nC_{n-r}$도 가능합니다.

예를 들어 학생 100명 중에서 98명을 선택하는 경우의 수를 생각해 볼게요.

$$_{100}C_{98} = {}_{100}C_2 = \frac{_nP_r}{r!} = \frac{\dfrac{100!}{(100-2)!}}{2!}$$

$$= \frac{\dfrac{100!}{98!}}{2!} = \frac{100 \times 99}{2 \times 1} = 4950$$

예를 들어 각각 숫자 1, 2, 3이 적힌 카드가 있을 때, 카드 두 장을 꺼내는 경우의 수는 다음과 같이 구현할 수 있습니다.

In [2]:

```
# itertools 라이브러리를 호출합니다
from itertools import combinations

# 숫자 1, 2, 3이 적힌 카드가 있을 때
lists = [1, 2, 3]
# 카드 두 장을 꺼내는 경우의 수
a = list(combinations(lists, 2)) # 조합은 combinations() 함수를 사용합니다
print(list(a))
```

[(1, 2), (1, 3), (2, 3)]

연습 문제

한 반의 학생 수가 40명입니다.

(1) 반장 1명, 부반장 1명을 뽑는 경우의 수를 구하세요.

(2) 주번 3명을 뽑는 경우의 수를 구하세요.

문제 풀이

(1) 반장 1명, 부반장 1명을 뽑는 경우의 수

반장과 부반장을 뽑을 때 순서가 중요하므로 순열로 풀어야 합니다.

따라서 $_{40}P_2 = 40 \times 39 = 1560$(가지)입니다.

(2) 주번 3명을 뽑는 경우의 수

주번의 역할이 같기 때문에 뽑는 순서가 중요하지 않으므로 조합으로 풀어야 합니다.

$$_{40}C_3 = \frac{_nP_r}{r!} = \frac{\dfrac{40!}{(40-3)!}}{3!}$$

$$= \frac{\dfrac{40!}{37!}}{3!} = \frac{40 \times 39 \times 38}{3 \times 2 \times 1} = 9880$$

중복조합

서로 다른 n개에서 중복을 허락하여 r개를 선택하는 것을 n개에서 r개를 택한 중복조합이라고 하며, 기호로 다음과 같이 표현합니다.

$$_nH_r$$

중복조합의 수식은 다음과 같습니다.

$$_nH_r = {_{n+r-1}}C_r$$

예를 들어 야구공, 농구공, 축구공, 배구공 네 종류의 공에서 중복을 허용하여 일곱 개를 택하는 경우의 수를 구해 봅시다. $_nH_r = {_{n+r-1}}C_r$ 공식을 이용하여 문제를 풀어 보면 다음과 같습니다.

$$_{4+7-1}C_7 = {_{10}}C_7 = {_{10}}C_3 = \frac{_nP_r}{r!} = \frac{\dfrac{10!}{(10-3)!}}{3!}$$

$$= \frac{\dfrac{10!}{7!}}{3!} = \frac{10 \times 9 \times 8}{3 \times 2 \times 1} = 120$$

3 순열과 조합의 비교

순열과 조합을 비교하면서 명확한 개념을 정리해 봅시다.

구분	순열	조합
순서와 위치	순서와 위치가 중요합니다.	순서와 위치가 중요하지 않습니다.
표현	'배열하다'로 표현($_nP_r$)	'뽑는다'로 표현($_nC_r$)
계산 방법	$_nP_r = \dfrac{n!}{(n-r)!}$	$_nC_r = \dfrac{n!}{r!(n-r)!}$
배열 방법	배열 방법을 정하지 않았습니다.	배열 방법을 한 가지로 정했습니다.

표 13-2
순열과 조합의 비교

추가로 중복순열과 중복조합까지 비교하면 표 13-3과 같습니다.

구분	순열	중복순열	조합	중복조합
순서	있음	있음	없음	없음
중복	불가능	가능	불가능	가능
표현	$_nP_r$	$_n\pi_r = n^r$	$_nC_r$	$_nH_r$

표 13-3
순열, 중복순열, 조합,
중복조합의 비교

## 14장

확률

확률은 공학, 과학, 경제 등 다양한 분야에서
사용하는 학문으로, 인공지능에서도 중요한
부분을 차지합니다. 인공지능에서 사용하는
빅데이터의 복잡한 수식을 계산하고 알고리
즘을 생성하는 데 확률을 활용하며, 불확실
한 미래의 사건 등을 예측하는 데도 확률과
통계를 활용합니다. 따라서 이 장에서는 확
률 개념과 다양한 용어를 학습하겠습니다.

UNIT 28 확률이란

BASIC MATHEMATICS FOR ARTIFICIAL INTELLIGENCE

1 확률과 인공지능의 관계

인공지능의 목적은 빅데이터를 이용한 예측을 수행하는 것입니다. 예를 들어 환자 의료 기록을 바탕으로 특정한 병에 걸릴 확률을 예측하거나 센서에서 수집된 데이터를 기반으로 공장 장비들의 비정상 작동을 예측할 수 있습니다. 또 사용자가 듣는 음악 패턴을 분석하여 최적의 음악을 추천하는 추천 시스템도 확률을 고려해야 합니다. 이와 같이 확률과 통계는 데이터 분석에서 기초가 되는 학문입니다.

그렇다면 확률과 통계를 아는 것만으로 데이터 분석이 가능하지 않을까요? 통계적 분석과 인공지능을 이용한 데이터 분석의 차이를 알아봅시다.

■ 통계적 분석은 독립변수(X)와 수학적 모델을 입력으로 알려 주면 종속변수 (Y)를 출력합니다.

그림 14-1
통계적 분석

■ 인공지능을 이용한 분석은 독립변수(X)와 종속변수(Y, label)를 알려 주면 컴퓨터 스스로 학습 모델을 만듭니다.

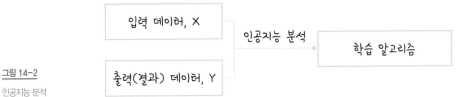

그림 14-2

인공지능 분석

통계적 분석은 입력 데이터가 바뀔 때마다 적당한 알고리즘을 적용하여 출력(결과) 데이터를 추출(데이터가 바뀔 때마다 매번 수행)합니다. 반면 인공지능을 이용한 데이터 분석은 입력과 출력(결과) 데이터만 있으면 자동으로 학습 알고리즘을 생성하기 때문에 유사한 목적의 데이터 분석에 알고리즘을 재활용할 수 있습니다.

하지만 여기에서 오해하면 안 될 점은 확률/통계가 인공지능으로 대체된 것이 아니라 확률/통계 개념이 인공지능에 추가되었다는 것입니다. 즉, 인공지능에서 입력 데이터를 가공할 때(가중합 단계를 거칠 때) 가중치라는 확률/통계 개념을 추가했습니다.

예를 들어 음악 장르 중 '힙합, 재즈, 팝' 등 카테고리로 분류하는 알고리즘을 만든다고 가정합시다. 가장 먼저 생각할 수 있는 방법은 특정 단어(작곡가 이름, 음악 제목 등)의 사용 빈도에 따른 분류 방식에 대한 알고리즘입니다. 이때 '특정 단어'들이 X, Y 등 변수가 되고 '사용 빈도'가 가중치가 됩니다. 결국 알고리즘 정확도는 어떤 가중치를 사용하느냐에 따라 정확도가 달라지기에 프로그래머가 임의로 가중치를 설정하지 않고 과거 데이터를 컴퓨터에 입력하여 추출된 단어의 빈도 값(확률/통계)을 가중치로 활용한다면 원하는 결과의 정확도에 더 가까워질 수 있습니다.

이와 같이 인공지능을 이용한 데이터 분석은 확률/통계를 대체하기보다는 확률/통계의 개념을 인공지능 데이터 분석에 도입하여 사용하는 것입니다.

2 확률 기본 용어

확률을 학습하기에 앞서 확률과 관련한 용어들의 의미를 짚고 넘어갑시다.

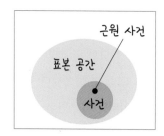

그림 14-3
사건 및 표본 공간

확률에서 사용하는 기본 용어는 표 14-1과 같습니다.

용어	설명	표현
실험(trial)	동일한 조건에서 여러 번 반복할 수 있고 그 결과가 우연으로 결정되는 관찰이나 실험	
표본 공간 (sample space)	한 실험에서 나올 수 있는 모든 가능한 결과의 집합	Ω
근원사건 (elementary outcome)	표본 공간을 이루는 개개의 결과	$\omega_1, \omega_2, \cdots$
사건(event)	근원사건의 집합, 표본 공간의 부분 집합	
합사건	두 사건 A와 B의 합집합으로 표현할 수 있는 사건	$A \cup B$
곱사건	두 사건 A와 B의 교집합으로 표현할 수 있는 사건	$A \cap B$
여사건	사건 A가 일어나지 않는 사건	A^c
배반사건	사건 A와 B가 동시에 일어나지 않는 사건	$A \cap B = 0$

표 14-1
확률 기본 용어

예를 들어 주사위를 1회 던졌을 때, 표본 공간과 근원사건을 알아봅시다.

- 표본 공간(Ω): Ω = {1, 2, 3, 4, 5, 6}
- 근원사건($\omega_1, \omega_2, \cdots$): 1, 2, 3, 4, 5, 6
- 짝수가 나올 사건($A, B, \cdots$): A = {2, 4, 6}

사건의 확률과 확률의 성질

확률과 관련한 용어를 정리했으니 확률 학습을 시작할게요.

어떤 실험에서 사건 A가 일어날 가능성을 수로 나타낸 것을 사건 A가 일어날 **확률**이라고 하며, 다음과 같이 표현합니다.

$$P(A)$$

사건의 확률은 동일한 조건에서 실험을 반복할 때, 그 사건이 일어나리라 예상되는 횟수의 비율을 의미합니다. 즉, 어떤 실험에서 표본 공간의 원소 개수를 $n(S)$, 사건 A의 원소 개수를 $n(A)$라고 하면 사건 A가 발생할 확률 $P(A)$는 다음과 같이 표현할 수 있습니다.

$$P(A) = \frac{A가\ 일어날\ 경우의\ 수}{모든\ 경우의\ 수}$$

이것을 다음과 같이 좀 더 수학적으로 표현할 수 있는데, 이를 수학적 확률이라고 합니다.

$$P(A) = \frac{n(A)}{n(S)}$$

또 확률은 다음 세 가지 성질을 갖습니다.

(1) 임의의 사건 A에 대해 확률 $P(A)$는 $0 \leq P(A) \leq 1$입니다.

(2) 반드시 일어나는 사건 S에 대해 확률 $P(S) = 1$입니다.

(3) 절대로 일어나지 않는 사건 $\varnothing$에 대해 $P(\varnothing) = 0$입니다.

즉, 확률의 최소는 0이고, 최대는 1이라고 정리할 수 있습니다.

UNIT 29 조건부 확률

1 독립사건과 종속사건

두 사건 A와 B에서 한 사건의 결과가 다른 사건에 영향을 주지 않을 때 A와 B를 독립사건이라고 합니다. 즉, 사건 A가 일어나는지 여부가 사건 B가 일어날 확률에 영향을 미치지 않을 때 사건 A와 B는 서로 독립이라고 하며, 다음과 같이 표현합니다.

$$P(A|B) = P(A|B^c) = P(A) \text{ 혹은 } P(B|A) = P(B|A^c) = P(B)$$

또 두 사건이 서로 독립일 수 있는 필요충분조건은 다음과 같습니다.

$$P(A \cap B) = P(A)P(B) \text{ (단 } P(A) > 0, \ P(B) > 0)$$

두 사건 A와 B에서 한 사건의 결과가 다른 사건에 영향을 줄 때 A와 B를 **종속사건**이라고 합니다. 즉, 사건 A가 일어나는 여부가 사건 B가 일어날 확률에 영향을 미칠 때 사건 A와 B는 종속이라고 하며, 다음과 같이 표현합니다.

$$P(B|A) \neq P(B|A^c)$$

2 조건부 확률

조건부 확률(conditional probability)은 어떤 사건 A가 일어났다는 조건하에 다른 사건 B가 일어날 확률로, 다음과 같이 표현합니다.

$$P(B \mid A)$$

또 사건 A가 일어났을 때, 사건 B에 대한 조건부 확률 법칙은 다음과 같습니다.

$$P(B \mid A) = \frac{P(A \cap B)}{P(A)}$$

- $P(B \mid A)$: A 조건하에 B가 일어날 조건부 확률
- $P(A, B) = P(AB) = P(A \cap B)$: 함께/동시에 일어날 결합 확률(joint probability)
- $P(A)$: 특정 사건 A에만 주목한 주변 확률(marginal probability)

즉, 조건부 확률 $P(B \mid A)$는 다음 의미를 갖습니다.

- 사건 A가 발생한 경우의 사건 B 확률입니다.
- 표본이 이벤트 A에 속한다는 새로운 사실을 알게 되었을 때, 이 표본이 사건 B에 속한다는 사실의 정확성(신뢰도)이 어떻게 변하는지 알려 줍니다.

예를 들어 ABC라는 고등학교에서 전체 학생의 65%가 안경을 썼고, 그중 남학생이 안경을 쓴 경우는 45%입니다. 이 학교의 학생 중 임의로 뽑은 1명이 안경을 쓴 학생이었을 때, 그 학생이 남학생일 확률을 구해 봅시다.

전체 학생 중 안경을 쓴 학생($P(A)$)이 0.65고, 남학생이면서 안경을 쓴 학생($P(A \cap B)$)이 0.45입니다. 따라서 안경을 쓴 학생이면서 남학생일 확률은 다음과 같습니다.

$$P(B \mid A) = \frac{P(A \cap B)}{P(A)} = \frac{0.45}{0.65} = \frac{9}{13}$$

연습 문제

(1) 주머니 속에 흰색 공 네 개와 붉은색 공 여섯 개가 있습니다. 공을 한 개씩 두 번 꺼낼 때 다음 각 경우에서 두 개가 모두 흰색 공일 확률을 구하세요.

① 처음 꺼낸 공을 다시 넣지 않은 경우

② 처음 꺼낸 공을 다시 넣는 경우

(2) 다음 표가 주어졌을 때 물음에 답하세요.

구분	비만	정상	저체중	합계
고혈압	0.10	0.07	0.03	0.20
정상혈압	0.15	0.55	0.10	0.80
합계	0.25	0.62	0.13	1.00

① 비만일 경우 고혈압일 확률

② 비만이고 고혈압일 확률

문제 풀이

(1)

- 사건 A: 첫 번째에 흰색 공이 나오는 사건
- 사건 B: 두 번째에 흰색 공이 나오는 사건

① 처음 꺼낸 공을 다시 넣지 않은 경우

구하고자 하는 확률은 $P(A \cap B)$입니다.

$$P(A \cap B) = P(B \mid A)P(A) = \frac{3}{9} \times \frac{4}{10} = \frac{2}{15}$$

② 처음 꺼낸 공을 다시 넣는 경우

이 경우 A와 B는 서로 독립사건입니다.

$$P(A \cap B) = P(B \mid A)P(A) = P(B)P(A) = \frac{4}{10} \times \frac{4}{10} = \frac{4}{25}$$

(2) A: 고혈압, B: 비만일 경우

① 비만일 경우 고혈압일 확률

$$P(A \mid B) = \frac{P(A \cap B)}{P(B)} = \frac{0.10}{(0.10 + 0.15)} = \frac{0.1}{0.25} = 0.4$$

② 비만이고 고혈압일 확률

$$P(A \cap B) = P(A \mid B)P(B) = 0.4 \times 0.25 = 0.1$$

3 베이지안 이론

빈도 확률 vs 베이지안 확률

통계적으로 인공지능을 공부하려면 확률의 두 축인 빈도 확률(frequentist probability)과 베이지안 확률(bayesian probability)을 이해해야 합니다.

빈도 확률은 그 사건이 반복되는 사건의 빈도를 다룹니다. 즉, 특정 사건이 얼마나 빈번하게 반복해서 발생하는지 관찰하고 이를 기반으로 가설을 세워 모델을 검증합니다. 예를 들어 동전을 던져 '앞면이 나오는 사건'의 확률 값이 0.5라는 것은 동전을 반복하여 던졌을 경우 동전을 던진 전체 횟수에 확률 값을 곱한 숫자만큼 해당 사건이 발생했다는 의미입니다.

베이지안 확률은 일어나지 않았거나 불확실한 사건에 대한 확률로 (1) 주관적인 가설의 사전 확률을 정하고 (2) 관찰된 데이터를 기반으로 가능도를 계산해서 (3) 처음 설정한 주관적 확률을 보정합니다.

베이지안 확률을 자세히 알아봅시다.

베이지안 확률

두 확률변수의 사전 확률과 사후 확률 간 관계를 나타내는 정리로 사전 확률 $P(A)$와 우도 확률 $P(B|A)$를 안다면 사후 확률 $P(A|B)$를 알 수 있습니다. 즉, 베이지안 확률은 다음과 같이 조건부 확률로 나타내며, 정보를 업데이트하면서 사후 확률 $P(A|B)$를 구하는 것입니다.

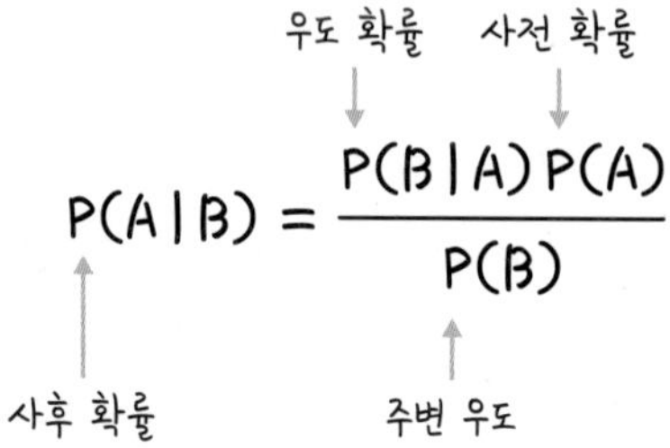

우도 확률   사전 확률

$$P(A|B) = \frac{P(B|A)\,P(A)}{P(B)}$$

사후 확률   주변 우도

그림 14-5

베이지안 확률

- $P(A)$, 사전 확률(prior probability): 결과가 나타나기 전에 결정된 원인(A)의 확률
- $P(B|A)$, 우도 확률(likelihood probability): 원인(A)이 발생했다는 가정하에 결과(B)가 발생할 확률
- $P(A|B)$, 사후 확률(posterior probability): 결과(B)가 발생했다는 가정하에 원인(A)이 발생했을 확률
- $P(B)$, 주변 우도(marginal probability): 사건(B)의 발현 확률

베이지안 확률을 위한 계산식 $P(B)$는 다음과 같이 A 및 A 여집합과 $P(B)$ 사이의 교집합으로 구할 수 있습니다.

$$P(A|B) = \frac{P(A \cap B)}{P(B)}$$

$$P(B|A) = \frac{P(A \cap B)}{P(A)}$$

$$P(A|B)P(B) = P(A \cap B) = P(B|A)P(A)$$

$$\boxed{P(A|B) = \frac{P(B|A)P(A)}{P(B)}} \longrightarrow P(B) = P(B \cap A) + P(B \cap A')$$

$$P(A|B) = \frac{P(B|A)P(A)}{P(B|A)P(A) + P(B|A')(P(A'))}$$

베이지안 확률의 예시를 들어 보겠습니다.

한 학급에 학생이 100명 있습니다. 여학생 30% 중 3%가 외국인입니다. 또 남학생 70% 중 8%가 외국인입니다. 이 학급에서 임의로 뽑은 1명이 외국인일 때, 이 학생이 여학생일 확률을 구해 봅시다.

$P(A|B) = \dfrac{P(A \cap B)}{P(B)}$ 를 이용하여 문제를 풀어 봅시다.

$$
\begin{aligned}
P(\text{여학생} | \text{외국인}) &= \frac{P(\text{여학생} \cap \text{외국인})}{P(\text{외국인})} \\
&= \frac{P(\text{여학생} \cap \text{외국인})}{P(\text{여학생} \cap \text{외국인}) + P(\text{남학생} \cap \text{외국인})} \\
&= \frac{P(\text{여학생})\, P(\text{외국인} | \text{여학생})}{P(\text{여학생}) P(\text{외국인} | \text{여학생}) + P(\text{남학생}) P(\text{외국인} | \text{남학생})} \\
&= \frac{0.3 \times 0.03}{0.3 \times 0.03 + 0.7 \times 0.08} \\
&= \frac{0.009}{0.009 + 0.056} = \frac{0.009}{0.065} \\
&= 0.14
\end{aligned}
$$

따라서 임의로 뽑은 1명이 외국인일 때, 이 학생이 여학생일 확률은 0.14(소수점 셋째자리에서 반올림)입니다.

베이지안 확률의 가장 대표적인 활용이 바로 스팸메일 필터입니다. 메일본문(입력 텍스트)을 이용하여 메일이 스팸인지 구분하는 예시를 살펴볼게요.

먼저 메일의 스팸 유무는 다음과 같이 확인할 수 있습니다.

$P(\text{정상메일} | \text{메일본문})$ = 메일본문이 정상일 확률

$P(\text{스팸메일} | \text{메일본문})$ = 메일본문이 스팸일 확률

이를 베이지안 확률을 이용하여 정리하면 다음과 같습니다.

$P(\text{정상메일} | \text{메일본문}) = (P(\text{메일본문} | \text{정상메일}) \times P(\text{정상메일})) / P(\text{메일본문})$

$P(\text{스팸메일} | \text{메일본문}) = (P(\text{메일본문} | \text{스팸메일}) \times P(\text{스팸메일})) / P(\text{메일본문})$

입력 텍스트가 주어졌을 때 P(정상메일 | 메일본문)이 P(스팸메일 | 메일본문)보다 크면 정상메일이고, 그렇지 않다면 스팸메일일 확률이 높습니다.

앞의 두 식은 두 확률 모두 분모에 P(메일본문)이 있으므로 양쪽 모두 제거한다면 다음과 같이 간소화할 수 있습니다.

$$P(정상메일 \mid 메일본문) = P(메일본문 \mid 정상메일) \times P(정상메일)$$

$$P(스팸메일 \mid 메일본문) = P(메일본문 \mid 스팸메일) \times P(스팸메일)$$

예를 들어 본문에 단어가 두 개 있다고 가정했을 때 단어를 $w1$, $w2$라고 표현한다면 베이지안 확률을 이용한 정상메일과 스팸메일의 분류는 다음과 같습니다.

$$P(정상메일 \mid 메일본문) = P(w1 \mid 정상메일) \times P(w2 \mid 정상메일) \times P(정상메일)$$

$$P(스팸메일 \mid 메일본문) = P(w1 \mid 스팸메일) \times P(w2 \mid 스팸메일) \times P(스팸메일)$$

참고로 메일 본문의 모든 단어는 컴퓨터가 이해할 수 있도록 벡터로 변경한 후 입력으로 사용합니다. 이때 단어 순서는 중요하지 않습니다. 단어 순서는 무시하고 빈도수만 고려합니다.

구체적인 예시로 확인해 보겠습니다.

표 14-2
스팸메일 필터 예시

순서	메일 본문 단어들	분류
1	my free lottery	스팸
2	free lottery free you	스팸
3	your free apple	정상
4	free to contact me	정상
5	I won award	정상
6	my lottery ticket	스팸

표 14-2와 같이 훈련 데이터가 주어졌을 때, 입력 텍스트 my free lottery의 정상메일과 스팸메일 확률을 구해 봅시다.

다음 수식을 적용하여 입력 텍스트의 정상메일과 스팸메일의 확률을 구할 수 있습니다.

P(정상메일 | 메일본문) = P(my | 정상메일) $\times$ P(free | 정상메일) $\times$ P(lottery | 정상메일) $\times$ P(정상메일)

P(스팸메일 | 메일본문) = P(my | 스팸메일) $\times$ P(free | 스팸메일) $\times$ P(lottery | 스팸메일) $\times$ P(스팸메일)

표 14–2에서 정상메일과 스팸메일의 본문 수가 같기 때문에 확률은 생략 가능합니다.

P(정상메일) = P(스팸메일) = 총 메일 여섯 개 중 세 개 = 0.5

P(정상메일)과 P(스팸메일)의 값이 같으므로, 두 식 모두 확률은 생략 가능합니다. 따라서 다음 수식을 적용하여 확률을 구할 수 있습니다.

P(정상메일 | 메일본문) = P(my | 정상메일) $\times$ P(free | 정상메일) $\times$ P(lottery | 정상메일)

P(스팸메일 | 메일본문) = P(my | 스팸메일) $\times$ P(free | 스팸메일) $\times$ P(lottery | 스팸메일)

P(my | 정상메일)을 구하는 방법은 다음과 같습니다.

$$\frac{\text{정상메일에서 } my \text{가 등장한 총 빈도수}}{\text{정상메일에 등장한 모든 단어의 빈도수 총합}}$$

이 경우에는 $\frac{0}{10}$ = 0이 됩니다. 이와 같은 원리로 식을 전개하면 다음과 같습니다.

$$P(\text{정상메일 | 메일본문}) = \frac{0}{10} \times \frac{2}{10} \times \frac{0}{10} = 0$$
$$P(\text{스팸메일 | 메일본문}) = \frac{2}{10} \times \frac{3}{10} \times \frac{3}{10} = 0.018$$

결과적으로 P(정상메일 | 메일본문) $<$ P(스팸메일 | 메일본문)이므로 입력 테스트 "my free lottery"는 스팸메일로 분류합니다.

동일한 내용을 파이썬으로 구현하는 방법을 알아봅시다. 실습에는 표 14-3과 같은 데이터셋을 사용합니다.

num	label	text	label_num
1	spam	my free lottery	1
2	spam	free lottery free you	1
3	ham	your free apple	0
4	ham	free to contact me	0
5	ham	I won award	0
6	spam	my lottery ticket	1

표 14-3
사용할 데이터셋

베이지안 확률 예제를 실습하기 전에 먼저 아나콘다 프롬프트에서 다음 라이브러리를 설치합니다.

```
> pip install pandas          또는    conda install pandas
> pip install scikit-learn    또는    conda install scikit-learn
> pip install nltk            또는    conda install nltk
> import nltk                 또는    conda install nltk
> nltk.download()
```

그리고 다음과 같이 구현합니다.

In [3]:
```python
# 라이브러리를 호출합니다
import numpy as np
import pandas as pd
from nltk.corpus import stopwords
import string
import nltk


# Pandas 라이브러리를 호출하여 표 14-3의 csv 파일 데이터를
# 데이터프레임에 넣어 줍니다
df = pd.read_csv("./spam.csv")
df
```

Out [3]:

	num	label	text	label_num
0	1	spam	my free lottery	1
1	2	spam	free lottery free you	1
2	3	ham	your free apple	0
3	4	ham	free to contact me	0
4	5	ham	I won award	0
5	6	spam	my lottery ticket	1

데이터에서 유의미한 단어 토큰만 주어진 text에서 선별합니다. I, my, me, over, on 등 조사나 접미사 같은 불용어(stopwords)는 제거한 후 사용해야 하지만, 예제의 데이터셋은 데이터양이 많지 않으므로 생략합니다.

In [4]:

```
def process_text(text):

    # text에서 구두점을 삭제합니다
    nopunc = [char for char in text if char not in string.punctuation]
    nopunc = ''.join(nopunc)

    # text에서 무의미한 단어(접미사, 조사 등)는 삭제합니다
    cleaned_words = [word for word in nopunc.split()
                    if word.lower() not in stopwords.words('english')]
    return cleaned_words

# process_text 함수를 적용하여 데이터 세트의 텍스트 데이터를 토큰화합니다
df['text'].head().apply(process_text)

# text를 토큰 수의 행렬로 변환합니다
from sklearn.feature_extraction.text import CountVectorizer
messages_bow = CountVectorizer(analyzer=process_text).fit_transform
(df['text'])
```

```python
# 데이터를 80%의 training과 20%의 testing 데이터셋으로 분리합니다
from sklearn.model_selection import train_test_split
X_train, X_test, y_train, y_test = train_test_split(messages_bow,
df['label_num'], test_size = 0.20, random_state = 0)

# 다항식 나이브베이즈 모델을 만들고 훈련시킵니다
from sklearn.naive_bayes import MultinomialNB
classifier = MultinomialNB()
classifier.fit(X_train, y_train)

# 데이터셋 분류에 대한 예측 및 실제 관측 값을 보여 줍니다
print(classifier.predict(X_train)) # 예측 값 출력
print(y_train.values)              # 실제 관측 값 출력
```

```
[1 0 1 0]
[1 0 1 0]
```

In [5]:
```python
# 학습 데이터셋에서 모델의 정확도를 표현합니다
from sklearn.metrics import classification_report
from sklearn.metrics import confusion_matrix, accuracy_score

pred = classifier.predict(X_train) # 예측 값 출력

# 사이킷런 패키지의 metrics 패키지에서는 정밀도, 재현율, F1 점수를 구합니다
print(classification_report(y_train,pred))

# 혼동행렬로 표현합니다
print('Confusion Matrix: \n', confusion_matrix(y_train,pred))
print()
print('Accuracy: ', accuracy_score(y_train,pred)) # 정확도 점수로 표현
```

	precision	recall	f1-score	support
0	1.00	1.00	1.00	2
1	1.00	1.00	1.00	2
accuracy			1.00	4
macro avg	1.00	1.00	1.00	4
weighted avg	1.00	1.00	1.00	4

```
Confusion Matrix:
 [[2 0]
  [0 2]]


Accuracy:  1.0
```

In [6]:
```python
# 테스트 데이터셋(X_test & y_test)에서 모델의 정확도를 테스트합니다
print('Predicted value: ', classifier.predict(X_test))
```

```
Predicted value: [1 1]
```

In [7]:
```python
# 실제 관측 값 출력
print('Actual value: ', y_test.values)
```

```
Actual value: [1 0]
```

In [8]:
```python
# 테스트 데이터셋에서 모델을 평가합니다
from sklearn.metrics import classification_report
from sklearn.metrics import confusion_matrix, accuracy_score
pred = classifier.predict(X_test)
print(classification_report(y_test,pred))
print('Confusion Matrix: \n', confusion_matrix(y_test,pred))
```

```
print()
print('Accuracy: ', accuracy_score(y_test,pred))
```

	precision	recall	f1-score	support
0	0.00	0.00	0.00	1
1	0.50	1.00	0.67	1
accuracy			0.50	2
macro avg	0.25	0.50	0.33	2
weighted avg	0.25	0.50	0.33	2

```
Confusion Matrix:
 [[0 1]
  [0 1]]


Accuracy:  0.5
```

이 파이썬 예제에서 사용한 데이터셋은 데이터 여섯 개를 사용하여 진행했기 때문에 정확도(accuracy)가 낮습니다. 좀 더 정확한 데이터를 원한다면 캐글(Kaggle)에서 유사한 데이터셋을 구할 수 있으므로 내려받아 진행하길 권합니다.

잠깐만요

캐글이란

2010년에 설립한 예측 모델 및 분석 대회 플랫폼으로 기업 및 단체에서 데이터와 해결 과제를 등록하면, 이것을 데이터 과학자들이 경쟁하면서 해결합니다.

호주인 앤서니 골드블룸은 빅데이터 전문가 수요가 급증하리라 예상하고는 2010년 캐글을 만들었는데, 2017년에 구글이 인수했습니다. 현재 세계 190여 개국 개발자 100만 명 이상이 캐글에서 문제 해결법을 찾느라 경쟁을 벌이고 있습니다. 경쟁에서 승리한 사람에게는 상금과 명예가 주어집니다.

캐글 웹 사이트(https://www.kaggle.com/)에는 초보자용 연습 데이터 및 전문가 코드들도 볼 수 있는데, 초보자부터 전문가까지 모두 사용할 수 있습니다.

## 15장

통계

우리 미래는 매우 불확실합니다. 불확실을 확신으로 바꾸려고 수많은 변수를 고려합니다. 예를 들어 목적지까지 빠른 길을 찾고자 자가용, 택시, 대중교통 등을 고려해 볼 수 있습니다. 인공지능에서는 불확실을 다루는 데 통계를 사용합니다. 통계가 어떻게 불확실성을 줄일 수 있는지 살펴보겠습니다.

확률변수와 확률분포

BASIC MATHEMATICS FOR ARTIFICIAL INTELLIGENCE

1 확률변수란

확률변수

실험 결과에 따라 표본 공간의 각 원소에 실수 값 하나를 대응시켜 주는 것을 **확률변수**(random variable)라고 합니다.

예를 들어 동전 하나를 두 번 던지는 실험에서 앞면이 나오는 횟수를 X라고 하면 표본 공간 S는 '뒤뒤, 뒤앞, 앞뒤, 앞앞'입니다. 이때 동전의 앞면이 나올 수 있는 경우는 다음과 같이 0개, 한 개, 두 개가 됩니다.

표본 공간
실험의 결과 하나
하나를 모두 모은
것으로, S로
표기합니다

- X가 0일 때: 뒤뒤
- X가 1일 때: 앞뒤, 뒤앞
- X가 2일 때: 앞앞

또 X가 0과 2일 수 있는 확률은 각각 $\frac{1}{4}$이고, X가 1일 수 있는 확률은 $\frac{2}{4} = \frac{1}{2}$ 입니다. 따라서 X는 0, 1, 2 중 값을 하나 가지는 변수고, X의 각 값에 대응하는 확률은 그림 15-1과 같이 표현할 수 있습니다.

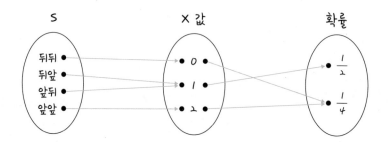

그림 15-1

확률변수

그림 15-1을 보면 표본 공간의 각 원소 {앞, 앞}, {앞, 뒤}, {뒤, 앞}, {뒤, 뒤}에 실수 값이 하나씩 대응합니다. 이것을 **함수**라고 하는데, 표본 공간의 각 원소에 실수를 하나씩 대응시킬 때, 이 실수를 **확률변수**라고 합니다. 따라서 확률변수는 함수라고 할 수 있습니다.

또 확률변수를 수학적으로 정의한다면 표본 공간을 정의역(domain)으로, 실수를 공역(co-domain)으로 가지는 함수로 정의합니다. 즉, 확률변수는 표본 공간의 모든 표본에 대해 어떤 실수 값을 할당한 것입니다.

확률변수의 종류에는 다음과 같이 이산확률변수(discrete random variable)와 연속확률변수(continuous random variable)가 있습니다.

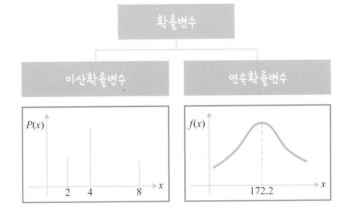

그림 15-2

이산확률변수와
연속확률변수

확률변수 X가 어느 구간의 모든 실수 값을 택하지 않고 0, 1, 2, … 등 고립된 값만 택할 때, 이 변수는 **이산확률변수**입니다. 예를 들어 주사위를 두 개 던졌을 때 두 눈의 합은 {2, 3, 4, 5, 6, 7, 8, 9, 10, 11, 12}로 끊어져 있기 때문에 이산확률변수라고 할 수 있습니다(두 정수 사이에 유리수와 무리수가 있기 때문에 2와 3은 연속적이라고 할 수 없습니다).

확률변수 X가 어떤 구간의 모든 실수 값을 택할 때 이 변수를 **연속확률변수**라고 합니다. 즉, 정밀히 측정할 수 없는 키, 몸무게 같은 값을 연속확률변수라고 합니다. 예를 들어 확률변수 X가 홍길동의 키를 나타낼 때 키가 178과 가깝다고 한다면, 홍길동의 키에 따른 확률은 다음과 같이 나타낼 수 있습니다.

$$P(177 < X < 179)$$

확률분포

확률분포(probability distribution)란 확률변수의 조합으로 생기는 확률 값의 분포를 그래프로 나타낸 것입니다. 예를 들어 동전을 두 번 던져 뒷면이 나오는 확률변수를 x라고 했을 때, 각 상태 공간 값이 나올 확률분포는 표 15-1과 같습니다.

표 15-1

확률변수 x의
상태 공간 값

x	0	1	2
P(x)	$\frac{1}{4}$	$\frac{1}{2}$	$\frac{1}{4}$

동전을 두 번 던져 뒷면이 나오는 수를 x라고 했을 때, 확률분포의 그래프는 그림 15-3과 같습니다.

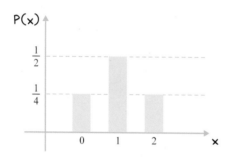

그림 15-3

확률분포 그래프

확률분포의 유형은 '2. 확률 분포의 유형'에서 살펴볼 예정입니다.

확률함수

확률함수(probability function)는 이산확률변수의 확률분포를 나타내는 함수로, **확률질량함수**(Probability Mass Function, PMF)라고도 합니다.

확률변수가 취할 수 있는 값이 유한 개이거나 자연수처럼 셀 수 있는 이산확률변수일 때, 그 불연속한 값에 대한 확률을 나타내는 함수가 **확률함수**입니다. 즉, X 변수가 특정한 x 값을 취하는 확률을 확률함수라고 하며, $f(x)$로 표기합니다.

$$f(x) = P[X = x]$$

예를 들어 동전 한 개를 두 번 던지는 실험에서 앞면이 나오는 횟수를 확률변수 X라고 할 때, 확률변수 X가 취할 수 있는 값은 0, 1, 2고 이때 각 확률은 다음과 같습니다.

(1) X가 0일 때 $P(X = 0) = \dfrac{1}{4}$ (뒤뒤)

(2) X가 1일 때 $P(X = 1) = \dfrac{2}{4} = \dfrac{1}{2}$ (앞뒤, 뒤앞)

(3) X가 2일 때 $P(X = 2) = \dfrac{1}{4}$ (앞앞)

지금까지 배운 확률변수와 확률함수의 관계를 정리하면 그림 15−4와 같습니다.

그림 15−4
확률변수와
확률함수의 관계

그렇다면 왜 확률변수와 확률함수는 통계에서 필요할까요? 확률함수는 확률변수가 일어날 확률을 나타내는 함수이므로 특정 확률변수의 확률함수를 알고 있다면 특정 사건이 일어날 확률을 예측할 수 있습니다.

파이썬의 SciPy 라이브러리에서 제공하는 stats 서브패키지는 확률분포를 분석할 수 있는 다양한 기능을 제공합니다.

In [9]:
```python
# stats 서브패키지를 호출합니다
# 한글 깨짐을 방지하는 코드
import matplotlib as mpl
import matplotlib.pylab as plt
from matplotlib import font_manager


font_fname = 'C:/Windows/Fonts/malgun.ttf'
font_family = font_manager.FontProperties(fname=font_fname).get_name()


plt.rcParams["font.family"] = font_family
```

In [10]:
```python
from scipy import sp
import seaborn as sns
import numpy as np
```

```
import matplotlib as mpl
import matplotlib.pylab as plt
%matplotlib inline

# 확률질량함수는 SciPy의 stats 서브패키지에 binom 클래스로 구현합니다
N = 10    # 전체 시도 횟수
mu = 0.6 # 베르누이 확률분포의 기댓값
rv = sp.stats.binom(N, mu)
xx = np.arange(N + 1)

# 그래프를 표현할 때는 matplotlib을 사용합니다
plt.bar(xx, rv.pmf(xx), align="center") # 확률질량함수 기능을 갖는 pmf를
사용합니다
plt.xlabel("표본값")
plt.ylabel("$P(x)$")
plt.title("확률질량함수 pmf")
plt.show()
```

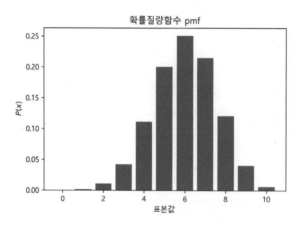

확률밀도함수

연속확률변수는 확률변수가 취할 수 있는 값이 연속적이며 무한하기 때문에 분포를 표현하는 것이 불가능합니다. 이산형처럼 특정한 확률변수 하나에 특정한 확률 값이 대응된다면, 어떤 확률변수가 특정한 구간 안에 포함될 확률은 무한

대가 되어 버립니다(확률변수가 취할 수 있는 값이 무한 개이기 때문입니다). 연속형 확률변수의 이러한 문제를 해결하려면 확률밀도함수(Probability Density Function, PDF)가 필요합니다.

확률밀도함수는 특정 구간에 속할 확률을 계산하는 함수이며, 함수가 나타내는 그래프에서 '특정 구간에 속한 넓이 = 특정 구간에 속할 확률'이 되는 함수입니다.

확률밀도함수의 조건은 다음과 같습니다.

(1) 모든 x 값에 대해 $f(x) \geq 0$입니다. 즉, x의 모든 실수 값에 대해 확률밀도함수는 0 이상입니다.

(2) x의 모든 가능한 값의 확률은 적분 $\int_{\infty}^{\infty} f(x)dx$로 구하며, 이 값은 항상 1입니다.

(3) 구간 (a, b)의 확률은 $\int_{a}^{b} f(x)dx$입니다. 즉, 구간 (a, b)에 대한 x의 확률은 그림 15-5와 같이 해당 구간에서 확률밀도함수 $f(x)$로 만들어지는 면적의 크기입니다.

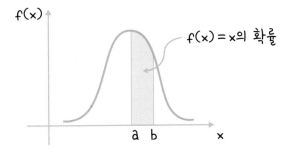

그림 15-5

확률밀도함수

파이썬에서도 다음과 같이 확률밀도함수를 구할 수 있습니다.

```
In [11]:
# SciPy 라이브러리에서 제공하는 sp 서브패키지를 호출합니다
from scipy import sp
import seaborn as sns
import numpy as np
import matplotlib as mpl
import matplotlib.pylab as plt
%matplotlib inline
```

```
# 기댓값이 1이고 표준편차가 2인 정규분포 객체를 생성합니다
rv = sp.stats.norm()
rv = sp.stats.norm(loc=1, scale=2)

# 확률분포 객체의 메서드 중 확률밀도함수 기능을 갖는 pdf를 사용합니다
x = np.linspace(-8, 8, 100)
pdf = rv.pdf(x)
plt.plot(x, pdf)
plt.show()
```

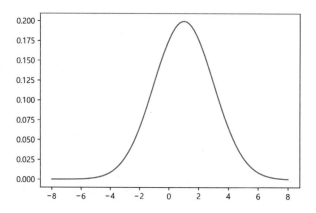

확률질량함수와 확률밀도함수를 비교하면 표 15-2와 같습니다.

구분	확률질량함수	확률밀도함수
분류	이산형 확률변수	연속형 확률변수
함수	각 이산점의 확률 크기를 표현하는 함수	연속형 데이터의 확률을 표현하는 함수
변수량	유한	무한
그래프		

표 15-2
확률질량함수 vs
확률밀도함수

2 확률분포의 유형

확률분포는 이산확률분포와 연속확률분포에 따라 다양한 유형이 있으며, 데이터 분포나 이상치(outlier) 값에 따라 다음과 같이 세분화할 수 있습니다.

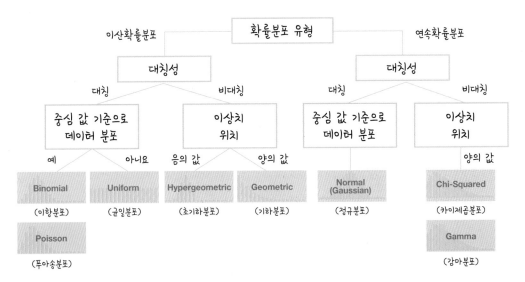

그림 15-6

확률분포 유형

이 중 대표적인 몇 가지만 살펴보겠습니다.

정규분포와 표준정규분포

정규분포

정규분포(normal distribution)는 통계에서 가장 많이 사용하는 확률분포입니다. 경제, 경영, 사회 문제 등의 현상들을 이해하는 데 많이 사용합니다. 정규분포는 가우시안분포(Gaussian distribution)라고도 합니다. 평균에 가까울수록 발생할 확률이 높고, 평균에서 멀어질수록 발생할 확률이 낮게 나타나는 분포를 의미합니다.

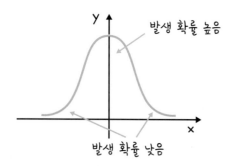

그림 15-7
정규분포 그래프

예를 들어 다음과 같이 우리나라 성인 남성 평균 키가 173cm라면, 173cm인 사람의 수가 가장 많고 163cm 또는 183cm인 사람의 수는 상대적으로 적을 것입니다.

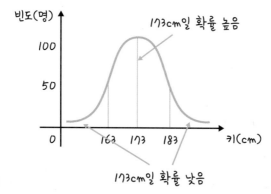

그림 15-8
우리나라 남성 평균 키

이를 수학적으로 표현하면 평균이 μ, 표준편차가 σ인 연속확률분포로, 표준편차 σ이 클수록 퍼진 종 모양이 되고 σ이 작을수록 평균으로 집중되어 뾰족하게 생긴 종 모양이 됩니다.

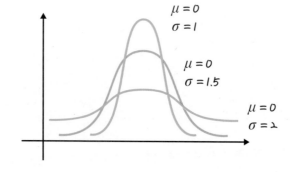

그림 15-9
σ 값의 변화에 따른 그래프

즉, 정규분포 곡선의 성질은 다음과 같습니다.

(1) 직선 $x = \mu$(평균)에 대칭입니다.

(2) 전체 면적은 1입니다.

(3) μ이 일정할 때, σ가 커질수록 그래프 폭은 넓어집니다(그림 15-9 참고).

(4) σ이 일정할 때, μ이 클수록 오른쪽으로 이동합니다(그림 15-10 참고).

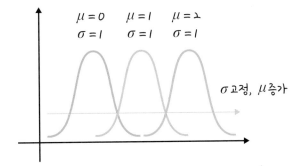

그림 15-10

μ 값의 변화에 따른
그래프

그런데 각 집단의 평균과 표준편차가 각각 다르기 때문에 데이터를 비교하기 어렵습니다. 예를 들어 A반 수학 시험 결과는 평균이 80점이고 표준편차가 40점, B반 수학 시험 결과는 평균이 60점이고 표준편차가 12점이라고 할 때 어느 반의 수학 점수가 더 좋을까요? A와 B반의 수학 점수 데이터의 분포가 달라서 직관적으로 판단하기 어렵습니다. 따라서 모수 값(평균, 표준편차)이 다른 정규분포를 가진 집단을 서로 비교하기 위해 정규분포를 표준화해야 하는데, 이것을 표준정규분포(standard normal distribution)라고 합니다.

표준정규분포

그렇다면 어떻게 서로 다른 모양의 정규분포를 표준화할 수 있을까요? 결론부터 말하면, 정규분포의 평균을 '0'으로 만들고 표준편차를 '1'로 만들어서 표준화할 수 있습니다.

평균을 0으로 만들고 표준편차를 1로 만드는 방법은 간단합니다. 다음과 같이 수집한 개별 데이터의 확률변수 X에서 그 데이터 전체의 평균(μ)을 빼고 표준편차(σ)로 나누면 됩니다.

$$Z = \frac{X - \mu}{\sigma}$$

개별 데이터에서 전체 데이터의 평균만큼 뺐기 때문에 개별 데이터의 평균을 다시 구하면 0이 됩니다. 즉, 0으로 수평 이동한 것이라고 보면 됩니다. 이렇게 표준화된 개별 데이터를 표준화 점수(Z-score)라고 하며, 표준화 점수는 평균이 0이고 표준편차가 1인 정규분포의 확률변수가 됩니다.

파이썬에서도 다음과 같이 정규분포를 표현할 수 있습니다.

In [12]:

```
# NumPy와 matplotlib 라이브러리를 호출합니다
import numpy as np
import matplotlib.pyplot as plt

# 평균 및 표준편차를 정의합니다
mu, sigma = 0, 0.1

# np.random.normal 함수를 사용해서 평균 0, 표준편차 0.1인 샘플 1000개를
추출합니다
s = np.random.normal(mu, sigma, 1000)

# 샘플들의 histogram을 출력합니다
# (s: 배열 혹은 배열들로 구성된 시퀀스,
# 30: 해당 막대의 영역(bin)을 얼마나 채우는지 결정하는 변수)
count, bins, ignored = plt.hist(s, 30, normed=True)

# 샘플들을 이용해서 정규분포의 모양으로 출력합니다
# (plot(x축 데이터, y축 데이터)꼴로 사용)
plt.plot(bins, 1/(sigma * np.sqrt(2 * np.pi)) *
    np.exp( - (bins - mu)**2 / (2 * sigma**2) ), linewidth=2, color='r')
plt.show()
```

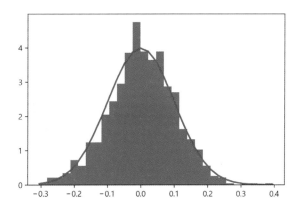

카이제곱분포

카이제곱분포(chi-squared distribution)(X^2 분포)는 집단의 분산을 추정하고 검정할 때 많이 사용합니다. 그림 15-11의 ①과 같이 정규분포는 양과 음의 값을 다루는 반면, ②와 같이 카이제곱분포는 양의 값만 존재합니다.

카이제곱분포는 그림 15-11과 같이 0에 가까운 값일수록 분포가 많고, 0에서 멀어질수록 분포가 감소합니다. 이와 같은 그래프가 나타나는 이유는 데이터나 집단의 치우침이 매우 크지 않기 때문입니다. 예를 들어 우리나라 성인 남자의 평균 키가 173cm라는 것은 169.8cm, 181.2cm 등 키가 평균과 가까운 사람은 많지만, 키가 150.2cm, 193.3cm 등인 사람은 많지 않다는 의미입니다. 따라서 카이제곱분포는 0과 가까운 부분의 분포가 높고, 0에서 멀어질수록 분포가 낮습니다.

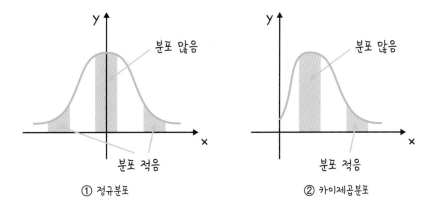

그림 15-11

정규분포와
카이제곱분포

카이제곱분포는 직접 확률을 구할 때 사용하는 분포가 아니라, 주로 신뢰구간과 가설 검정, 독립성 검정 등에 사용합니다.

파이썬에서도 다음과 같이 카이제곱분포를 표현할 수 있습니다.

In [13]:

```python
# NumPy와 SciPy 라이브러리를 호출합니다
from numpy import linspace
from scipy.stats import chi2

df = 2                    # 자유도(미지수 개수)
x = linspace(0, 20, 201) # 0부터 20까지 구간 201개로 분할
y = chi2(df).pdf(x)        # 카이제곱분포의 확률밀도함수 시각화

# 샘플들을 이용해서 그래프로 출력합니다
plt.figure(figsize=(10, 6)) # matplotlib에서 figure라는 그림 단위 사용

# plot을 한 개 혹은 여러 개 그려 관리합니다(그래프를 표현할 액자를 만듦)
plt.plot(x, y, 'b--') # plot(x축 데이터, y축 데이터)꼴로 사용
plt.xlabel('X')
plt.ylabel('P(X)')
plt.grid() # 그리드 형태로 그래프 표현
plt.title(r'카이제곱 분포')
plt.show()
```

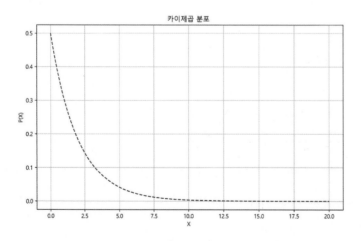

이항분포

이항분포(binomial distribution)는 베르누이분포를 기반으로 하기 때문에 베르누이분포를 먼저 알아봅시다.

베르누이 실험(bernoulli experiment)은 '예'나 '아니요'처럼 결과가 두 가지인 확률 실험을 의미합니다. 이때 성공률은 실험 결과가 성공인 것으로, 성공의 확률을 p 라고 합니다. 예를 들어 동전을 한 번 던져 앞면이 나오거나 뒷면이 나오는 것도 베르누이 실험입니다.

참고로 베르누이 시행(bernoulli trial)은 베르누이 실험을 독립적으로 반복하는 것입니다.

다음은 베르누이 실험의 조건입니다.

- 각 실험 결과는 상호 배타적인 두 사건으로 구분됩니다(예 성공 혹은 실패).
- 각 실험에서 결과가 성공할 확률은 $p = P(S)$로 나타내며, 결과가 실패할 확률은 $q = P(F) = 1 - p$로 나타냅니다. 또 $p + q = 1$입니다.
- 각 실험은 독립적입니다. 즉, 한 실험 결과는 다음 실험 결과에 영향을 주지 않습니다.

베르누이 실험의 결과를 실수 0 또는 1로 바꾼 것을 **베르누이 확률변수**(bernoulli random variable)라고 합니다. 베르누이 확률변수는 0과 1 두 가지 값만 가질 수 있기 때문에 이산확률변수라고도 합니다(보통은 0과 1로 표현하지만 1과 −1로 표현하는 경우도 있습니다).

베르누이분포(bernoulli distribution)는 실험 횟수가 1회고, 실험 결과가 오직 두 가지인 분포입니다. 즉, 성공일 확률이 p, 실패할 확률이 $q = 1 - p$라고 할 때 그 결과가 성공이면 확률변수 X가 1을 갖고, 실패이면 0을 갖습니다. 이때 확률분포는 $f(1) = p$, $f(0) = 1 - p$입니다.

다시 이항분포로 돌아갈게요.

이항분포란 베르누이 시행이라고도 하며, n번의 시행에 대한 p 확률을 가진 사건의 발생 확률입니다. 즉, 베르누이 실험이 한 번 시행한 것이라면, 이항분포는 베르누이를 n번 시행한 것과 같습니다. 예를 들어 동전을 열 번 던졌을 때, 앞면이 두 번 나오는 확률 등을 구할 때 사용합니다. 따라서 이항분포를 베르누이분포와 연관 지어 설명하면 다음과 같습니다.

확률변수 X를 **이항확률변수**라고 하며 그 분포를 **이항분포**라고 할 때 $X{-}\mathrm{Bin}(n,\ p)$로 표현합니다.

- 베르누이 시행의 반복 횟수: n
- 각 시행에서 성공할 확률: p
- n번 시행 중 성공 횟수: X

이항분포는 발생할 확률과 발생하지 않을 확률을 이용하여 예측할 때 유용합니다. 예를 들어 비가 올 경우와 오지 않을 경우에 대한 전반적인 분포를 나타낼 때 사용합니다.

파이썬에서도 다음과 같이 이항분포를 표현할 수 있습니다.

In [14]:

```python
# NumPy, matplotlib, seaborn 라이브러리를 호출합니다
from numpy import random
import matplotlib.pyplot as plt
import seaborn as sns

# 이항분포에서 무작위 표본을 추출합니다
# n: 적용할 범위(예를 들어 동전의 앞/뒤일 경우 0과 1이므로 1로 설정),
# P: 각 n에 대해 나올 확률, size: 횟수(배열의 크기)
sns.distplot(random.binomial(n=10, p=0.5, size=1000), hist=True, kde=False)

# 샘플들을 이용해서 그래프로 출력합니다
plt.show() # 샘플들의 histogram을 출력
```

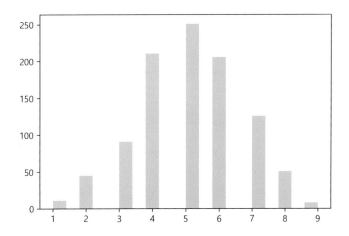

푸아송분포

푸아송분포(poisson distribution)는 확률론에서 단위 시간 안에 어떤 사건이 몇 번 발생할지를 표현하는 이산확률분포입니다.

이항분포에서 $n \to \infty$, $p \to \infty$일 때의 극한을 푸아송분포라고 합니다. 즉, 이항분포에서 시행 횟수가 충분히 많고 확률이 충분히 작을 때는 푸아송분포로 근사해서 문제를 풉니다. 다르게 표현하면 '대부분 실패하는 것'을 아주 많이 시도할 때 푸아송분포를 사용합니다.

파이썬에서도 다음과 같이 푸아송분포를 표현할 수 있습니다.

In [15]:

```
# NumPy와 matplotlib 라이브러리를 호출합니다
import numpy as np
import matplotlib.pyplot as plt


# np.random.poisson 함수를 사용해서 사건의 평균 횟수인
# 람다(lambda)가 5인 푸아송분포에서 난수 10000개를 생성합니다
s = np.random.poisson(5, 10000)


# 샘플들의 histogram을 출력합니다
count, bins, ignored = plt.hist(s, 14, color='y')
plt.show()
```

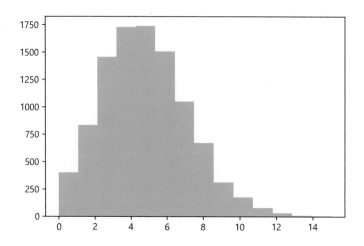

지금까지 확률분포의 종류를 알아보았습니다. 각 확률분포마다 수식들이 있지만 모두 생략했습니다. 인공지능을 위한 확률분포의 목표는 수식을 푸는 것이 아니라 결과로 도출된 확률분포를 이해하는 것입니다. 따라서 데이터들에 대한 확률분포가 어떤 확률분포로 표현되는지, 표현된 확률분포는 어떤 의미가 있는지 정도만 이해할 수 있으면 됩니다.

통계적 추정

BASIC MATHEMATICS FOR ARTIFICIAL INTELLIGENCE

1 평균, 중앙값, 최빈값

통계를 이해하려면 대푯값, 평균, 중앙값과 최빈값이라는 용어를 알아야 합니다.

대푯값

대푯값은 데이터를 가장 잘 설명하는 대표적인 값을 의미합니다. 수만 건에 달하는 데이터가 있을 때 이를 일일이 확인하는 것은 효율적이지 않습니다. 데이터가 무엇을 의미하는지가 중요한데, 이를 효과적으로 표현할 수 있는 것이 대푯값입니다. 가장 자주 쓰는 대푯값으로 평균, 중앙값과 최빈값이 있습니다.

평균

평균은 집단에서 중심 경향을 나타내는 수학적 척도로, 표본을 모두 더한 후 표본 개수로 나눈 값입니다. 이를 수학적으로 표현하면 다음과 같습니다.

$$\text{평균} = \frac{\text{표본의 총합}}{\text{표본의 개수}}$$

예를 들어 1, 1, 3, 5, 6, 7, 8, 9, 10이라는 데이터가 있을 때, 수학적으로 계산하면 $\frac{1+1+3+5+6+7+8+9+10}{9} = 5.6$(소수점 둘째자리에서 반올림)이므로 평균은 5.6입니다.

평균은 모든 자료 값을 사용할 수 있다는 장점이 있지만, 극단적인 자료 값을 사용하면 대푯값이 왜곡될 수 있다는 단점이 있습니다.

중앙값

중앙값은 주어진 값들을 크기대로 정렬했을 때 가장 중앙에 위치하는 값을 의미합니다. 전체 자료 개수가 홀수이면 중앙에 있는 값이 중앙값이고, 짝수이면 중앙에 있는 두 값의 평균을 중앙값으로 합니다. 이를 수학적으로 표현하면 다음과 같습니다.

$$\text{전체 데이터 개수}(n)\text{가 홀수일 때: } \frac{n+1}{2} \text{ 번째 값}$$

$$\text{전체 데이터 개수}(n)\text{가 짝수일 때: } \frac{n}{2}, \left(\frac{n}{2}+1\right)\text{번째 값들의 평균}$$

예를 들어 데이터가 2, 3, 4, 5, 6, 6, 7, 7, 8처럼 홀수 개이면 중앙값은 다음과 같이 '6'입니다.

$$2, 3, 4, 5, 6, 6, 7, 7, 8,$$
$$\uparrow$$
$$\text{중앙값}$$

데이터가 2, 3, 5, 6, 7, 7, 8, 9, 10, 11처럼 짝수이면 중앙에 있는 두 값의 평균인 '7'이 중앙값이 됩니다.

$$2, 3, 5, 6, 7, 7, 8, 9, 10, 11$$
$$\uparrow$$
$$\text{중앙값 } \frac{(7+7)}{2} = 7$$

중앙값의 장점은 데이터 중 어느 하나가 너무 크거나 작을 때(예 1, 1, 2, 5, 900) 사용합니다.

최빈값

최빈값은 가장 많이 관측되는 수, 즉 주어진 값 중에서 가장 자주 나오는 값입니다. 예를 들어 주사위를 열 번 굴려 1, 1, 2, 3, 3, 4, 6, 6, 6, 6이 나왔을 때, 가장 많이 등장한 '6'이 최빈값이 됩니다.

최빈값의 장점은 가장 많이 발생하는 값을 구할 때 유용하고, 자료가 숫자가 아니어도 사용할 수 있기 때문에 좋아하는 숫자나 아이돌 그룹 등 수의 대소 관계가 의미 없는 질적 자료에 많이 사용합니다.

2 모집단분포와 확률표본

모집단과 모수

모집단은 어떤 통계적 실험의 대상이 되는 모든 대상물입니다. 즉, 연구 대상(학생들의 수학 평균 점수를 조사하고 싶다)을 구성하는 모든 데이터(모든 학생의 수학 점수)라고 이해하면 됩니다. 이때 모집단을 구성하는 데이터가 이루는 확률분포가 **모집단분포**(population distribution)입니다.

모수(parameter)는 모집단의 특성을 나타내는 수치로 모평균, 모분산, 모표준편차, 모비율, 모상관관계 등이 있습니다. 다시 말해 모수란 모집단을 구성하는 데이터를 설명하는 수치 값이라고 할 수 있습니다. 모수가 중요한 이유는 우리가 실제로 알고 싶어 하는(추정하고 싶어 하는) 것은 '모집단 데이터'가 아니라 '모집단 특성을 설명하는 모수'이기 때문입니다. 예를 들어 우리는 수학 점수 전체 데이터(모집단)를 알고 싶은 것이 아니라 전체 수학 점수의 평균(모평균) 또는 전체 수학 점수의 표준편차(모표준편차)를 알고 싶기 때문입니다. 모집단의 특성을 간략하게 설명하는 데는 모수가 가장 효율적입니다.

문제는 대부분의 모집단 분포는 완전하게 알려진 것이 없습니다. 예를 들어 방법 A로 학습한 그룹과 방법 B로 학습한 그룹 중 어느 그룹의 수학 점수가 높을까요? 모집단이 추상적이기 때문에 완전한 데이터를 얻을 수 없으며, 얻을 수 있더라도 경제적·공간적·시간적 제약으로 거의 불가능합니다.

모집단과 확률표본

모집단의 모수(특성)를 알 수 있는 방법은 표본을 추출해서 모집단의 모수를 추정하는 것입니다.

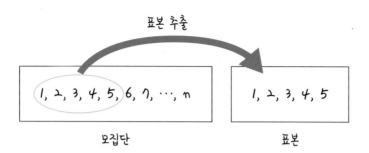

그림 15-12

모집단과 표본

그렇다면 표본은 어떤 방식으로 추출해야 할까요? 모든 데이터가 뽑힐 가능성 (확률)을 동등하게 부여하고, '객관적(실험자 의도가 부여되지 않고)으로 무작위 (랜덤) 추출'한 표본이어야 합니다. 이러한 표본을 **확률표본**(random sample)이라 고 합니다.

3 회귀분석

독립변수와 종속변수

x 변수의 값이 변화함에 따라 함수 y의 값도 바뀐다고 할 때 $y = f(x)$라는 식이 성 립되며, 이때 x를 독립변수, y를 종속변수라고 합니다. 즉, 독립변수는 연구자 의 도에 따라 변하는 변수고, 종속변수는 연구자가 변화시키는 독립변수에 따라 어 떻게 변하는지 알고 싶어 하는 변수입니다. 예를 들어 IQ에 따른 수학 성적을 연 구한다고 할 때 IQ는 독립변수가 되며(IQ는 조작이 불가능하기 때문에), 수학 성 적은 종속변수가 됩니다.

이와 같이 독립변수와 종속변수는 인과 관계가 있습니다.

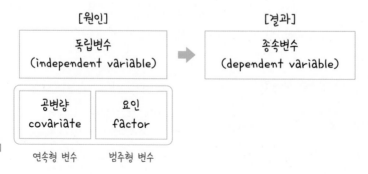

그림 15-13

독립변수와 종속변수의 관계

그림 15-13과 같이 독립변수가 원인이 되며, 종속변수는 그에 따른 결과입니다.

참고로 독립변수와 종속변수 모두 연속형 자료(예 몸무게, 키)와 범주형 자료
(예 지역, 성별, 혈액형)에 모두 사용합니다. 보통 독립변수가 연속형 자료이면
공변량(covariance)이라고 하며, 범주형 자료이면 요인(factor)이라고 합니다.

회귀식과 회귀분석

회귀 용어의 어원은 유전학자 프랜시스 골턴(Francis Galton)으로 거슬러 올라
갑니다. 골턴은 아버지와 아들의 키 관계를 조사했고, 그 결과 아버지의 키가 아
무리 크다고 할지라도 아들의 키는 아들 세대의 평균으로 접근하는 경향이 있
다는 것을 발견했습니다. 골턴은 이러한 현상을 '평균으로의 회귀(regression
toward mean)'라고 했습니다.

즉, 회귀 법칙을 활용한다면 전체 평균값을 이용하여 누군가의 키를 예측할 수
있다는 것입니다(이때 단순히 키의 평균만으로 누군가의 키를 예측하는 것에는
한계가 있기 때문에 키에 영향을 주는 몸무게 등 다른 요인도 활용합니다).

따라서 회귀분석은 변수 간의 함수 관계를 분석하는 방법 중 하나로, 좀 더 수학
적으로 표현한다면 독립변수와 종속변수 간의 1차 선형적 관계를 도출하여 독립
변수가 종속변수에 미치는 영향 혹은 예측 정도를 분석하는 방법입니다.

회귀분석은 다음 특징이 있습니다.

- 회귀(regression): '평균으로의 회귀'를 의미하며, 두 변수 관계가 일반화된 선
  형 관계의 평균으로 돌아감을 의미합니다.
- 선형성(linearity): 두 변수 관계를 직선(1차 방정식: $Y = aX + b$) 하나의 형태
  로 설명할 수 있습니다.

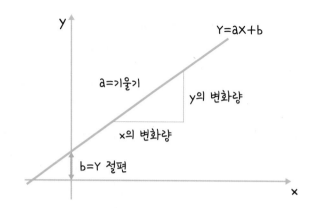

그림 15-14

선형성

■ 선형 관계: 선형회귀식을 이용하여 파라미터를 추정하고, 예측 값과 실제 관
측 값 간 차이(잔차)의 합이 최소가 되는 직선으로 최소제곱법을 활용합니다.

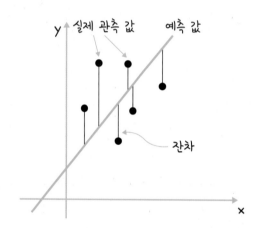

그림 15-15

예측 값, 실제 관측 값,
잔차

선형회귀식이란

중·고등학교 과정에서 가장 간단한 관계식은 아마도 Y = aX + b가 아닐까 합니다. 여기에서 X, Y는 데이터고 a, b는 두 데이터의 관계를 설명하는 파라미터(parameter)입니다.

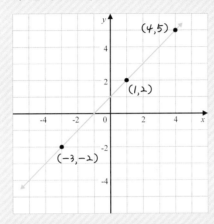

그림 15-16

Y = 1X + 1 그래프

그림 15-16은 데이터가 정확히 직선에 매핑되지만 이러한 직선을 얻는 것은 현실에서 거의 불가능합니다. 따라서 그림 15-17과 같이 무작위 에러(노이즈)를 추가하여 사용합니다.

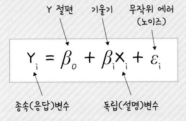

그림 15-17

에러(노이즈)가 추가된 식

앞의 수식에서 ε 평균이 0이 되는 조건을 만족하는 β_0과 β_i의 관계식이 선형회귀식이며, 이것으로 선형 모델을 도출합니다(ε 평균이 최소가 되도록 파라미터(β_0, β_i)의 값을 좁혀 가기 때문에 회귀라고 합니다).

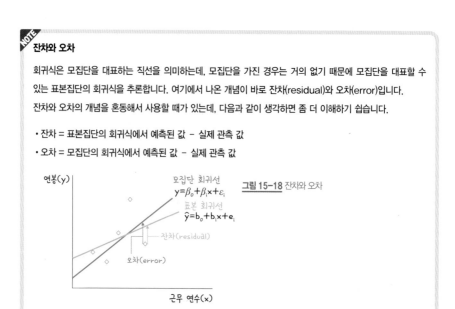

잔차와 오차

회귀식은 모집단을 대표하는 직선을 의미하는데, 모집단을 가진 경우는 거의 없기 때문에 모집단을 대표할 수 있는 표본집단의 회귀식을 추론합니다. 여기에서 나온 개념이 바로 잔차(residual)와 오차(error)입니다. 잔차와 오차의 개념을 혼동해서 사용할 때가 있는데, 다음과 같이 생각하면 좀 더 이해하기 쉽습니다.

- 잔차 = 표본집단의 회귀식에서 예측된 값 − 실제 관측 값
- 오차 = 모집단의 회귀식에서 예측된 값 − 실제 관측 값

연봉(y)

모집단 회귀선
$y = \beta_0 + \beta_1 x + \varepsilon_i$

표본 회귀선
$\hat{y} = b_0 + b_1 x + e_i$

잔차(residual)

오차(error)

근무 연수(x)

그림 15-18 잔차와 오차

회귀분석 유형

회귀분석에는 그림 15-19와 같이 단순선형 회귀분석, 다중선형 회귀분석, 로지스틱 회귀분석 등이 있습니다.

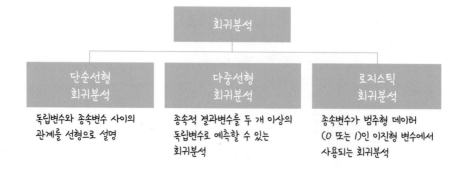

회귀분석

단순선형 회귀분석	다중선형 회귀분석	로지스틱 회귀분석
독립변수와 종속변수 사이의 관계를 선형으로 설명	종속적 결과변수를 두 개 이상의 독립변수로 예측할 수 있는 회귀분석	종속변수가 범주형 데이터 (0 또는 1)인 이진형 변수에서 사용되는 회귀분석

그림 15-19
회귀분석 유형

단순선형 회귀분석과 다중선형 회귀분석은 변수 개수 및 종류에 따라 구분할 수 있습니다. 독립변수가 한 개일 때를 단순선형 회귀분석, 독립변수가 두 개 이상일 때를 다중선형 회귀분석이라고 합니다. 그림 15-20과 같이 하나의 독립변수로 종속변수를 예측하는 것을 단순선형 회귀분석이라고 하며, 독립변수가 여러 개이면서 종속변수를 예측하는 것을 다중선형 회귀분석이라고 합니다.

이때 중요한 것은 독립변수 간의 상관관계만으로 종속변수를 예측하는 것

은 위험하다는 점입니다. 1969년에 Clive Granger라는 영국인 통계학자가 Econometrica에 낸 논문에서 독립변수들의 상관관계만으로 종속변수를 예측하는 것에 대한 위험성을 언급하면서 인과관계도 살펴봐야 한다고 언급했습니다. 이것과 관련하여 자주 등장하는 예시 중 하나는 '상어가 인간을 공격하는 사건'과 '아이스크림 판매량'입니다. 이 둘은 그래프상에서 매우 높은 상관관계를 갖기 때문에 아이스크림이 많이 팔릴수록 상어가 사람을 많이 공격하니, 아이스크림 판매량을 억제하면 상어가 인간을 덜 공격할 것이다는 성급한 결론을 내릴 수 있습니다. 하지만 이것은 데이터 분석 결과만 고려한 결론으로 논리적으로 맞지 않습니다. 이것은 더운 여름에 아이스크림을 많이 사 먹는 것과, 더위를 피해 해변으로 여행을 많이 가는 것을 고려해야 합니다. 결국 두 가지 경우는 더위로 인한 파생 결과라고 해석해야 옳습니다. 이렇듯 데이터 간의 선후 영향 관계도 고려해야 정확한 결론을 도출할 수 있습니다(이때 주의할 것은 데이터의 유형에 따라 다를 수 있습니다. 논문에서는 시계열 데이터를 언급했습니다).

종속변수　　　　　독립변수

그림 15-20

단순선형 회귀분석과
다중선형 회귀분석

단순선형 회귀분석　$y = b_0 + b_1 \times x_1$

다중선형 회귀분석　$y = b_0 + b_1 \times x_1 + b_2 \times x_2 + \cdots + b_n \times x_n$

NOTE

선형함수와 비선형함수

선형회귀 모델은 '회귀계수(regression coefficient)를 선형 결합으로 표현할 수 있는 모델'입니다(계수들이 덧셈과 뺄셈으로만 결합되어 있는 것을 의미합니다). 즉, 독립변수가 일차식인지, 이차식인지, 로그함수인지가 중요한 것이 아니라 추정할 대상인 파라미터가 어떻게 생겼느냐의 문제입니다. 예를 들어 다음 함수는 모두 선형회귀식입니다.

- $y = a_0 + a_1 x_1$
- $y = a_0 + a_1 x_1 + a_1 x_2$
- $y = a_0 + a_1 x_1 + a_2 x_1^3$

마지막 예시는 독립변수인 x를 기준으로 생각하면 x^3이기 때문에 비선형이라고 생각하기 쉽지만, 회귀 모델의 선형성은 x가 아닌 회귀계수인 a_0, a_1, a_2를 기준으로 생각해야 하기 때문에 모두 선형회귀식입니다.

그렇다면 비선형회귀 모델은 무엇일까요? 비선형 모델은 데이터를 어떻게 변형하더라도 파라미터를 선형 결합식으로 표현할 수 없는 모델을 의미합니다.

$$y = \frac{a_2 x_1}{a_1 + x_2}$$

이 수식은 x, y를 아무리 변경하더라도 파라미터를 선형회귀식으로 표현할 수 없습니다. 선형회귀 모델은 파라미터 계수에 대한 해석이 단순하지만, 비선형 모델은 형태가 복잡할 경우 해석하기 어렵기 때문에 통계 모델링에서는 비선형회귀 모델을 잘 사용하지 않습니다. 마지막으로 로지스틱 회귀 모델은 무엇일까요? 로지스틱 회귀 모델의 식 자체는 비선형이지만, 로그 변환으로 계수가 선형적인 성질을 갖도록 하기 때문에 일반화된 선형 모델이라고 합니다. 특히 로지스틱 회귀 모델은 종속변수가 범주형일 때만 사용할 수 있습니다(분류하려는 범주를 성공/실패, 예/아니요, 남/여 등 두 가지 범주로 나누었을 때 적용 가능합니다).

4 최소제곱법

최소제곱법(Least Square Method, LSM)은 수치 해석, 회귀분석처럼 자료 사이에서 패턴을 도출할 때 사용합니다. 최소제곱법은 오차(실제 관측 값과 예측 값의 차이, 잔차) 제곱의 합(Residual Sum of Squares, RSS)이 최소가 되는 해를 미분으로 찾습니다.

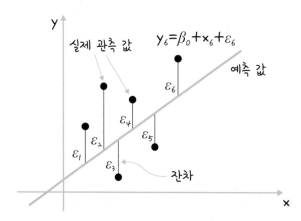

그림 15-21

최소제곱법

그림 15-21에서 검은색 점들은 실제 관측 값이고 초록색 직선은 아직 정해지지 않은 예측 값이라고 할 때, 다음과 같이 ε_1, ε_2, ε_3, ε_4, ε_5, ε_6 값들을 제곱한 합은 다음과 같습니다.

$$\varepsilon_1^2 + \varepsilon_2^2 + \varepsilon_3^2 + \varepsilon_4^2 + \varepsilon_5^2 + \varepsilon_6^2$$

이때 제곱의 합을 최소로 만드는 데 다음 수식을 사용합니다.

$$LS \; \min \sum_{i=1}^{6} \varepsilon_i^2 = \varepsilon_1^2 + \varepsilon_2^2 + \varepsilon_3^2 + \varepsilon_4^2 + \varepsilon_5^2 + \varepsilon_6^2$$

UNIT 32 통계적 검정

BASIC MATHEMATICS FOR ARTIFICIAL INTELLIGENCE

1 통계적 가설 검정

통계적 가설 검정을 학습하기에 앞서 확률과 통계적 검정, 인공지능의 관계를 확인하고 넘어갑시다.

확률, 통계적 검정 및 인공지능

확률, 통계, 인공지능의 관련성은 그림 15-22와 같습니다. 모집단 전체에 대한 데이터 수집에는 시간과 비용이 듭니다. 적당히 수용할 수 있는 비용과 시간을 투자할 수 있는 표본을 추출해야 하는데, 이때 추출 방법은 정확도를 높이는 방향으로 결론을 도출할 수 있어야 하기 때문에 확률을 사용합니다.

또 표본을 이용한 분석 결과의 의미를 해석하고자 통계적 추론을 사용합니다. 즉, 표본에서 미지의 모수에 대한 특성을 추정하고 가설을 검증하는 도구로 통계를 사용합니다.

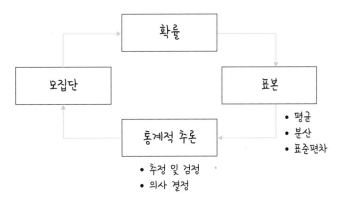

그림 15-22

인공지능과 확률/통계의 관계

즉, 인공지능 시대에는 모수에 대한 특성을 추정하고 가설을 검증하는 것이 매우 중요합니다. 머신 러닝이란 결국 학습 과정을 거쳐 가설이 참일 확률 혹은 기각될 확률을 높이는 과정입니다.

통계적 가설 검정 절차

통계적 가설 검정(statistical hypothesis test)은 통계적 추측의 하나로, 모집단의 실제 관측 값이 어느 정도일 것이라는 가설에 근거하여 표본 정보를 사용해서 가설의 합당성 여부를 판정하는 과정입니다. 이를 줄여서 가설 검정(hypothesis test)이라고 합니다.

쉽게 말해 가설은 사실 여부에 관계없이 일단 맞는 것으로 가정한 후 그 가정이 참인지 거짓인지를 검증하는 과정입니다. 해당 가설과 관찰 값이 일치한다면 기본 가설을 기각하지 않고, 가설과 관찰 값이 불일치한다면 기본 가설을 기각합니다.

가설 검정은 다음 과정에 따라 진행합니다.

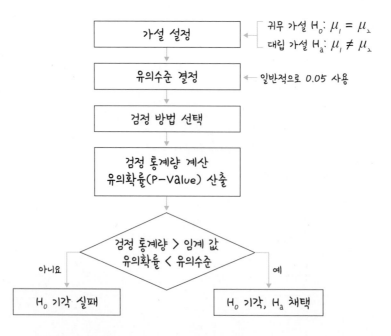

그림 15-23

가설 검정 절차

즉, 가설 검정 절차는 모집단 모수에 대한 새로운 예측 및 가설 등이 옳은지 판단하고 평가하는 과정입니다.

가설 검정 절차의 첫 단계인 가설 설정부터 학습해 봅시다.

가설 설정

가설 설정은 사물의 관찰이나 여러 데이터를 토대로 인식한 문제를 과학적으로 검증하고자 가능한 잠정적인 해답을 도출하는 과정입니다. 가설을 설정하지 않는다면 모델(알고리즘)이 완성되고, 분석을 완료하더라도 유의미한 데이터인지 판단할 수 없기 때문에 가설 설정은 매우 중요합니다.

"가설은 어떻게 수립할 것인가?"라는 연구 가설 내용을 통계적 가설로 바꾸어 줌으로써 가설 검정을 시작하며, 통계적 가설은 귀무 가설과 반대에 있는 대립 가설로 나타냅니다.

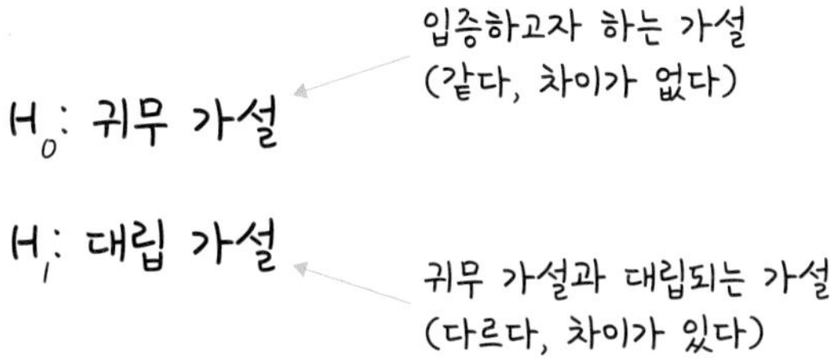

입증하고자 하는 가설
(같다, 차이가 없다)

H_0: 귀무 가설

H_1: 대립 가설

귀무 가설과 대립되는 가설
(다르다, 차이가 있다)

그림 15-24

귀무 가설

귀무 가설(H_0, null hypothesis)은 입증하고자 하는 가설로, 증명하고 싶은 가설이라고 생각하면 됩니다. 이때 표현은 "~와 차이가 없다", "~의 효과는 없다", "~와 같다"가 되어야 합니다. 또 귀무 가설의 특성상 자연적으로 발생할 확률이 높은 쪽을 선택해야 합니다.

예를 들면 다음과 같습니다.

(1) 전국 20세 이상의 평균 키가 173cm라는 주장을 통계적으로 검정한다면 귀무 가설은 "20세 이상의 성인 남자의 평균 키는 173cm와 같다."가 됩니다.

(2) 제약 회사에서 개발한 신약의 효과를 검정한다면 귀무 가설은 "개발한 신약은 효과가 없다."가 됩니다.

대립 가설

대립 가설(H_1, alternative hypothesis)은 귀무 가설과 반대되는 가설로, 자연스럽게 표현은 "다르다", "~와 차이가 있다", "~의 효과는 있다", "~와 다르다"가 됩니다. 자연적으로 발생할 확률이 낮은 것을 의미합니다.

예를 들면 다음과 같습니다.

(1) 전국 20세 이상의 평균 키가 170cm라는 주장을 통계적으로 검정한다면 대립 가설은 "20세 이상의 성인 남자의 평균 키는 173cm와 차이가 있다."가 됩니다.

(2) 제약 회사에서 개발한 신약의 효과를 검정한다면 대립 가설은 "개발한 신약은 효과가 있다."가 됩니다.

오류의 종류

1종 오류는 '귀무 가설이 참인데도 귀무 가설을 기각하는 오류'로 실제로 효과가 없는데도 효과가 있다고 하는 것입니다.

2종 오류는 '대립 가설이 참인데도 대립 가설을 기각하는 오류'로 실제로 효과가 있는데 효과가 없다고 하는 것입니다.

검정 결과	실제	
	H_0(귀무 가설)이 참	H_0(귀무 가설)이 거짓
채택	참 확률 = $1-\alpha$	거짓(제2종 오류) 확률 = β(β위험)
기각	거짓(제1종 오류) 확률 = α(유의수준)	참 확률 = $1-\beta$

표 15-3

1종 오류와 2종 오류

그렇다면 어떤 오류가 더 위험할까요? 결론부터 말하면 1종 오류가 더 위험합니다. 1종 오류는 기존의 명제, 즉 귀무 가설에 대해 반대의 가설이 맞다고 판단하기 때문입니다. 예를 들어 한 제약 회사의 연구원이 신약(두통약) 아이디어를 제시했습니다. 개발과 생산 비용은 절약하면서 효과는 5배 이상 좋다는 의견이었습니다. 이 연구원의 주장이 옳았음에도 계속해서 기존 약을 고집한다면 2종 오류를 범하게 되는 것입니다. 기존 방식을 고집한다고 해서 두통약 생산 및 매출에 큰 손해는 없을 것입니다.

하지만 이 연구원이 주장하는 신약을 개발 및 생산할 경우 1종 오류를 범하게 됩니다. 새로운 신약을 도입하는 데 많은 돈과 시간, 인력 등 노력과 돈을 투자했는데, 기존 두통약과 비교하여 매출에 차이가 없다면 막대한 손실을 가져오기 때문입니다.

암 진단 여부 판정을 대상으로 1종 오류와 2종 오류에 대한 또 다른 예시를 살펴보겠습니다.

- 1종 오류: 암인데 암이 아니라고 판정합니다.
- 2종 오류: 암이 아닌데 암이라고 판정합니다.

표 15-4

1종 오류와
2종 오류의 사례

실제 상태 테스트 결과	암	암이 아님
'암'으로 판정	'암'을 '암'으로 판정	'암이 아님'인데 '암'이라고 판정(2종 오류)
'암이 아님'으로 판정	암인데, 알아내지 못함(1종 오류)	'암이 아님'을 '암이 아님'으로 판정

유의수준 결정

유의수준

가설 검정에서 귀무 가설을 기각시키고 대립 가설을 채택할 확률을 유의수준이라고 하며, 알파(α)로 표시합니다. 유의수준은 표본에서 구한 통계량 값을 귀무 가설이 옳다는 전제하에서 어느 정도로 얻기 힘든 값인지를 나타내는 확률수준을 의미합니다.

유의수준(α)을 0.05로 정했을 때 계산된 유의확률(P-Value)이 0.05보다 적게 나와야 실험자는 귀무 가설을 기각하고 자신이 주장하고자 했던 대립 가설을 채택할 수 있습니다.

그림 15-25의 왼쪽은 오차허용 범위가 5%로 일반적인 사회 통계학에서 많이 사

용하며, 오른쪽은 오차허용 범위가 1%로 정밀도가 높은 연구 분야에서 많이 사용합니다.

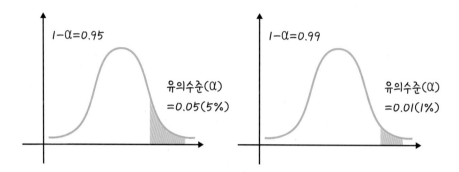

그림 15-25

유의수준(α)

유의확률

P-Value는 유의확률이라고 하며, 귀무 가설을 기각할 수 있는 최소한의 확률을 의미합니다. 유의수준을 기준으로 유의확률이 유의수준보다 높다면 귀무 가설을 채택하고, 낮으면 대립 가설을 채택합니다.

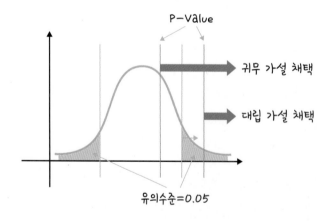

그림 15-26

유의확률

즉, 귀무 가설이 맞다는 전제하에 현재 나온 통계 값 이상이 나올 확률이 유의확률입니다. 유의확률이 너무 낮으면 가설이 일어날 확률도 낮기 때문에 귀무 가설을 기각하게 됩니다. 보통 그 기준은 정하기 나름이지만, 일반적인 사회 통계학에서는 0.05나 0.01을 기준으로 합니다. 이 기준이 앞서 배운 유의수준입니다.

- 유의수준: 0.05
- 유의확률 ≥ 0.05: 귀무 가설 채택
- 유의확률 < 0.05: 대립 가설 채택

그림 15-27의 왼쪽과 같이 유의확률이 클수록 신뢰구간에 포함되고 가설이 채택됩니다. 반면에 오른쪽과 같이 유의확률이 작을수록 신뢰구간을 벗어나게 되고 가설은 기각됩니다.

참고로 유의확률의 채택과 기각 기준이 되는 0.05라는 수치는 신뢰구간에 포함될 확률인 95%(= 0.95)의 나머지인 5%(= 0.05)를 의미합니다.

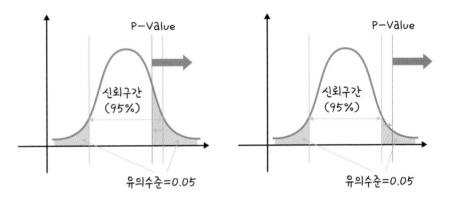

그림 15-27

유의확률과 유의수준

유의확률을 사용하여 가설을 검증할 때 도메인에 따라 유의수준 설정에 유의해야 합니다. 예를 들어 사람의 생명과 직결되는 질병 판단은 1종 오류에 해당하는 영 가설(H_0)에 대한 유의수준을 낮게 설정해야 합니다.

유의수준과 유의확률은 가설이 맞고 틀림을 나타내는 지표가 아니라 확률을 표시하는 지표라는 점에 주의합시다.

신뢰구간과 신뢰수준

통계학에서는 모집단에서 표본을 추출하고 추출된 표본의 통계량(표본평균, 표본표준편차)을 이용하여 모수(모평균, 모표준편차)를 추정합니다. 이를 점추정(point estimation)이라고 합니다. 하지만 점추정만으로는 모수가 얼마나 정확하게 추정되는지 알 수 없으므로 모평균이 존재할 구간을 확률적으로 추정하는 구간추정(interval estimation)을 사용하는데, 대표적인 구간추정이 바로 신뢰구간(confidence interval)입니다.

신뢰구간은 모수가 포함될 것이라고 예상되는 구간, 즉 모수가 어느 범위 안에 있는지를 확률적으로 보여 주는 방법입니다. 신뢰구간은 99%, 90% 등 다양한 구간추정이 가능하지만 95% 신뢰구간을 많이 사용합니다.

신뢰수준(significance level)은 참 값을 구하는 작업을 많이 반복했을 때 참 값이 특정 범위에 있는 비율을 의미합니다. 예를 들어 100명이 치른 수학 시험 성적이 있다고 합시다. 이때 10명을 임의로 샘플링해서 샘플에서 "95%의 신뢰수준으로 평균이 $\mu \pm \alpha$ 다."라고 평균을 추정했다면, 95%를 신뢰수준이라고 하며 $\mu \pm \alpha$ 를 신뢰구간이라고 합니다.

이때 신뢰수준 95%란 신뢰구간을 구하는 일을 무한히 반복할 때, 95%의 신뢰구간 안에 모집단(조사 대상)의 평균이 있다는 의미입니다.

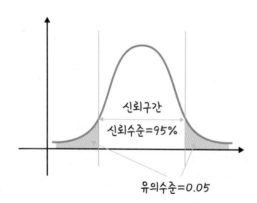

그림 15-28

신뢰수준과 신뢰구간

검정 방법 선택

가설 검정이란 표본 정보를 사용해서 가설의 합당성 여부를 판정하는 과정을 의미합니다.

가설을 검정할 때 귀무 가설의 기각 여부를 결정하는 기준을 설정하는 영역을 기각역 또는 임계라고 하며, 기각역을 결정하기 위해 양측 검정과 단측 검정을 사용합니다.

양측 검정

귀무 가설을 기각하는 영역(기각역)이 양쪽에 있는 검정입니다. "대립 가설이 아니다(크거나 작다)."라면 양측 검정(two-sided test)을 사용합니다.

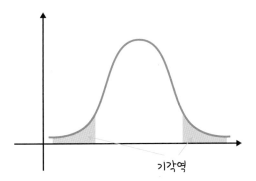

그림 15-29
양측 검정

단측 검정

귀무 가설을 기각하는 영역(기각역)이 한쪽 끝에 있는 검정입니다. "대립 가설이 ~보다 작다." 또는 "대립 가설이 ~보다 크다."인 경우 단측 검정을 사용합니다. 대립 가설의 주장이 방향성을 가지면 단측 검정(one-sided test)이고, 방향성을 갖지 않으면 양측 검정이라고 이해하면 됩니다.

우측 검정

단측 검정 중 하나로, 귀무 가설을 기각하는 영역(기각역)이 오른쪽에 있는 검정입니다. "대립 가설이 ~보다 크다."인 경우 우측 검정을 사용합니다.

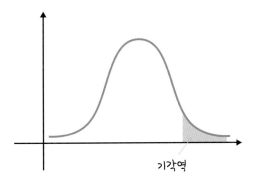

그림 15-30
우측 검정

좌측 검정

단측 검정 중 하나로, 귀무 가설을 기각하는 영역(기각역)이 왼쪽에 있는 검정입니다. "대립 가설이 ~보다 작다."인 경우 좌측 검정을 사용합니다.

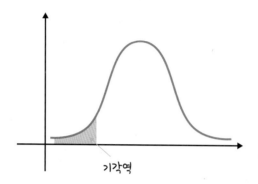

그림 15-31

좌측 검정

검정 통계량 계산(표본 추출)

검정 통계량은 표본 데이터에서 계산되어 가설 검정에 사용하는 랜덤 변수입니다. 검정 통계량을 사용하여 귀무 가설의 기각 여부를 확인할 수 있습니다. 검정 통계량의 일반적인 방법은 표 15-5와 같습니다.

가설 검정	검정 통계량
z-검정	z-통계량
t-검정	t-통계량
분산 분석	F-통계량
카이제곱 검정	카이제곱 통계량

표 15-5

검정 통계량 방법

표 15-5에서 소개한 검정 및 검정 통계량 방법 중 많이 사용하는 z-검정과 t-검정을 알아봅시다.

모집단의 분산을 알고 있다면 z-검정을 사용하고, 아니라면 t-검정을 사용합니다. 현실적인 상황에서는 대부분 모집단을 모르고, 일부 추출한 '표본'만 아는 경우가 많습니다. 따라서 대부분 t-검정으로 검증합니다.

t-검정의 검증 방법은 다음과 같습니다.

(1) 표본에 대해 t-검정 통계량 값을 계산합니다(-4에서 4 정도 사이의 값을 얻습니다).

(2) 값이 t-분포 그래프의 양 끝에 속할수록 모집단과 평균이 다르다는 것을 보여 줍니다.

(3) 지정한 유의확률(%)을 사용하여 유의 값을 선정하고 검정합니다.

t-검정과 z-검정의 차이는 표 15-6을 참고하세요.

검정 및
검정 통계량 방법

구분	t-검정	z-검정
사용 목적	두 집단 간 평균을 비교하는 검정 용도로 사용	모평균과 표본평균 간의 차이를 검정하는 데 사용
언제 사용	모집단의 표준편차를 모를 때 사용	모집단의 표준편차를 알고 있을 때 사용
표본 크기	작음(30개 이하)	큼(30개 이상)

검정 통계량은 다음 수식으로 구할 수 있으며, 이 값이 확률분포상 어디에 위치하는지에 따라 귀무 가설을 기각하거나 기각하지 않습니다.

$$검정\ 통계량 = \frac{표본평균 - 모평균}{표본표준편차}$$

다음 예시를 t-검정을 이용하여 풀어 봅시다.

예를 들어 모집단에서 남성 10명의 키를 표본 추출했더니 평균이 183cm였고, 표준편차는 5이었습니다. t-검정 통계량 값을 계산해 보겠습니다(모평균을 173cm라고 가정합니다).

검정 통계량 공식에 따라 $\frac{183 - 173}{5} = 2$ 이므로 검정 통계량은 2입니다.

t 분포표

t-검정에 사용하는
분포표를 의미합니다

다음 t 분포표에서 t 값이 2인 경우 유의확률을 찾아봅시다.

확률 자유도	0.25	0.20	0.15	0.10	0.05	0.025	0.01	0.005	0.001	0.0005
1	1.000	1.376	1.963	3.078	6.314	12.71	31.82	63.66	318.31	636.62
2	0.816	1.061	1.386	1.886	2.920	4.303	6.965	9.925	22.327	31.599
3	0.765	0.978	1.250	1.638	2.353	3.182	4.541	5.841	10.215	12.924
4	0.741	0.941	1.190	1.533	2.132	2.776	3.747	4.604	7.173	8.610
5	0.727	0.920	1.156	1.476	2.015	2.571	3.365	4.032	5.893	6.869
6	0.718	0.906	1.134	1.440	1.943	2.447	3.143	3.707	5.208	5.959
7	0.711	0.896	1.119	1.415	1.895	2.365	2.998	3.499	4.785	5.408
8	0.706	0.889	1.108	1.397	1.860	2.306	2.896	3.355	4.501	5.041
⑨	0.703	0.883	1.100	1.383	1.833	2.262	2.821	3.250	4.297	4.781
10	0.700	0.879	1.093	1.372	1.812	2.228	2.764	3.169	4.144	4.587
11	0.697	0.876	1.088	1.363	1.796	2.201	2.718	3.106	4.025	4.437
12	0.695	0.873	1.083	1.356	1.782	2.179	2.681	3.055	3.930	4.318
13	0.694	0.870	1.079	1.350	1.771	2.160	2.650	3.012	3.852	4.221
14	0.692	0.868	1.076	1.345	1.761	2.145	2.624	2.977	3.787	4.140
15	0.691	0.866	1.074	1.341	1.753	2.131	2.602	2.947	3.733	4.073

표 15-7

t 분포표

자유도

x 값이 가질 수 있는 값의 범위를 의미합니다. 자유도가 주어지지 않는다면 자유도 = 표본 수 (n) - 1이 됩니다

자유도는 표본 수 - 1이므로 자유도는 10 - 1 = 9입니다. 자유도가 9인 행에서 t 값이 2인 곳은 확률 0.05와 0.005 사이입니다.

임계치는 t 분포표에서 자유도와 기각역의 확률이 교차하는 t 값입니다. 양측 검정을 사용해야 하므로 기각역은 $\frac{\text{유의수준}}{2}$ 이 됩니다. 따라서 확률은 $\frac{0.05}{2}$ = 0.025입니다.

자유도가 9이면서 확률이 0.025인 t 값은 2.262고 이 값이 임계치입니다(양측 검정이니 엄연히 말하자면 임계치는 ±2.262입니다).

파이썬으로도 임계치를 찾을 수 있습니다. 예를 들어 전체 학생 중 20명의 키를 측정한 후 전체 학생의 평균 키가 173cm인지 아닌지 알아보고 싶습니다.

- 귀무 가설: 학생들의 평균 키는 173cm입니다.
- 대립 가설: 학생들의 평균 키는 173cm가 아닙니다.

scipy.stats의 ttest_1samp 메서드를 사용합니다.

```
In [16]:
import numpy as np
from scipy import stats

# 난수 발생을 위한 시드(seed) 1을 줍니다(코드를 실행할 때마다 똑같은 난
수 생성)
np.random.seed(1)

# 평균 178, 표준편차 5로 임의의 높이 20개를 생성합니다
heights = [178 + np.random.normal(0, 5) for _ in range(20)]

# t-검정 수행
tTestResult = stats.ttest_1samp(heights, 173)

# 결과 출력
print("The T-statistic is %.3f and the p-value is %.3f" % tTestResult)

The T-statistic is 3.435 and the p-value is 0.003
```

기각역을 $p < 0.05$로 설정했을 때 유의확률(P-Value)이 0.003이므로 귀무 가설을 기각합니다. 즉, 귀무 가설이 참일 때(전체 학생의 평균 키가 173cm일 때) 이와 같은 표본을 얻을 확률이 0.003으로 학생들의 평균 키는 173cm가 아니라고 할 수 있습니다.

2 성능 평가

지금까지 통계적 검정을 배웠다면, 지금부터는 인공지능의 성능 평가를 배우겠습니다. 인공지능은 데이터를 기반으로 모델을 만드는데, 이때 모델 성능에 따라 데이터 분류(분석)에 대한 정확도가 달라지기 때문에 성능 측정이 매우 중요합니다.

성능을 측정하는 방법으로는 (1) 혼동행렬(confusion matrix)과 (2) ROC 커브(curve) 등이 있습니다.

혼동행렬

혼동행렬을 이해하는 네 가지 개념을 알아봅시다.

실제(condition) 예측(prediction)	Positive	Negative
Positive	TP	FP
Negative	FN	TN

표 15-8
혼동행렬

① TP(True Positive): 맞는 것을 맞다고 예측한 것

② TN(True Negative): 아닌 것을 틀리다고 예측한 것

③ FP(False Positive): 아닌 것을 맞다고 예측한 것

④ FN(False Negative): 맞는 것을 틀리다고 예측한 것

이 개념을 이용하여 혼동행렬의 성능 평가 방법을 알아봅시다. 먼저 혼동행렬에서 성능 평가를 하려면 정밀도(Precision), 재현율(Recall), 정확도(Accuracy)를 알아야 합니다.

예를 들어 환자의 암을 진단한다고 합시다. 정밀도, 재현율, 정확도는 다음과 같습니다.

- 정밀도: 암환자로 예측한 사람 중에 진짜 암환자로 결과가 나온 사람의 비율로, 공식은 다음과 같습니다.

$$\text{정밀도(Precision)} = \frac{TP}{TP+FP}$$

- 재현율: 진짜 암환자 중에 진단 결과 암환자라고 나온 사람의 비율로, 공식은 다음과 같습니다.

$$\text{재현율(Recall)} = \frac{TP}{TP+FN}$$

- 정확도: 전체 암환자 중에 암환자라고 나온 사람의 비율로, 공식은 다음과 같습니다.

$$정확도(\text{Accuracy}) = \frac{TP+TN}{TP+FP+TN+FN}$$

참고로 정밀도와 재현율을 따로 볼 경우 상충 관계(trade-off)가 발생하여 판단하기 어려울 수 있는데, 이때 둘의 조화평균을 이용하여 성능을 평가할 수 있습니다. 이것이 F1 스코어(F1 Score)이며, 다음 수식과 같습니다.

$$F_1 = 2 \times \frac{정밀도 \times 재현율}{정밀도 + 재현율}$$

파이썬에서는 다음과 같이 정확도, 정밀도, 재현율을 구할 수 있습니다.

In [17]:
```python
# 혼동행렬을 위한 sklearn 라이브러리를 호출합니다
import numpy as np
import sklearn.metrics as metrics


y = np.array([1, 1, 1, 1, 0, 0]) # 0은 정상, 1은 암환자
p = np.array([1, 1, 0, 0, 0, 0]) # 예측 값


# sklearn(sklearn.metrics)을 이용하여 정확도, 정밀도, 재현율, F1 스코어
를 계산합니다
# accuracy_score() 함수로 정확도를 계산합니다
print('accuracy', metrics.accuracy_score(y,p))
# precision_score() 함수로 정밀도를 계산합니다
print('precision', metrics.precision_score(y,p))
print('recall', metrics.recall_score(y,p)) # recall_score() 함수로
재현율을 계산합니다
print('f1', metrics.f1_score(y,p)) # f1_score() 함수로 F1 스코어를
계산합니다

# 정확도, 정밀도, 재현율, F1 스코어를 한 번에 출력합니다
print(metrics.classification_report(y,p))
```

```
print(metrics.confusion_matrix(y,p))
```

```
accuracy 0.6666666666666666
precision 1.0
recall 0.5
f1 0.6666666666666666
              precision    recall  f1-score   support

           0       0.50      1.00      0.67         2
           1       1.00      0.50      0.67         4

    accuracy                           0.67         6
   macro avg       0.75      0.75      0.67         6
weighted avg       0.83      0.67      0.67         6


[[2 0]
 [2 2]]
```

마지막 confusion_matrix(y,p)의 결과인 [2 0][2 2]는 첫 행에서 실제로 0인 데이터 두 개를 정확하게 0으로 예측했다는 의미이며, 두 번째 행은 실제로 1인 데이터 네 개 중 두 개만 1로 예측했다는 의미입니다(대각선 요소는 각 클래스에 대한 올바른 분류 개수를 나타내며, 비대각선 요소는 잘못된 분류를 제공합니다).

ROC 커브

혼동행렬의 단점을 보완하는 데 사용하는 것이 ROC 커브(curve)입니다. 그림 15-32와 같이 혼동행렬에서는 두 클래스의 분포가 다를 때 양 끝은 정확한 진단이 가능하지만, 가운데는 판단이 불분명하기 때문에 정확도(accuracy)가 떨어지는 단점이 있습니다.

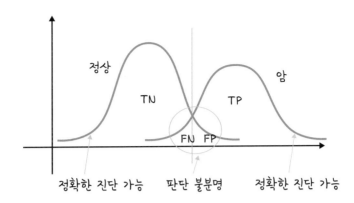

그림 15-32

혼동행렬의 단점

정상 · 암 · TN · TP · FN FP · 정확한 진단 가능 · 판단 불분명 · 정확한 진단 가능

따라서 다음과 같이 판단 불분명 구간을 최소화한 것이 ROC 커브입니다.

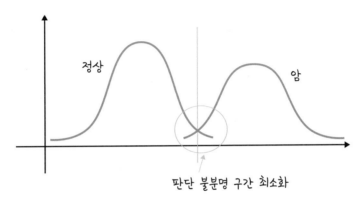

그림 15-33

혼동행렬의 단점 개선

정상 · 암 · 판단 불분명 구간 최소화

민감도

맞는 것을 맞다고
예측한 것입니다

특이도

틀린 것을 틀리다고
예측한 것입니다

AUC

그래프의 아래 면적
으로, 계산 결과를
수치화하여 성능을
간단히 비교할 수
있도록 합니다

ROC 커브의 y축은 민감도(True Positive Rate, TPR)를 나타내고, x축은 특이도(False Positive Rate, FPR)를 나타냅니다. 그림 15-34에서 아래 면적을 *AUC*(Area Under the Curve)라고 하는데, AUC 면적이 넓을수록 좋은 커브입니다.

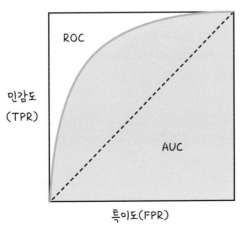

ROC · 민감도 (TPR) · AUC · 특이도(FPR)

그림 15-34

ROC 커브

파이썬에서는 다음과 같이 ROC 커브를 구현할 수 있습니다.

In [18]:

```python
# 분류 알고리즘과 ROC 커브 라이브러리를 호출합니다
import numpy as np
import pandas as pd
import matplotlib.pyplot as plt
import seaborn as sns

from sklearn.datasets import make_classification
from sklearn.neighbors import KNeighborsClassifier
from sklearn.ensemble import RandomForestClassifier
from sklearn.model_selection import train_test_split
from sklearn.metrics import roc_curve
from sklearn.metrics import roc_auc_score

# ROC 커브를 위한 함수를 정의합니다
def plot_roc_curve(fpr, tpr):
    plt.plot(fpr, tpr, color='orange', label='ROC')
    plt.plot([0, 1], [0, 1], color='darkblue', linestyle='--')
    plt.xlabel('False Positive Rate')
    plt.ylabel('True Positive Rate')
    plt.title('Receiver Operating Characteristic (ROC) Curve')
    plt.legend()
    plt.show()


# 샘플 데이터를 1000건 생성합니다
data_X, class_label = make_classification(n_samples=1000, n_classes=2,
weights=[1,1], random_state=1)

# 임의로 생성된 데이터를 학습과 테스트로 분리합니다
trainX, testX, trainy, testy = train_test_split(data_X, class_label,
test_size=0.3, random_state=1)

# 학습 데이터를 랜덤포레스트(RandomForest) 모델에 적용합니다
```

```
model = RandomForestClassifier()
model.fit(trainX, trainy)

# 테스트 데이터의 확률을 예측합니다
probs = model.predict_proba(testX)

# 포지티브 클래스(positive class)만 유지합니다
# (포지티브 클래스란 모델이 찾고자 하는 클래스를 의미합니다)
probs = probs[:, 1]

# AUC를 계산합니다
auc = roc_auc_score(testy, probs)

# ROC 곡선을 확보합니다
fpr, tpr, thresholds = roc_curve(testy, probs)

# 정의된 함수를 사용하여 ROC 곡선을 생성합니다
fpr, tpr, thresholds = roc_curve(testy, probs)
plot_roc_curve(fpr, tpr)
```

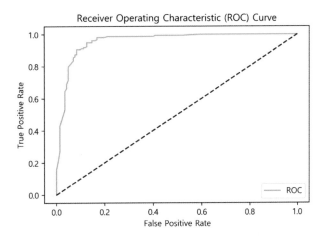

환경 설정

BASIC MATHEMATICS FOR ARTIFICIAL INTELLIGENCE

책의 파이썬 예제 코드는 주피터 노트북으로 실행할 수 있습니다. 아나콘다 설치 방법과 주피터 노트북 사용법까지 간단하게 알아보겠습니다.

1 아나콘다 설치하기

1. 다음 웹 사이트에서 아나콘다(Anaconda)를 내려받습니다.[1] 책에서는 윈도를 기준으로 설명하며, macOS에서도 동일하게 진행하면 됩니다.

https://www.anaconda.com/products/individual/#download-section

---

Anaconda Installers

Windows ⊞	MacOS	Linux △
Python 3.7	Python 3.7	Python 3.7
64-Bit Graphical Installer (466 MB)	64-Bit Graphical Installer (442 MB)	64-Bit (x86) Installer (522 MB)
32-Bit Graphical Installer (423 MB)	64-Bit Command Line Installer (430 MB)	64-Bit (Power8 and Power9) Installer (276 MB)
Python 2.7	Python 2.7	Python 2.7
64-Bit Graphical Installer (413 MB)	64-Bit Graphical Installer (637 MB)	64-Bit (x86) Installer (477 MB)
32-Bit Graphical Installer (356 MB)	64-Bit Command Line Installer (409 MB)	64-Bit (Power8 and Power9) Installer (295 MB)

그림 A-1

아나콘다 내려받기

---

1 웹 사이트에 접속하여 Download를 누르거나 마우스로 웹 페이지 하단까지 스크롤하면 찾을 수 있습니다.

2. 내려받은 설치 파일을 실행하면 설치 화면이 나옵니다. **Next**를 누릅니다.

그림 A-2
설치 시작 화면

3. 라이선스 동의 화면이 나오면 **I Agree**를 누릅니다.

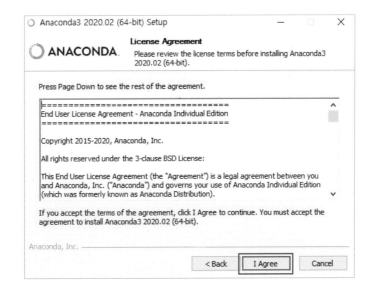

그림 A-3
라이선스 동의 화면

4. 다음 화면이 나오면 기본값으로 두고 **Next**를 누릅니다.

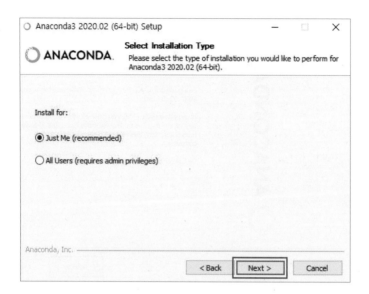

설치 유형 선택

5. 설치 경로를 선택하는 화면이 나오면 기본값으로 두고 **Next**를 누릅니다. 원하
는 경로로 변경해도 됩니다.

그림 A-5

설치 경로 선택

6. 다음 화면이 나오면 기본값으로 두고 **Install**을 눌러 설치를 시작합니다.

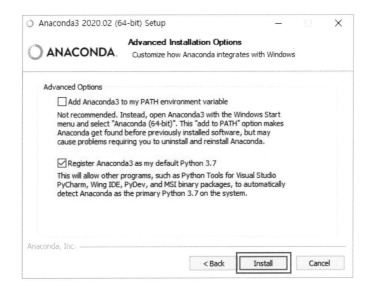

7. 설치를 확인한 후 **Next**를 누릅니다. 완료 화면이 나오면 **Finish**를 눌러 설치를
완료합니다.

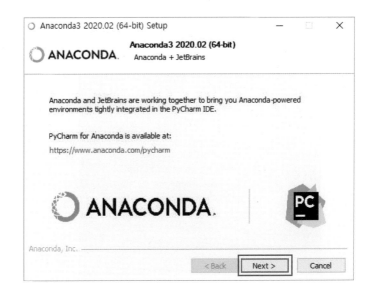

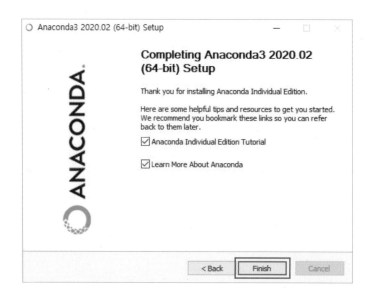

그림 A-8

설치 완료

2 주피터 노트북 실행하기

1. 윈도 메뉴에서 Jupyter Notebook을 선택합니다.

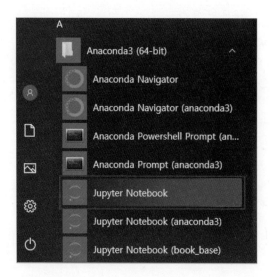

그림 A-9

주피터 노트북 메뉴 선택

2. 명령 프롬프트 창이 실행되면서 주피터 노트북 창이 뜹니다.

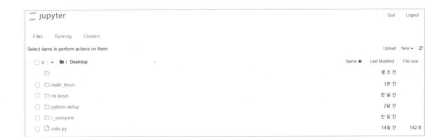

그림 A-10

주피터 노트북 실행

3. 주피터 노트북 창에서 마우스로 클릭하여 예제 파일이 있는 창으로 이동합니다. 첫째마당의 예제를 실행해 보겠습니다. **1_기초수학.ipynb**를 클릭합니다.

그림 A-11

실행할 예제 파일로 이동

4. 그림 A-12와 같이 예제 코드가 보입니다. In [1] 셀부터 차례대로 실행하면 됩니다. 상단의 **Run**을 클릭하거나 실행하고 싶은 셀을 마우스로 선택한 후 Ctrl + Enter 를 눌러도 됩니다.

그림 A-12

예제 코드 실행

3 라이브러리 설치하기

한 가지 주의할 점은 책 중간중간 특정 라이브러리를 설치해야만 예제 코드가 실행되는 곳이 있습니다. 책의 설명에 따라 필요한 라이브러리를 설치한 후 실행하면 됩니다.

예를 들어 NumPy 라이브러리를 설치해야 한다고 합시다. 윈도 메뉴에서 **Anaconda Prompt**(Command Line Interface 도구)를 실행합니다.[2]

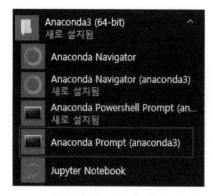

그림 A-13

Anaconda Prompt
실행

Anaconda Prompt 창이 뜨면 다음과 같이 입력하여 설치합니다.

```
> conda install numpy
```

또는

```
> pip install numpy
```

---

2 주피터 노트북 창이 실행된 상태로 실습하는 도중에 실행해도 됩니다.

마무리하며

지금까지 인공지능을 이해하는 데 필요한 기초 수학을 배웠습니다. 수학에서도 어렵다는 미분, 선형대수학, 확률/통계를 학습하느라 고생하셨습니다.

수학은 인공지능을 배우는 기초 중의 기초입니다. 하지만 지레 겁먹을 필요는 없습니다. 본문에서도 이야기했듯이 인공지능을 위한 수학은 문제를 풀 정도의 수학적 지식이 필요하지 않습니다. 단지 개념을 이해하고 어떻게 문제를 푸는지 그 원리만 이해하면 됩니다.

인공지능을 이해할 수 있는 기초 학습을 마무리했기 때문에 다음 단계의 학습을 진행해야 합니다. 즉, 인공지능에서 제공하는 알고리즘을 이용하고 모델을 만들어 활용할 수 있는 머신 러닝과 딥러닝을 학습해야 합니다.

다음은 기초 수학 이후에 필요한 학습입니다.

(1) 파이썬(혹은 R) 심화 학습

인공지능의 알고리즘을 이용하여 데이터를 분류하거나 예측을 하려면 프로그램으로 구현할 수 있어야 합니다. 인공지능에서는 주로 파이썬과 R을 사용하는데, R은 학문 및 연구 등에서 주로 쓰므로 파이썬을 좀 더 심도 있게 학습하길 권장합니다.

(2) 머신 러닝 학습

머신 러닝은 기본적으로 알고리즘을 이용하여 데이터를 분석하고, 분석으로 학습하며, 학습한 내용을 기반으로 판단이나 예측을 합니다. 따라서 딥러닝을 학습하기 전에 머신 러닝을 먼저 학습하길 권장합니다.

머신 러닝에서 주의 깊게 학습해야 할 부분은 다음과 같습니다.

- 특성(feature) 추출
- 지도 학습, 비지도 학습에서 사용하는 알고리즘
- 가중치가 업데이트되는 과정
- 차원의 저주 및 기울기 소멸 문제를 해결하는 방법들

(3) 딥러닝 학습

알파고와 이세돌이 맞붙은 세기의 대국으로 딥러닝이 주목받기 시작했습니다. 딥러닝은 머신 러닝 구조에서 계층(layer)만 쌓아 올린 것으로 이해하면 쉽습니다. 따라서 딥러닝에서 계층을 어떻게 쌓아 올리고, 기울기 소멸 문제는 어떻게 해결하는지 위주로 학습하길 권장합니다. 또 텐서플로(TensorFlow)나 파이토치(PyTorch) 같은 딥러닝 프레임워크를 함께 학습한다면 딥러닝을 좀 더 효율적으로 구현할 수 있습니다.

딥러닝에서 주의 깊게 학습해야 할 부분은 다음과 같습니다.

- 텐서플로 혹은 파이토치
- 컴퓨터 비전 분야에서 활용하는 합성곱 신경망
- RNN, LSTM 등을 이용한 시계열 분석
- 자연어 처리(워드 임베딩)

인공지능을 학습하는 목적은 모두 다를 것입니다. 재취업이 목적일 수도 있고, 단순히 개인적 호기심일 수도 있습니다. 목적은 다 다르겠지만, 학습 결과는 모두 뛰어난 데이터 분석가일 것입니다.

이 책과 함께 데이터 분석가를 향하여 첫걸음을 내딛는 여러분에게 행운이 가득하길 기원합니다.

감사합니다.

영어

번호